다원성과 모호성

해석학 · 종교 · 희망

다원성과 모호성
해석학·종교·희망

초판 1쇄   2007년 2월 28일

저 자   데이비드 트레이시(David Tracy)
공 역   윤철호 박충일
펴낸이   이명권
펴낸곳   크리스천헤럴드

등록 / 제 99-2
주소 / 서울특별시 광진구 광장동 353
전화 / 02) 446-8391, 446-8399
팩스 / 02) 452-3191
imkkorea@hanmail.net

ISBN 978-89-87118-38-X (03230)

값 14,000

다원성과 모호성

해석학 · 종교 · 희망

David Tracy 지음

윤철호 박충일 공역

크리스천헤럴드

나의 아버지 존 찰스 트레이시(John Charles Tracy)와
나의 형제 존 찰스 트레이시 주니어(John Charles Tracy, Jr.)를 기억하며….

목차

역자 서문

가톨릭교 신학자이자 신부인 데이비드 트레이시(David Tracy, 1939~)는 20세기 후반과 21세기 초반에 있어서 기독교 세계뿐만 아니라 교회 밖의 세계에도 커다란 영향력을 미치고 있는 대표적인 기독교 신학자들 가운데 한 사람이다. 그는 폴 틸리히(Paul Tillich), 미르체아 엘리아데(Mircea Eliade), 폴 리쾨르(Paul Ricoeur)로 이어지는 미국 시카고학파의 계보를 계승하는 신학자로서, 탈근대적인 다원주의적 상황에서 해석학과 신학방법론에 관한 많은 탁월한 명저들을 저술하였다. 그는 『질서를 향한 복된 열정』 (*Blessed Rage for Order*, 1975), 『유비적 상상력』 (*Analogical Imagination*, 1981), 『다원성과 모호성』 (*Plurality and Ambiguity*, 1987), 『타자와의 대화』 (*Dialogue with the other*, 1990) 등의 저서들을 통하여, 기독교 전통에 충실하되 그 안에 갇혀있지 않고 철학, 종교학, 성서신학, 문학비평 등의 다양한 사상들과 열려진 대화를 수행하는 폭넓고 광범위한 신학을 전개해오고 있다.

오늘날의 탈근대적 상황에서 미국의 신학계를 주도하는 두 물줄기는 데이비드 트레이시를 중심으로 한 '시카고학파'와 한스 프라이(Hans Frei)를 중심으로 한 '예일학파'라고 할 수 있다. 프라이가 '칼 바르트의 신학'의 방법론적 틀을 엄격하게 고수하여 철학적 해석학과의 대화를 거부하고 그리스도교 전통 안에서 전수된 그리스도교의 진리를 오직 그리스도교 공동체 안에서 그리고 그리스도교 공동체를 위해서 기술하는 일에 관심을 갖는 반면, 트레이시는 '하이데거-가다머-리쾨르의 해석학적 기획'을 적극적으로 수용하여 그리스도교의 진리에 대한 진술을 단지 그리스도교 공동체 안에 국한되지 않는 '더 넓은 대화 공동체'와 '공적 담론의 장소'에서 변증하고 설명하는 일에 관심을 갖는다. 특히 요한복음에 따르면 세상은 그리스도인들에게 양면적 가치를 갖고 있다. 즉 그리스도인들에게는 '죄악된 세상'으로부터 스스로를 지키고 거룩한 하나님의 자녀로 살아가야 할 책임이 있을 뿐만 아니라, '하나님께서 창조하신 세상'을 열린 마음으로 사랑해야 할 책임도 있다. 예수 그리스도께서 변화산에서 초막 셋을 짓고 자신이 가장 사랑했던 제자들과 함께 천국을 만들지 않고 십자가가 서 있는 세상 속으로 다시 내려오셨듯이, 그리스도교의 진리는 결코 그리스도교 공동체 안에만 갇혀있을 수 없다. 이러한 관점에서, 트레이시는 『유비적 상상력』에서 그리스도교의 진리가 공적 담론의 장인 교회, 학계, 사회에서 변증되고 설명되어야 한다고 강조하였다.

트레이시는 자신의 저서들에서 '상대적 적절성,'(relative adequacy) '유비적 상상력,'(analogical imagination) 그리고 '차이성-속의-유사성'(similarity-in-difference)과 같은 개념들을 사용하는데, 이러한 개념들로 인하여 혹자는 그를 단순한 다원주의자로 오해하기 쉽다. 그러나 '상대적,' '유비적,' '차이성'과 같은 개념들은 그리스도교의 진리 자체에 적용되는 단어들이 아니라, 그 진리의 표현 또는 이해에 있어서의 철저히 다원적인 상황에 관계되는 단어들이다. 트레이시는 어떤 신학자 못지않게 그리스도교 전통의 진리를 중요시한다. 그러나 또한 오늘날의 탈근대적 상황에서는 '헤겔의 동일성'과 같은 비역사적인 절대적 적절성의 주장이 결코 가능하지 않다. 따라서 그는 오늘날의 탈근대적 상황에 있어서 '차이성-속의-유사성을 통한 가능성'의 길을 따라 진리에 접근하는 '유비적 상상력'의 중요성을 강조한다. 철저하게 다원적이고 모호한 오늘날의 탈근대적 상황에서 그리스도교의 진리는 그리스도교 안의 다원적 전통들의 차이성-속의-유사성, 그리고 그리스도교 전통 밖의 다원적인 종교전통들의 차이성-속의-유사성 속에서 어떻게 상대적 적절성을 지닌 방식으로 이해되고 설명되어야 하는가? 이것이 바로 트레이시의 해석학적 신학의 중심 주제이다.

이 책의 제목인 "다원성과 모호성"은 언어적으로 다원적이고 역사적으로 모호한 오늘날의 탈근대적인 해석학적 상황을 적절하게 표현하는 개념이다. 그리스도교 전통 안에는 로마 가톨릭, 동방정교, 프로테스탄트 등이 공존하고 있으며, 프로테스탄트 전통 안에는 루터 전통, 칼빈 전통, 웨슬리 전통 등의 다양한 전통들이 공존하고 있다. 더 나아가, 유일신교 전통 안에는 이슬람교, 유대교, 그리스도교가 공존하고 있으며, 세계 종교들 안에는 동양종교와 서양종교가 공존하고 있다. 트레이시는 이러한 탈근대적 상황에서 그리스도인들은 종교해석의 다원성을 열어놓되 그 해석의 상대적 적절성을 위한 평가와 판단의 기준을 추구하는 책임적 다원주의를 지향해야 한다고 강조한다. 아울러 그는 이 책의 제5장의 중반부에서 자신이 속해있는 고전적 전통에 대한 그리스도인의 기본적인 존중과 신뢰의 중요성을 루터의 예를 들어 다음과 같이 말한다. "루터가 교황청 앞에서 '나는 여기에 서 있는 것 외에 다르게 행동할 수 없다'라고 단호히 말하지 않고, '그러나 만약 이것이 당신을 성가시게 한다면, 나는 다르게 행동하겠다'라고 작은 목소리로(sotto voce) 덧붙였기를 바라는 사람이 과연 어디 있겠는가? 그리스도교에 대한 루터의 고전적인 해석으로부터 아무것도 배울 수 없는 사람은 어떤 종교 해석으로부터도 배울 수 없을 것이다."

고전이란 무엇인가? 트레이시는 '고전 해석학'을 자신의 신학에 적용시킴으로써 고전에 대한 해석으로서의 신학의 본성을 새롭게 부각시켰다. 그의 '고전 해석학'은 가다머(Gadamer)의 '전통의 해석학'과 밀접한 관계를 갖고 있다. 그의 고전 개념은 가다머의 전통개념처럼 영향사(影響史)의 권위와 힘을 지닌다. 전통이 영향사와 그것의 해석을 통하여 현재의 우리에게 영향을 미치듯이, 또한 고전도 영향사와 그것의 해석을 통하여 현재의 우리에게 영향을 미친다. 그에게 있어서 고전은 전통들 가운데 특히 패러다임적인 범례가 되는 전통으로서, 여기서 문서 텍스트, 상징, 역사(사건), 의례, 인물 등을 포함한다. 고전은 모범이 되는 전통으로서, 자체 안에 의미의 항존성과 의미의 과잉을 포함하고 있다. 그러므로 고전에 대한 해석은 올바른 해석이론을 위한 좋은 시험사례가 된다. 이와 같이 트레이시는 고전적 전통에 대한 기본적인 신뢰를 전제하는 한편, 그 고전적 전통에 대한 해석학적 논의를 오늘날의 탈근대적인 상황에서의 해석학적 담론의 장에서 수행하고자 한다.

트레이시의 해석학 이론은 기본적으로 리쾨르 해석학의 '이해-설명-이해'의 변증법에 기초한다. 딜타이(Dilthey)가 '이해'(Verstehen)를 '삶의 표현'으로 기술한 이래, 이해는 협소한 인식론적 범주로부터 벗어나게 되었다. 하이데거(Heidegger)는 『존재와 시간』(*Sein und Zeit*)에서 이해를 인식론에 앞서는 존재론의 범주에 위치시켰다. 즉, 현존재가 일상의 '전략' 또는 '빠져있음'(Verfallen)에서 본래적 실존으로 기획투사할 때 이해는 해석 이전에 발생하는 전(前)인식론적 행위이다. 가다머는 하이데거가 충분히 인식하지 못했던 이해의 언어적 본성에 관심을 집중하였으며, 언어를 매개로 한 전통과의 대화를 통한 지평융합을 추구하는 철학적 해석학을 발전시켰다. 그러나 그는 자신의 주저의 제목인 『진리와 방법』(*Wahrheit und Methode*)과는 달리, 진리와 방법, 이해와 설명을 통합하려고 시도하지 않았으며, 따라서 『진리*와* 방법』이 아닌 『진리 *또는* 방법』을 저술했다는 비판을 받기도 한다. 가다머와 달리 리쾨르는 '설명은 이해에서 소외의 기호가 아니다'라고 주장하면서 이해와 설명을 변증법적으로 연결하려고 시도했다. 트레이시는 이러한 리쾨르의 '이해-설명-이해'의 변증법을 수용한다. 그러나 설명(의혹의 해석학)을 위해 리쾨르가 구조주의를 중심으로 한 문학비평 방법에 주로 의존하는 반면, 트레이시는 문학비평 방법과 아울러 역사비평 방법과 비판이론을 사용한다. 따라서 리쾨르의 의혹의 해석학과 달리 트레이시의 의혹의 해석학은 전통에 대한 비판을 위한 다양한 비평적 도구들을 보다 적극적으로 채택한다.

이 책의 제1장의 제목은 '해석, 대화, 논증'이다. 이 장에서 트레이시는 '이해'의 해석학을 고전 분석과 함께 프랑스 혁명이란 구체적인 역사적 상황에 적용시킨다. 프랑스 혁명은 근대의 출발점일 뿐만 아니라 오늘날 탈근대적 상황에도 영향을 미치기 때문에 해석학적으로 중요한 주제이다. 고전도 역시 현재의 우리에게 영향을 미친다는 점에서 프랑스 혁명과 같이 중요한 해석학적 주제가 된다. 고전 사건으로서 프랑스 혁명을 해석하는 모든 해석자들은 어떤 하나의 공통점을 찾을 수 없을 만큼 이념적으로 다양하게 나누어져 있다. 이러한 해석학적 긴장은 해석자들이 피해야 할 요소가 아니라 적극적으로 활용해야 할 요소이다. 여기서 가다머의 대화의 해석학이 중요해진다. 대화는 항상 자체 안에 논증을 포함한다. 논증(설명)은 더 넓은 대화 모델에서 배제되어야 할 요소가 아니라 필수적으로 요구되어야 할 요소이다. 플라톤과 아리스토텔레스의 대화 모델에서처럼, 논증은 대화를 대신할 수 없으며 더 넓은 대화 모델에서 하나의 부분으로 작용한다. 그러나 대화가 중단되었을 때, 하나의 논증으로서 하버마스(Habermas)의 이상적 담화 이론이 중요한 역할을 하게 된다. 하버마스의 이상적 담화 이론 역시 하나의 논증으로서 대화를 대신할 수는 없지만, 대화가 중단되었을 때, 형식논증 혹은 화제논증과 더불어 대화를 촉진시키기 위한 하나의 부분적 요소로서 기능한다.

이 책의 제2장의 제목은 '논증: 방법, 설명, 이론'이다. 이 장에서 트레이시는 '이해 안에서 설명의 역할'을 집중적으로 다룬다. 해석학에서 진리 모델은 무시되지 않는다. 진리 모델에는 하이데거와 가다머의 존재론적인 이해 개념과 가까운 "현시로서의 진리" 모델과 인식론적인 설명 개념과 가까운 "대응으로서의 진리" 모델, "보증된 믿음의 합의로서의 진리" 모델, 그리고 "일관성으로서의 진리" 모델 등이 있다. 첫 번째 모델은 플라톤의 고전적인 진리(알레테이아) 개념에서 전수되었으며 다른 세 모델은 아리스토텔레스의 분석론에서 전수되었다. "현시로서의 진리" 모델은 낭만주의 전통 안에서 시간이 흐르면서 히틀러의 국가사회주의의 도구로 변질되었고, "대응으로서의 진리" 모델, "보증된 믿음의 합의로서의 진리" 모델, "일관성으로서의 진리" 모델은 계몽주의 전통 안에서 시간이 흐르면서 과학주의와 실증주의로 변질되었다. 따라서 진리 모델들을 올바르게 전수하기 위해서, 우리는 진리 모델들의 첫 번째 모델과 나머지 세 모델들을 서로 대결시키는 것이 아니라 상호 견제를 통하여 서로 화해시켜야 한다. 그러나 후자의 세 진리 모델들은 언제나 전자의 "현시로서의 진리" 모델에 근거해서만 생존할 수 있다. 이러한 현상은 과학에도 적용된다. 설명, 방법, 이론을 고수하는 과학은 자체 안에 절대적 확실성을 갖고 있다고 확신했지만, 토마스 쿤(Thomas Kuhn)과 스티븐 툴민(Stephen Toulmin) 이후에 이해를 포함하는 해석학적인 학문분과가 되었다. 서구 역사에서, 특히 근대에 중요한 역할을 한 서구의 설명 방법은 역사비평 방법과 문학비평 방법이다. 역사비평 방법은 서구의 역사의식을 산출했으며, 문학비평 방법은 단어, 장르, 양식, 텍스트 이론을 포함하는 구조주의 방법을 산출했다. 이 두 설명 방법들은 서구 전통에 대한 올바른 이해를 위해 반드시 필요한 해석학적 도구들이다. 이 설명 방법들은 전통에 대한 맹목적 신뢰에 도전하고, 전통에 대한 잘못된 이해를 올바른 이해로 교정시키며, 최초의 이해를 발전시키고 더욱 정교하게 만든다. 그러나 이 설명 방법들의 비판적 역할은 반드시 최초의 이해에 근거해서만 수행될 수 있다. 이와 같이, 설명과 이해는 서로 적이 될 필요가 없으며 서로 견제하는 동반자가 될 필요가 있다.

이 책의 제3장의 제목은 '급진적 다원성: 언어의 문제'이다. 이 장에서 트레이시는 언어의 급진적 다원성을 집중적으로 다룬다. 계몽주의, 낭만주의, 과학주의에서 언어는 인간이 사용하는 도구에 불과한 것이다. 여기서 강조되는 것은 "도구로서의 언어"이다. 그러나 하이데거는 언어를 존재의 집으로 간주함으로써, 그리고 비트겐슈타인(Wittgenstein)은 다양한 삶의 형식들 안에서 다양한 언어놀이를 강조함으로써, 양자는 이러한 언어의 도구적 특성에서 언어를 구출했다. 또 한 사람의 중요한 언어의 대가는 소쉬르(Saussure)이다. 소쉬르는 "*언어체계* 안에는 오로지 *차이*들만이 있다"라는 기본모토 안에서 "체계로서의 언어"에 집중했다. 레비스트로스(Lévi-Strauss)를 중심으로 하는 구조주의는 이 소쉬르의 모토에서 "언어체계"를 강조하는 반면, 자크 데리다(Jacques Derrida), 폴 리쾨르, 줄리아 크리스테바(Julia Kristeva), 폴 드 만(Paul de Man), 롤랑 바르트(Roland Barthes), 미셸 푸코(Michel Foucault), 자크 라캉(Jacques Lacan) 등을 중심으로 하는 후기 구조주의는 이 소쉬르의 모토에서 "차이들"을 강조한다. 따라서 후기 구조주의는 "담론으로서의 언어"를 집중적으로 다룬다. 여기서 언어는 "도구로서의 언어"에서 "사용으로서의 언어"로, "사용으로서의 언어"에서 "체계로서의 언어"로, "체계로서의 언어"에서 "담론으로서의 언어"로 움직인다. 이때 "담론으로서의 언어"는 "사용으로서의 언어"를 함축한다. 탈근대적 언어 이해에 따르면 언어는 실재를 직접적으로 지시하는 도구로서 결코 주체 안에 스스로 현존할 수 없으며, 단지 인간의 상호 합의에 의해 역사적이고 문화적으로 형성될 수 있을 뿐이다. 따라서 모든 담론으로서의 언어는 반드시 자체 안에 역사적이고 문화적으로 형성된 이데올로기를 담고 있다. 이 이데올로기를 인정하는 것이 바로 언어의 다원성을 발견하는 것이다. 언어의 다원성으로 인하여, 주체는 타자를 인식하는 그대로 통제할 수 없다. 인간은 언어를 사용함으로써 언어에 영향을 미치는 것보다 훨씬 더 언어에 의해 영향을 받는다.

　이 책의 제4장의 제목은 '급진적 모호성: 역사의 문제'이다. 이 장에서 트레이시는 역사의 급진적 모호성을 집중적으로 다룬다. 역사는 그 자체 안에 언어 영향사를 담고 있다. 따라서 언어를 해석한다는 것은 곧 역사 안에서 자신을 발견한다는 것을 의미한다. "*Liberté, égalité, fraternité*(자유, 평등, 박애)"와 같은 프랑스 혁명의 구호는 프랑스어를 모국어로 사용하는 모든 사람들에게 강한 영향사를 담고 있다. 언어와 역사는 분리될 수 없다. 하지만 *shocking*이란 단어는 나치당원들에 의한 600만 유대인의 대학살을 표현하기에는 매우 부적절한 형용사인 듯이 보인다. 이와 같이 언어의 다원성은 역사의 모호성을 완전히 표현할 수 없다. 미국인이 된다는 것은 자유와 다원성의 귀중한 실험에 참여함으로써 자존감을 갖고 살아간다는 것을 의미한다. 그러나 미국의 백인이 된다는 것은 또한 한 민족의 파괴(북 아메리카 인디언들)와 또 다른 민족의 노예화(흑인들)를 포함하는 역사에 귀속되어 있음을 의미한다. 고대 이스라엘 사람들을 그리스도교인들의 선조라고 주장하는 것은 하나의 영예이다. 그러나 이 주장은 또한 그리스도인들로 하여금 고대 이스라엘 사회의 가부장적인 특성에 직면하지 않을 수 없게 만든다. 우리는 이스라엘 사람들이 가나안 사람들에게 저지른 만행을 잊을 수 없으며 적들의 자녀들에 대적하여 행한 기도의 의미를 잊을 수 없다. 그리스도교 성서를 해방의 헌장문서로 간직하는 것은 전적으로 옳다. 그러나 우리는 또한 그리스도교 성서의 반-유대주의적 요소들, 즉 유대인들을 향한 그리스도교의 "경멸의 가르침"을 통하여 수세기 동안 우리에게 영향을 미쳐왔던 요소들을 직시하여야 한다. 그리고 우리는 그리스도교 역사— 참으로, 모든 서구 역사— 에서 수세기 동안 여성들을 종속시켜왔던 억압의 사건들을 이제 막 직시하기 시작했다. 이와 같이, 역사의 모호성은 전통에 대한 "신뢰의 해석학"과 전통에 대한 "의혹의 해석학"을 동시에 요구한다.

이 책의 제5장의 제목은 '저항과 희망: 종교의 문제'이다. 이 장에서 트레이시는 주로 종교의 문제를 다룬다. 언어가 절대자아의 도구가 아니며, 따라서 주체는 더 이상 언어를 통제할 수 없다는 사실이 밝혀졌을 때, 순수하게 자율적인 절대자아라는 개념은 치명적인 상처를 입게 되었다. 더욱이, 급진적 다원성과 모호성은 절대자아의 지배와 통제에 대한 과거의 근거 없는 주장들을 근본적으로 무너뜨렸다. 탈근대의 주체는 실재에 이르는 모든 길이 다양한 언어들의 다원성과 모든 역사들의 모호성을 통과해야 한다는 사실을 알고 있다. 이러한 탈근대적 상황에서 종교의 희망은 무엇인가? 종교 안에는 무지와 억압과 죄의 역사가 있다. 권력과 결탁되어 있는 모든 현재와 과거의 종교들은 종교운동이 세속의 운동처럼 부패에 열려있음을 분명히 보여준다. 종교적 열광주의에 대한 충격적인 기억들과 모든 문화에 미친 종교의 악마적 영향사는 지워질 수 없는 기억들이다. 만약 종교 사상가들이 자신들의 종교적 전통 안에 있는 반계몽주의, 배타주의, 도덕적 열광주의와 투쟁하지 않는다면, 그 종교적 전통은 더 이상 유지될 수 없다. 따라서 종교는 저항함으로써 희망한다. 종교는 항상 "의혹의 해석학을 통한 회복의 해석학"의 전략을 필요로 한다. 만약 서구 그리스도교 신학자들이 해방신학자들의 예언자적 성서읽기에 귀를 기울이지 않는다면, 또한 만약 서구 백인 그리스도교인들이 남아메리카를 압제했던 역사에 대해 스스로에게 의혹의 해석학을 적용시키지 않는다면, 그들의 종교행위에 무슨 희망이 있겠는가? 종교에서도 희망은 대화이다. 그러나 이 대화는 항상 비판과 의혹과 신뢰를 요구한다. 그리고 그것은 하나님을 향한 믿음을 요구한다.

트레이시는 제5장 마지막 부분에서 두 차례에 걸쳐 하나님을 향한 자신의 신앙고백을 표현한다. 이것을 요약하면 다음과 같다: "나는 정말로 믿음을 믿는다. 나는 궁극적 실재에 대한 신앙이 저항, 희망, 행동의 삶에 중요한 차이를 만들어낼 수 있다고 믿는다. 나는 하나님을 믿는다. 내가 고백하건대, 나에게 희망을 주는 것은 바로 이 믿음이다. 나 자신의 희망은 하나님으로부터 온 계시들이 실제로 발생했으며 거기에 본래적 해방으로의 길이 있다는 그리스도교적 신앙에 근거를 두고 있다. 나는 이러한 신뢰가 합리적이라고 믿는다."

2007. 2. 10
광나루 선지동산에서
윤철호, 박충일

머리말

이 자그마한 책의 주제는 대화이다. 우리의 지성적 삶에서 자주 소홀한 취급을 받았지만 중심이 되는 사실인 대화는 아마도 우리의 탈근대적 상황에서 그 가능성을 열심히 성찰함으로써 강화될 수 있을 것이다. 궁극적으로 대화의 특성에 의존하여 살지 않는 지성적, 문화적, 정치적, 종교적 해석 전통은 어디에도 없다; 또한 다원성과 모호성을 궁극적으로 인정하지 않는 전통도 어디에도 없다.

대화 과정에서 다원성과 모호성에 직면하게 될 때 우리는 몇 가지 질문들과 마주치게 된다. 이 몇 가지 질문들은 이 책의 각 장(章)들을 구성하게 되었다. 첫 번째 질문과 그 질문에 따라 구성된 첫 번째 장은 '대화란 무엇인가?' '대화는 모든 해석을 위한 하나의 모델로서 어떤 기능을 하는가?'와 같은 두 가지 질문들로 구성되어 있다. 그 다음에 이어지는 세 개의 장들에서 대화 모델에 대한 주요 문제들이 다루어진다. 두 번째 장은 고전적 논증 양식들이 어떻게 모든 전통적 대화들을 중단시킬 수 있는 근대의 이론, 방법, 설명이 되었는지를 분석한다. 세 번째 장은 모든 대화의 더욱 급진적 중단— 통일시키는 힘으로서가 아니라, 분산시키는 힘으로서의 언어에 대한 탈근대적 연구에서 밝혀진 급진적 다원성의 의미 —을 연구한다. 네 번째 장은 모든 대화의 가장 강력한 중단을 분석한다: "역사의 테러"에 대한 고양된 의식으로서 모든 전통들에서 모든 대화들의 급진적 모호성은 20세기 말에 더욱 확산되었다.

책 전체 논증의 바로 이 부분에서, 다섯 번째 장은 희망에 대한 하나의 질문으로서 종교 문제를 재공식화 할 필요성에 대해 논증한다. 이러한 읽기에 근거하여, 탈근대적 해석학은 모든 종교에 대한 모든 해석의 시금석이다; 동시에 모든 실재들 중에 가장 다원적이고 가장 모호하고 가장 중요한 실재로서 종교는 모든 해석이론의 가장 난해하지만 가장 훌륭한 시금석이다. 이 책의 중심 주장도 바로 그러한 것이다. 오로지 책의 머리말이 아닌 전체로서의 책과 그것(전체로서의 책)이 촉발할 수 있는 비판적 대화만이 이 주장을 옹호할 수 있다.

나는 언젠가 이 책과 짝을 이루는 신학적으로 더 엄밀한 책을 저술하고 싶다. 아마도 미래에 씌어지게 될 그 책은 다원성, 모호성, 그리고 나 자신의 그리스도교 전통을 해석하기 위한 희망 등에 대해 다음과 같은 성찰들의 의미를 평가하게 될 것이다. 그리스도교인들이 첫째로 자기 전통들 안에서의 다원성, 둘째로 그리스도교적 자기이해를 위한 많은 다른 종교 전통들의 중요성, 셋째로 그리스도교 자체의 심원한 인식적, 도덕적, 종교적 모호성 등을 진지하게 인정한 후에, "그리스도교의 본질"이 무엇인지에 대해 설명한다는 것은, 온화하게 말하더라도, 매우 어려운 문제이다.

그러나 이 문제는 다른 기회에 다루어져야 할 또 다른 과제에 속하는 것이며 한 권의 별도의 책으로서만 유익하게 분석될 수 있는 그런 과제에 속하는 것이다.

대화를 주요 모델로 사용하는 모든 연구 방법들은 많은 대화들의 실천에 근거를 두어야 한다. 나 자신의 경우에 있어, 내가 이 책의 최종 초안— 슬프게도 많은 초안들이 있었지만— 을 다시 읽었을 때 느꼈던 몇 가지 기쁨들 가운데 하나는 텍스트에 의해 불러일으켜졌던 과거의 대화들에 대한 빈번한 기억들이었다. 참으로 고독 속에서 철저하게 성찰된 그런 대화의 열매가 아닌 통찰들은 이 책에서 거의 가치가 없다. 플라톤은 이 고독을 또 다른 형태의 대화라고 주장한바 있다.

또한 대화의 장소들은 지리학적 장소들과 아리스토텔레스적 장소들 (topoi) — 통찰, 성찰, 논증이 발견될 수 있는 그러한 장소들— 로서 매우 중요하다. 나는 그러한 장소들로 인해 축복을 누려왔다. 무엇보다도, 나의 학문적 고향인 시카고 대학교는 진지한 대화가 일상적인 생활방식처럼 자주 발생하는 그런 장소이다. 시카고 대학교 신학부의 수업들과 공개토론회에서, 사상과 방법 분석위원회(the Committee on the Analysis of Ideas and Methods)의 여러 세미나들에서, 그리고 시카고 대학교의 많은 다른 장소들에서, 나는 (학생들을 포함한) 나의 많은 친구들과 동료들이 시카고 대학교에서 함께 나누었던 대화 순간들과 대화 장소들에 대한 기억들을 이 책에서 발견하기를 바란다. 나는 우리의 진지한 대화의 장소였던 시카고 대학교와 그들 모두에게 깊이 감사한다.

나는 이 책의 일부를 (때때로 크게 변경된 형태로) 다른 장소들에서 강연함으로써 그 대화를 확장하려고 했다. 나는 다음과 같이 여러 차례의 강연 기회들을 가질 수 있었던 것에 대해 깊이 감사한다: 특히, 필립스 대학교(Phillips University)에서 거행된 오레온 E. 스코트(the Oreon E. Scott) 강연, 카라마주 대학(Kalamazoo College)에서 거행된 호머 J. 암스트롱(the Homer J. Armstrong) 강연, 그리고 에모리 & 헨리 대학(Emory & Henry Colleges) 에서 거행된 리처드 조수아 레이놀드(the Richard Joshua Reynords) 강연. 나는 또한 다음과 같은 대학들에서 연구하는 많은 동료들의 중요한 성찰들을 감사하는 마음으로 회상한다: 스와니 대학교(Sewanee University); 레드랜즈 대학교(Redlands University); 클레어몬트 대학(Claremont College); 네바다-레 노 대학교(Nevada-Reno University); 빌라노바 대학교(Villanova University)에 소 속된 필라델피아 지역모임 철학협회; 로마 대학교(the University of Rome)의 마르코 올리베티(Marco Olivetti) 교수가 구성한 해석학 세미나; 메르서 대학 교(Mercer University); 아스펜 연구소(the Aspen Institute); 에모리 대학교 (Emory University); 워싱턴에 있는 우드로 윌슨 센터(the Woodrow Wilson Center); 더블린에 있는 트리니티 대학(Trinity College); 크리스천 신학교 (Christian Theological Seminary)에 있는 유대교-그리스도교 센터; 튀빙엔 대학 교(Tübingen University); 미국종교학회(the American Academy of Religion)의 수사 학 세미나; *Concilium* 잡지의 연간 모임에 참석한 나의 동료들; 사상과 방법 분석위원회에서 개최한 수사학, 문법, 종교 세미나들에 참석했던 나의 동료들; 더글라스턴(Douglaston)의 커시드럴 대학(Cathedral College)에서 받은 환대와 많은 대화들. 이 장소들과 몇몇 다른 지리학적 장소들은 생생 한 대화의 장소가 되었다. 이 모든 장소들에서 나는 다양한 형식들과 공개

토론 방식들로 이 개념들을 논의할 특권을 가졌었다.

　이 책의 어떤 부분들은 변경된 형태로 미국 가톨릭 신학협회의 회보, 로마 대학교의 국제 해석학 세미나 회보, 그리고 우드로 윌슨 센터가 "미국에서의 종교와 지적 삶"이란 제목으로 주최한 심포지엄의 논문과 같은 출판물들에 발표되었다. 이 모든 것들에 대해 나는 깊이 감사한다.

　또한 나의 많은 친구들과 동료들은 나를 위해 이 텍스트 초안의 여러 부분들을 친절하게 성찰해 주었다. 나는 그들의 성찰 덕분에 이 책이 더 훌륭한 텍스트가 되었다고 확신한다. 내가 그들의 관찰을 더 주의 깊게 경청했더라면, 이 텍스트는 훨씬 더 훌륭한 모습이 되었을 것이다. 여기에 언급되지 않는 나머지 사람들을 잊어버리게 되는 불가피하고 고통스러운 모험에도 불구하고, 나는 나에게 특별한 은혜를 준 몇 사람들을 기억하고자 한다: 아드리아나 버저(Adriana Berger), 제임스 뷰캐넌(James Buchanan), 휴 코리건(Hugh Corrigan), 요셉 에델하이트(Joseph Edelheit), 프랭클린 감웰(Franklin Gamwell), 랭던 길키(Langdon Gilkey), 앤드류 그릴리(Andrew Greeley), 브래드포드 힌츠(Bradford Hinze), 로버트 존스(Robert Jones), 유진 케네디(Eugene Kennedy), 스티븐 케프네스(Steven Kepnes), 요셉 코몬학(Joseph Komonchak), 메리 크누천(Mary Knutsen), 마틴 마티(Martin Marty), 카테리나 맥레오드(Katrina McLeod), 웬디 도니거 오플라허티(Wendy Doniger O'Flaherty), 폴 리쾨르(Paul Ricoeur), 수잔 사피로(Susan Shapiro), 토드 스완슨(Tod Swanson), 그리고 윌리엄 워트링(William Warthling). 이 목록표는 너무 긴 것처럼 보이지만 사실은 너무 짧아서 모든 사람들에게 충분한 감사를 표현할 수 없다. 나는 또한 나의 편집자 유스투스 조지 롤러(Justus George

Lawler)의 후원과 인내심에 감사하며, Haper & Row 출판사에서 일하는 익명의 열심 있는 출판 편집자들에게 감사한다.

마지막으로, 나는 확고한 인내심을 갖고 이 책의 여러 초안들을 돌보아 준 몇몇 사람들에게 특별히 감사한다. 첫 번째로, 나는 지난 2년 동안 나의 연구 조교들이었던 찰스 알렌(Charles Allen)과 스티븐 웹(Stephen Webb)의 많은 비판적 제안들과 큰 노고에 감사한다. 두 번째로, 나는 나의 어머니 아일린 트레이시 카우치(Eileen Tracy Couch)의 비평과 꾸준한 타이핑 작업에 감사한다. 나의 어머니는 타이핑 작업의 결정적이고 중요한 순간마다 유딧 로렌스(Judith Lawrence)의 도움을 받았다. 세 번째로, 나는 친구들이자 동료들인 메리 게르하르트(Mary Gerhart), 데이비드 그렌(David Grene), 데이비드 스미겔스키스(David Smigelskis)의 결정적인 도움에 감사한다. 그들은 내가 텍스트의 중요한 부분들에서 나의 입장을 재고하고 텍스트를 다시 쓰는 일에 도움을 주었다. 나는 우수한 색인 작업으로 도움을 준 메리 게르하르트에게 더욱 각별히 감사한다. 네 번째로, 나는 친구이자 동료인 피터 바트레트(Peter Bartlett)에게 감사한다. 그는 내가 이 텍스트의 모든 저술을 끝냈다고 생각했을 때 모든 저자들이 간절히 원하지만 두려워하는 두 달간의 힘든 작업— 더 정밀한 명료성과 간결성을 위한 전면적인 개정작업— 을 하도록 나를 이끌었다: 텍스트에서 명료하지 않은 것은 무엇이든지 다시 씌어져야 한다; 텍스트에서 단순하게 반복되는 것은 무엇이든지 제거되어야 한다. 피터 바트레트의 엄격한 규준은 이 책을 더 간결하고 더 명료하게 해주었다. 나는 나의 깊은 감사를 모든 사람들에게 드린다.

이 책의 중심 주제는 기억이다. 이 주제는 나로 하여금 고통스러운 마음으로 그러나 내가 결코 충분히 갚을 수 없는 감사하는 마음으로 친구들이면서 정신적 스승들이었던 미르체아 엘리아데(Mircea Eliade)와 버나드 로너간(Bernard Lonergan)의 최근의 죽음을 회상하게 한다. 그들의 인격과 행적은 나의 삶을 매우 풍성하게 해주었다. 나는 이 자그마한 책의 독자들이 즐거운 마음으로 엘리아데와 로너간의 위대한 작품들을 읽기를 희망한다.

나는 또한 감사하는 마음으로 나의 아버지 존 찰스 트레이시(John Charles Tracy)와 나의 형제 존 찰스 트레이시 주니어(John Charles Tracy, Jr.)를 기억한다. 나는 이 두 사람을 기억하며 이 책을 헌정한다.

1986. 9. 10 시카고에서
데이비드 트레이시

CHAPTER 1

해석, 대화, 논증
Interpretation, Conversation, Argument

1983년 1월 폴란드 영화감독 안제이 바이다(Ardrzej Wajda)는 당통 (*Danton*)이란 제목의 프랑스 혁명에 대한 영화를 개봉했다. 바이다 영화감 독의 반대에도 불구하고, 많은 사람들은 이 영화를 폴란드에서 일어난 사회연대운동의 알레고리로 해석했다. 이 영화에서 사교적이고 자신감에 차 있으며 애국적이고 감탄할만한 당통은 진정으로 레흐 바웬사(Lech Walensa)였는가? 이 영화에서 말쑥한 풍채를 하고 신경질적이며 굽힐 줄 모르는 의지를 가진 로베스피에르(Robespierre)는 진정으로 야루젤스키 (Jaruselski) 장군이었는가? 폴란드 관람객과 함께 이 영화를 본다면 우리는 많은 영화의 장면들이, 의도적이든 그렇지 않든, 반드시 이중 의미를 만들 어낸다는 사실을 그들의 반응으로부터 알게 된다. 바이다 영화감독이 당통 =바웬사, 로베스피에르=야루젤스키와 같은 도식의 너무 간편한 알레고리 적 읽기에 저항한 것은 올바른 일이었을 수도 있다. 그럼에도, 이 영화에서 표현되는 여러 가지 은유들은 현재와 과거의 폴란드 역사를 환기(喚起)시 킨다; 참으로 그 이중 의미는 대부분의 관람객들이 저항할 수 없을 만큼 공명적인 것으로 판명되었다.

그러나 많은 프랑스 지성인들은 이러한 공명(共鳴)을 저항할 수 있을 뿐만 아니라 심지어 모욕적이라고까지 생각했다. 이 영화는 대혁명의 해석 방법에 대한 고전 프랑스식 논쟁이 다시 한번 분출하게 된 '큰 반향을 불러일으키는 소송사건'(*cause célèbre*)이 되었다. 많은 사회주의 좌파들은 이 영화에 분노했다. 적어도 마티에(Mathiez) 시대 이래로 역사학은 당통을 향한 공화당과 자유당의 때 이른 박수갈채를 무시하고 로베스피에르를 혁명의 진정한 영웅으로 세우지 않았던가? 고국의 위기에 너무 몰두한 폴란드 사람 바이다는 프랑스 혁명의 의미를 제멋대로 변경시켰는가? 이 영화가 앞으로 있을 대혁명의 200년 기념제 축하행사의 전주곡으로서 프랑스 정부에 의해 부분적으로 후원을 받았다는 소식이 알려졌을 때, 논쟁은 더욱 격렬해졌다. 특히 이 영화를 즐기는 젊은 세대가 당통이나 로베스피에르에 대한 중년 세대의 논쟁에 아무 관심이 없다는 사실이 분명해졌을 때, 프랑수아 미테랑(François Mitterand) 대통령은 동료 사회주의자들의 난처한 입장을 공감하게 되었다. 그는 프랑스 역사가 학교에서 어떻게 가르쳐지고 있는지에 대한 연구를 요청하기 위해 특별 내각 회의를 소집했다. 그러나 역사가들의 의견이 깊이 나누어져 있다는 사실이 곧 분명해졌다. 전위적 역사가들(avant-garde historians)은, 전통적 역사가들 (traditional historians)이 관심을 쏟는 주제들, 즉 사건들, 정치들, 인물들 등을 평가하는 것에는 말할 것도 없이 분석하는 것에도 관심을 갖지 않았다. 전위적 역사가들이 보기에, 광범위한 지리적, 풍토적, 인구 통계적, 사회적 실재들에 대한 분석은 근대 역사가의 중심과제였다. 심지어 너무 쉽게 이데올로기화되고 낭만주의화된 사건인 대혁명을 기록하는 것도 바로 근대 역사가의 몫이었다. 그러나 미슐레(Michelet)의 사본을 침대 곁에 보관하고 있는 것으로 알려진 미테랑 대통령은 다음과 같이 주장하고 싶었을 것이다: 그러나 프랑스 학교에서 역사 교육에 대한 또 다른 개혁이 시작되어야 한다. 젊은이들은 당통과 로베스피에르 사이에서 — 그리고 폴란드식 토대가 아니라 프랑스식 토대 위에서 — 어느 한쪽을 선택할 수 있도록 대혁명에 대한 올바른 견해를 배워야 한다.[1)]

프랑스 혁명 — 그것은 무엇이었는가?[2)] 근대의 시작이었는가? 아니면 단순히 다른 수단들에 의한 전통적 권력정치의 연장이었는가? 마침내 억압으로부터 자유로워진 한 민족에 의해 창작된 "인문주의 종교"에 대한 미슐레의 선동적인 초상화였는가? 그 사건이 그것과 접촉했던 모든 개인들을 파멸시키는 그런 내용을 담고 있는 칼라일(Carlyle)의 묵시적 모험담이었는가? 사건들의 순전한 광기에 대한, 혹은 (그 사건들에) 연루된 모든 집단들과 개인들의 타락에 대한 타이네(Taine)의 환상적인 초상화였는가? 봉건 카스트 제도가 부르주아 민주주의 — 공교롭게도, 이 민주주의는 한 진정

---

1) 좀 더 상세한 논의를 위해서는, Robert Darnton이 *New York Review of Books* 31, 2: 19−24에 기고한 "Danton and double-Entendre"를 보라.

2) 프랑스 혁명에 대한 논의와 참고문헌을 위해서는, J. McManners가 저술한 *The New Cambridge Modern History VIII: The American and French Revolution, 1763−93* (Cambridge: Cambridge University Press, 1965)에서 "The Historiography of the French Revolution"을 보라; François Furet가 저술한 *Fencer la Révolution français* (Paris: Gallimard, 1983)를 보라; William Doyle이 저술한 *The Origins of the French Revolution* (Oxford: Oxford University Press, 1980), pp.7−40을 보라. 혁명에 대한 예술가들의 반응에 대한 분석을 위해서는, Jean Starobinski가 저술한 *1789: The Emblems of Reason* (Charlottesville, VA: University of Virginia Press, 1984); Ronald Paulsen이 저술한 *Representations of Revolution 1789−1820* (New Haven, CT: Yale University Press, 1983)을 보라.

한 국민에 의한 민주주의 태동에 성공적으로 저항했다— 에 굴복했다는 식의 주의 깊게 잘 짜여진 르페브르(Lefevre)와 소불(Soboul)의 마르크스주의적 읽기였는가? 정치 담론들의 갈등을 분석하기 위해 기획된 새로운 역사 방법들에 기초한 퓌레(Furet)의 수정주의 공화당식 해석이었는가? 칸트, 괴테(Goethe), 피히테(Fichte), 헤겔, 워즈워스(Wordsworth), 블레이크(Blake), 페인(Paine), 제퍼슨(Jefferson)과 같은 대혁명의 다양한 동시대인들에 의해 칭송된 초기 근대성의 고전적인 중단적 사건이었는가? 후기 워즈워스와 후기 피히테를 포함하여, 버크(Burke)와 그를 따랐던 모든 사람들에 의해 탄핵받았던 중단적인 사건이었는가? 디킨스(Dickens)와 발자크(Balzac)의 이야기들에 사로잡힌 인간의 삶에 대한 사건들을 통제하는 힘이었는가? 토크빌(de Tocqueville)에 의해 고전적으로 분석된 '앙시앵 레짐'(ancien régime)의 근본적인 사회적 성향을 연장시키는 사건이었는가? 팔머(Palmer)와 고데호트(Godechot)의 더 넓은 "대서양 혁명"— 네덜란드, 영국, 아일랜드, 미국 — 가운데서 발생한 단한번의 계기였는가? 저항할 수 없는 사회적, 경제적, 지리적 힘이 그 아래에서 통제되는 사건들과 관념들의 외양이었는가? 루소(Rousseau), 볼테르(Voltaire), 디드로(Diderot), 몽테스키외(Montesquieu)의 갈등을 일으키는 관념들이 참으로 위태롭게 된 하나의 계기였는가? 또는 대혁명은 단한번의 사건이 아니라, 차라리 쉽게 해독할 수 없는 인과관계로 연결된 일련의 이질적인 사건들이었는가? 우연과 행운에 합류된 개인적 이데올로기, 개인적 기질, 개인적 성벽으로 구성된 일련의 사건들이었는가? 그 사건들에 대한 해석이 미슐레, 칼라일, 타이네, 조레스(Jaurés), 올라르(Aulard), 마티에 등의 거대한 일반화(一般化)에 굴복하는 것이 아니라, 더 신중한 학술적 연구 — 즉, 대혁명에서 발생한 어떤 한 사건의 어떤 한 국면에 대해 이용할 수 있는 모든 자료들의 기록보관 연구에 기초한 정보의 집대성 — 를 요구하는 일련의 사건들이었는가?

역사가들 가운데서 발생하는 프랑스 혁명에 대한 논쟁들은 나와 같은 비전문가에게 고전 사건, 고전 텍스트, 고전 상징, 고전 의례, 고전 인물 등을 해석하는 어려움에 대한 가장 흥미로운 실례를 제공해준다. 반동주의 에 귀속되어 있든, 보수주의에 귀속되어 있든, 자유-공화주의에 귀속되어 있든, 사회주의에 귀속되어 있든, 공산주의에 귀속되어 있든, 우리는 망명 왕당파들(émigrés), 귀족 개혁가들, 지롱드당원들(Girondins), 당통주의자들 (Dantonists), 자코뱅당원들(Jacobins), 에베르주의자들(Hébertists) 가운데서 벌 어지는 논쟁과 투쟁의 직계 자손들이다. 미테랑 대통령과 바이다 영화감독 은, 서로의 많은 차이점들에도 불구하고, 양자 모두 하나의 결정적인 통찰 을 공유하고 있다: 만약 우리가 우리 자신과 우리의 탈근대적 상황을 이해 하려면, 우리는 위험을 무릅쓰고 근대 세계를 열어준 대혁명을 해석해야 한다. 우리가 너무 쉽게 프랑스 혁명이라고 부르는 사건들을 담고 있는 '양피지 사본'(palimpsest)3)에 대한 학술 논쟁들은 줄어들 것 같지 않다. 왜냐하면 그 사건은 여전히 우리에게 영향을 미치고 있기 때문이다.

우리는 신기원을 만드는 어떤 사건 — 단순히 프랑스 역사나 서구 역사 에만 영향을 미치는 사건이 아니라, 제3세계에서 벌어지는 현재의 투쟁들이 입증하듯이, 전 세계에 영향을 미치는 사건 — 이 발생했음을 혁명의 동시 대인들이 알았던 것만큼 분명하게 알고 있다. 러시아 혁명은 프랑스 혁명

---

3) (역자주) 이것은 프랑스 혁명 시기에 발생한 많은 사건들을 층층이 기록한 사본을 의미한다.

의 완성품이었는가? 아니면 그것의 배반행위였는가? 현대의 서구 민주주의 제도는 대혁명의 합법적 상속자였는가? 아니면 테르미도르적 반동 (Thermidorean reaction)의 상속자였는가? 바이다 영화감독이 주장하듯이, 제2세계에서 발생한 투쟁들뿐만 아니라 또한 제3세계에서 발생한 사회 정치적 해방을 위한 투쟁들은 대혁명의 진정한 후예였는가? 아니면 그것의 서투른 모방이었는가?

어떤 고전 사건의 영향사를 추적하는 방법에 관심을 갖는 해석자들은, 사람들이 프랑스 혁명을 받아들일 때, 이론과 실천 모두에 있어 계속해서 갈등을 일으킨다는 사실을 상기할 필요가 있다. 역사적 사건들의 원인을 탐구하고 싶은 해석자들은 다음과 같이 분류된 역사가들의 논의를 따라가 볼 필요가 있다:[4] 지리적, 사회적, 인구 통계적, 경제적, 정치적 분석들 사이로 여전히 나누어져 있는 역사가들; 사건들, 관념들, 인물들에 대한 역사 이야기들에 의해, 그리고 민족지학의 근대적 분석들, 사회구조들, 정신구조들(mentalités) 등에 의해 새롭게 나누어져 있는 역사가들; 좌익의 "상황논리"(thesis of circumstances)와 우익의 "음모논리"(thesis of conspiracy) 사이에서 여전히 이념적으로 나누어져 있는 역사가들. 고전 사건, 고전 상징, 고전 텍스트, 고전 의례, 고전 이데올로기, 고전 인물 등을 해석하는 것이 얼마나 어려운지를 알려고 하는 사람은 누구든지 대혁명에서 발생한 각 사건들의 기본적 윤곽을 상기할 필요가 있다.

---

4) 대혁명과 관련된 방법론적 논의들을 위해서는, Michael Keith Baker가 저술하고 Dominick LaCapra와 Steven L. Kaplan이 공동으로 편집한 *Modern European Intellectual History; Reappraisals and New Perspectives* (Ithica, NY: Cornell University Press, 1982), pp.197－220에서 "On the Problem of the Ideological Origins of the French Revolution"을 보라.

우리는 프랑스 혁명의 사건들 가운데서 어떤 단일 사건을 어떻게 적절하게 해석할 수 있는가? 그리고 더욱 어려운 일이지만, 그 사건들 간의 가능한 인과관계들을 어떻게 적절하게 해석할 수 있는가? 1787-1788년의 귀족계급 반란; 프랑스 3부 회의의 소집; 테니스 코트의 맹세; 농민 봉기; 바스티유 감옥의 붕괴; 베르사유 궁전으로의 행진; 바렌느(Varennes)로의 도피; 클럽의 출현, 특히 자코뱅당의 출현; 튈르리(Tuileries) 궁전을 향한 공격; 9월의 대학살; 방데(Vendée)의 봉기; 음모와 전쟁; 왕의 공판과 처형; 다른 유럽 열강들의 반동; 발미(Valmy) 전투; 공포 시대; 테르미도르 사건들과 집정부; 브뤼메르(Brumaire) 사건들과 보나파르트의 승리 등과 같은 사건들을 우리는 어떻게 적절하게 해석할 수 있는가?

우리는 대혁명의 텍스트들을 어떻게 해석해야 하는가? 루소, 몽테스키외의 작품들 및 18세기 계몽주의 철학자들의 작품들과 같은 선행적 텍스트들; 미국의 독립선언문 및 대헌장과 같은 예기적 텍스트들; 시에예스(Sieyés) 수도원장의 『제 3 계급이란 무엇인가?』와 같은 동시대적 텍스트들; 마라(Marat), 데물렝(Demoulins), 에베르(Hébert)의 팸플릿들; 수락되거나 거부된 다양한 초안 헌장들; 인권선언문과 시민권리장전; 에드먼드 버크와 토머스 페인의 고전들과 같이 갈등을 일으키는 낯선 해석들 등을 우리는 어떻게 해석해야 하는가?

우리는 대혁명의 새로운 상징들을 어떻게 적절하게 분석할 수 있는가? 마르세예즈(Marseillaise: 프랑스의 애국가)와 자! 나가자!(ça ira)란 가사를 담고 있는 프랑스 혁명기의 민중가요; 전설과 사실의 '상퀼로트'5); 공화당의

---

5) (역자주) "상퀼로트"(sansculottes)는 프랑스 혁명기에 하층민들이 입던 긴 바지를 상징하는 말로서

상징인 자유의 모자와 '마리안느'6); 프랑스 대왕이 프랑스 국민의 왕이 되어 결국 시민 카페(Capet) 왕조가 된다는 상징; 형식적인 너희(vous)를 더욱 평등주의적인 너(tu)로 바꾸려는 시도; 새로운 공화국의 의사일정; 마리 앙뜨와네트(Marie Antoinette) 여왕이 카페왕조의 과부가 된다는 상징; 바스티유 감옥, 콩시에르쥬리(Conciergerie) 감옥,7) 폐쇄되어 텅 비어버린 베르사유 궁전; 한편으로는 감각적이고 민주적인 아테네를 이상화한 볼테르의 초상화를 당통이 사용함으로써, 다른 한편으로는 덕스럽고 금욕적인 스파르타를 이상화한 루소의 초상화를 로베스피에르가 사용함으로써 해석된 고대 로마 공화국에 대한 경외; 다비드(David)의 그림들 속의 스파르타 영웅들에게 굴복하는 프라고나르(Fragonard)의 그림들 속의 아르카드 여성 목자; 바리케이드, 짐수레, 단두대; 미덕의 공화국이 대공포가 된다("미덕 없는 공포는 맹목적이고 공포 없는 미덕은 허약하다")는 등의 상징들을 우리는 어떻게 적절하게 분석할 수 있는가?

도대체 어떤 종류의 이데올로기 분석이 여러 집단들과 여러 사회 운동들의 목적, 업적, 실패 등에 대해 올바른 설명을 제공해 줄 수 있는가? 망명 왕당파의 이데올로기 분석인가? 귀족 개혁파의 이데올로기 분석인가? 1789년의 공화당의 이데올로기 분석인가? 지롱드당의 이데올로기 분석인가? 자코뱅당의 이데올로기 분석인가? 자유당의 이데올로기 분석인가? 에베르주의자들의 이데올로기 분석인가? 집정부의 이데올로기 분

프랑스 혁명의 주체 세력이었던 "급진 공화파"를 의미한다.
6) (역자주) "마리안느"(Marianne)는 자유, 평등, 박애의 프랑스 혁명 정신과 프랑스 공화국을 상징하는 여성상을 가리킨다.
7) (역자주) "콩시에르쥬리"(Conciergerie)는 마리 앙뜨와네트 여왕이 단두대로 가기 전에 마지막으로 머물렀던 감옥을 가리킨다.

석인가?

　대혁명에서 활동한 개인들, 즉 어떤 소설가도 창작할 수 없고 어떤 전기 작가도 명료하게 표현할 수 없는 개인들을 누가 적절하게 해석할 수 있는가? 루이 16세, 마리 앙뜨와네트, 네커(Necker), 미라보(Mirabeau), 라파예트(Lafayette), 브리소(Brissot), 마라(Marat), 샤를로트 코르데(Charlotte Corday), 베일리(Bailly), 마담 롤랑(Madame Roland), 푸키에탱빌(Fouquier-Tinville), 필립 에갈리테(Philippe Egalité), 콩도르세(Condorcet), 포셰(Fouché), 기요틴 박사(Doctor Guillotin), 마담 뒤바리(Madame de Barry), 탈레랑(Talleyrand), 데물렝, 당통, 프랑스 황태자 도팽(Dauphin), 교황 비오 6세(Pius VI), 쿠통(Couthon), 생쥐스트(Saint-Just), 로베스피에르, 바라스(Barras), 카르노(Carnot), 시에예스, 그리고 보나파르트와 같은 개인들을 누가 적절하게 해석할 수 있는가?

　의례(ritual)에 대한 연구들은 어떻게 대혁명의 의례적인 국면들을 조명해줄 수 있는가? 7명의 죄수들을 바스티유 감옥으로부터 어처구니없이 풀어 준 사건; 9월 대학살의 억제할 수 없는 분노; 마지막 생존자 탈레랑이 3월의 광장(Champ de Mars)에서 주재한 헌법제정 성직자의 맹세; "청정한 바다같이 부패하지 않은" 로베스피에르가 주재한 최고 존재(Supreme Being)의 축제; 노트르담(Notre-Dame)에서 거행된 이성의 향연; 단두대에 선 왕의 마지막 발언을 삼켜버리는 북소리; 생드니(Saint-Denis)에 위치한 왕족 묘비의 파괴와 봉건적이고 중세 고딕 양식적이고 압제적인 것으로 판결받은 많은 유물들의 파괴; 죽은 지 오래된 리슐리외(Richelieu)의 시체에 대한 공판과 참수형이 불러일으키는 괴상한 광경; 단두대로 가는 짐수레의 행렬; 새로운 공개 처형식을 당하게 된 가련한 개인들의 끝없는 행렬. 이와 같은 의례들을 누가 적절하게 해석할 수 있는가?

사건들, 텍스트들, 상징들, 사회운동들, 개인들, 의례들은 계속 증가하고 있다. 그리고 이것들의 배후와 내부에는 새로운 역사가들이 우리에게 조사해 보라고 가르쳐준 담론들, 사회구조들, 정신구조들 등이 숨어 있다. 이 모든 것들은 대혁명을 적절하게 해석하기 위한 탐구에서 주의를 요구한다.

대혁명의 원인에 대한 논의는 계속되고 있다. 대혁명의 영향사에 대한 논의도 역시 마찬가지이다. 1815년, 1830년, 1848년, 1870년, 1917년, 또는 현재와 가장 가까운 1968년을 생각해보라. 기이한 해였던 1789년과 1848년처럼, 1968년은 생겨났다가 동시에 부서져버린 혁명의 희망으로 우리의 기억을 물들이고 있다: 파리에서 발생한 5월의 사건; 미국의 여러 도시들에서 발생한 행진과 폭동, 그리고 마틴 루터 킹(Martin Luther King, Jr.)과 로버트 케네디(Robert Kennedy)의 암살; 멕시코시티에서 발생한 학생 대학살; 라틴 아메리카 주교들의 메델린(Medellin) 해방회의에서 표현된 희망; 체코슬로바키아에서 발생한 "인간의 얼굴을 한 사회주의"를 짓눌러 뭉개는 소비에트 전차들. 이 모든 사건들은, 사회연대운동과 같이, 대혁명의 영향사에 속한다. 이 책의 독자들도 역시 대혁명의 영향사에 속한다.

대혁명에 대한 역사적 질문들은 계속되고 있다. 토크빌이 믿었던 것처럼, "완전히 예견할 수 없을 정도로 불가피한 사건은 결코 일어나지 않았다"라는 명제는 사실이었는가? 과격공화당원들은 누구였는가? 대공포시대에 방데(Vendée)에서, 그리고 다른 도시들과의 관계에서 농민들의 역할은 무엇이었는가? 왕의 처형은 불가피한 사건이었는가? 외부적 침입과 내부적 시민전쟁은 공포정치의 원인이었는가? 로베스피에르는 마키아벨리주의자(Machiavellian)였는가? 아니면 이상주의자였는가? 아니면 그 둘의 교묘한 합작품이었는가? 오를레앙(Orléans) 공작은 어떤 역할을 했는가? 그라쿠스 바뵈프(Gracchus Babeuf)는 레닌(Lenin)의 선구자였는가? 공포정치는 근대 전체주의의 최초 실험이었는가? 대혁명은 계급투쟁이었는가? 그것은 귀족계급의 요구에서 나온 혁명이었는가? 혹은 부르주아의 희망에서 나온 혁명이었는가? 혹은 국민의 요구에서 나온 혁명이었는가? 국민은 누구였는가? 대혁명은 곤궁과 흉작 때문에 발생했는가? 혹은 기대감의 상승 때문에 발생했는가? 그것은 법률가들의 혁명이었는가? 반혁명세력은 실제로 얼마나 많은 지지층을 확보하고 있었는가? 대혁명에서 성직자들의 역할은 무엇이었는가? 대혁명은 얼마나 파리 중심적인 사건이었는가? 클럽들과 파리의 대중은 여러 집회들의 심의에서 어떤 역할을 했는가? 진정으로 변화된 것은 무엇이었는가? 왜 프랑스였는가? 어떤 부류가 통제의 대상이었는가? 사상과 이데올로기는 사건 형성에 얼마나 큰 역할을 했는가? 탈기독교화 운동은 필요했는가? 더 강력한 왕이 있었다면 사태는 완전히 달라질 수 있었는가? 혹은 미라보가 살아있었다면? 혹은 당통이 우세했더라면? 혹은 로베스피에르가 생존했더라면? 살롱에서의 대화는 대중안전에 대한 위원회의 논의에 책임이 있었는가? 집정부가 대혁명을 배반했는가? 아니면 나폴레옹이 배반했는가?

이 모든 질문에 대한 대답은 여전히 열려있다. 그러나 대혁명의 영향사를 성찰하는 모든 현대 해석자들이 마땅히 던져야 할 핵심 질문은 불가피하게 '지금 프랑스 혁명은 무엇인가?'란 질문으로 전환된다. 대혁명 이후의 내레이터들, 분석가들, 상속자들인 우리에게 있어 대혁명은 도대체 무엇인가? 우리 가운데 도대체 어느 누가 개인의 자유와 평등, 이성과 전통, 역사의 연속성과 역사의 급진적 중단을 화해시키는 방법을 알고 있다고 주장할 수 있는가? 모든 고전 사건, 고전 텍스트, 고전 상징, 고전 의례, 고전 인물 등에 대한 모든 진지한 질문에서 볼 수 있듯이, '프랑스 혁명은 무엇인가?'란 질문은 즉시 '이렇게 다원적이고 모호한 유산을 물려받은 탈근대의 불편한 상속자들로서 우리는 도대체 누구인가?'란 질문으로 전환된다. 프랑스 혁명은 무엇이었는가?

때때로, 해석은 문제가 된다. 대체로, 해석이 문제가 되는 시대는 문화적 위기의 시대이다. 낡은 이해방식들, 낡은 실천방식들, 그리고 심지어 낡은 경험방식들까지도 더 이상 효력이 없어진다. 우리는 예전의 모든 해석방식들로부터 거리감을 느낄 수 있다. 이때 우리는 해석의 의미가 무엇인지를 성찰할 필요가 있다. 우리는 이해하기 위해 해석해야 한다는 사실을 발견한다. 우리는 심지어 이해하기 위해 '해석으로서의 이해' 과정 바로 그 자체를 해석해야 한다는 사실을 발견할 수도 있다. 이러한 해석의 계기들은 모든 개인들의 삶에서 충분히 발생할 수 있다. 위대한 창조적 재능을 가진 개인들 — 사상가들, 예술가들, 영웅들, 성자들 — 은 그들의 문화나 전통이 순조롭게 혹은 심지어 조금도 해석할 수 없었던 어떤 경험을 해석하기 위한 새로운 방법을 찾도록 강요받았다. 예를 들어, 루터의 경우, 그가 처음 바울을 발견한 후에 바울을 통하여 자신을 발견했을 때 이러한 일이 발생했다. 에우리피데스(Euripides)는 아이스킬로스(Aeschylus)와 소포클레스(Sophocles)의 비극형식과 비전에는 관심을 가졌지만, 그들의 해석방법과 해석형식을 갖고는 실재를 해석할 수 없었다.

그러나 비범한 개인들에 대한 성찰도 중요하지만, 더 큰 위기는 다른 곳에 있는 것 같다. 즉 경험하기, 이해하기, 행동하기, 해석하기의 평범한 방법들을 통해서는 더 이상 앞으로 진행할 수 없는 전통, 문화, 언어 안에 큰 위기가 있다. 루터는 중세 말 독일사회의 급진적 위기에 직면하게 되었다. 에우리피데스는 소피스트와 소크라테스의 지성적 혁명들의 지성적 위기뿐 아니라 아테네 민주주의와 제국의 정치적 위기에도 직면하게 되었다. 후기 로마의 스토아학파 철학자들은 '호메로스와 아테네의 과거들'로부터 멀리 떨어진 영웅후기(post-heroic) 문화에서 이 과거들을 해석하기 위한 새로운 방법을 찾을 필요가 있었다. 참으로, 스토아학파 철학자들은, 유대-그리스도교의 알레고리 해석자들처럼, 이해하기 위해 해석과정 그 자체를 성찰할 필요성을 발견하게 되었다.

모든 전통 안에서 발생하는 해석의 위기는 궁극적으로 바로 이 해석과정 자체를 해석하라는 요구가 된다. 필로(Philo)와 아우구스티누스, 데카르트와 스피노자, 헤겔과 슐라이어마허, 퍼스(Peirce)와 비트겐슈타인(Wittgenstein)은 우리가 지금 처해있는 위기와 똑같은 해석학적 위기를 경험했다. 그러나 여기서 "우리"는 누구인가? 우리는 17세기 과학혁명, 18세기 계몽주의, 그리고 19세기 과학혁명 및 역사의식의 출현에 의해 형성된 서구인들이다. 20세기 말의 서구인들로서 우리는 인간에 의해 대량학살이 자행되었던 세기, 또 다른 과학기술 혁명이 발생하고 있는 세기, 그리고 전 지구적 재난과 파멸이 발생할 수 있는 세기에 살고 있다. 우리는 마치 과거에 일어나지 않았던 모든 사건들이 현재 일어나고 있지 않거나 미래에 일어날 수 없는 것처럼 계속 진행해 나갈 수 없는 상태에 있다. 우리는 우리 전통의 고전들로부터 역사적으로 멀리 떨어져있다. 우리는 무시하고 억압하기 위해 우리가 선택한 "타자들"로부터 문화적으로 멀리 떨어져있다. 우리는 심지어 우리 자신으로부터도 멀리 떨어져 있어서, 우리의 과거의 모든 이해방식들, 해석방식들, 행동방식들에 대해 의혹을 품고 있다.

우리 모두는 우리 자신이 전통에 의해 형성되어 왔음을 알고 있다. 그리고 이 전통의 힘은 의식적으로나 전(前)의식적으로 우리에게 영향을 미치고 있다. 우리는 이제 우리 전통의 심원한 다원성과 모호성을 어렴풋이 보게 되었다. 서구인들로서 우리는 또한 다른 전통의 힘을 의식하게 되었다. 우리는 다른 전통의 힘을 느끼고는 있지만, 아직 그것의 의미를 해석하는 방법을 알고 있지는 못한 상태에 있다. 우리는 고대 말기의 아우구스티누스 혹은 근대 초기의 슐라이어마허 및 헤겔과 동일한 해석학적 긴급성에 직면해 있다. 그들과 같이, 우리는 우리 자신과 우리 전통을 해석하기 위한 새로운 방법을 찾을 필요가 있다. 그들과 같이, 우리는 심지어 '해석으로서의 이해' 과정 바로 그 자체를 성찰하지 않을 수 없는 상태에 있다.

해석은 모든 문화의 모든 개인에게 일평생의 과업이다. 그러나 오로지 문화적 위기의 시대에서만 해석의 문제는 중심 주제가 된다. 이러한 위기의 시대에는 유명한 중국의 악담을 상기하는 것으로 충분하다: 나는 네가 "재미있는 시대"에 살기를 바란다! 우리는 우리 가운데 어느 누구도 회피할 수 없는 것을 성찰해야만 하는데, 그것은 바로 이해하기 위해 해석하는 것이다.

해석은 사소한 문제인 것처럼 보이지만 결코 그렇지 않다. 우리가 행동하고 숙고하고 판단하고 이해하고 또는 심지어 경험할 때마다, 우리는 해석하고 있다. 이해하는 것은 해석하는 것이다. 잘 행동하는 것은 어떤 행동을 요구하는 상황을 해석하는 것이고 바로 그 행동을 위한 올바른 전략을 해석하는 것이다. 순수하게 수동적인 의미(비인간적이라는 의미)에서 경험하는 것과 다르게 경험하는 것은 해석하는 것이다; 그리고 "경험 있는" 사람이 된다는 것은 유능한 해석자가 되었다는 것을 의미한다. 따라서 결국 해석은 경험, 이해, 숙고, 판단, 결정, 행동만큼이나 회피할 수 없는 문제이다.[8] 진정한 인간이 된다는 것은 반성적으로 행동하는 것이고, 신중하게 결정하는 것이며, 지성적으로 이해하는 것이고, 풍부하게 경험하는 것이다. 우리가 그것을 알든 모르든, 진정한 인간이 된다는 것은 능숙한 해석자가 된다는 것을 의미한다.

우리는 우리의 다른 '실천적 기술'(practical skills)에 대해서 아주 분명하게 설명할 수 없듯이 또한 인간의 복잡한 '해석의 기술'에 대해서도 아주 분명하게 설명할 수 없다. 그럼에도 불구하고, 이렇게 중요하지만 당혹스러운 현상을 이해하기 위해 다양한 모델을 연구하는 것은 유능한 해석자들에게 반드시 필요한 실천, 즉 우리의 경험을 풍부하게 하고 이해를 참작하며 숙고와 판단에 도움을 주고 유의미한 행동의 가능성을 증대시키는 실천을 발전시키는데 도움을 줄 수 있다. 해석이론이라고 불려지는 '해석

---

8) Bernard Lonergan이 저술한 *Insight: A Study of Human Understanding* (London: Longmans, Green, 1957)의 독자들은 이 작품의 여러 곳에서 버나드 로너간의 현존을 인식하게 될 것이다. 나는 "언어," 이해, 해석에 대한 나 자신과 버나드 로너간 사이의 분명한 차이에도 불구하고, 그에게 여전히 감사하고 있다.

에 대한 명시적 성찰을 회피하는 것은 물론 가능한 일이며 어떤 경우에는 심지어 바람직한 일이기까지 하다. 그러나 깊은 주의를 갖고, 우리가 이미 행동하고 있는 것에 대해 성찰하면서, 또한 우리는 해석이론이나 해석학을 배울 수 있다. 이때 우리는 이 이론이 마땅히 사용되어야 하는 바대로 그것을 사용할 수 있다: 우리는 이 이론을 진정한 인간이 되는 중심 과제를 위한 실천적 기술로 사용할 수 있다. 해석이론으로 전향할 때, 우리는 단순히 켄네스 버크(Kenneth Burke)의 멋진 명언을 따르게 된다: "이용할 수 있는 모든 것을 이용하라."[9]

모든 이론 자체와 같이, 모든 해석이론은 우리가 발견하거나 발명하는 문제들을 조명해주는 능력만큼, 그리고 유익한 행동의 가능성을 증대시키는 능력만큼 좋은 해석이 되기도 하고 나쁜 해석이 되기도 한다. 결국, 좋은 이론은 우리의 구체적 경험에서 나온 발췌물이며, 또한 첨가물이다. 이론은 실천의 두드러지고, 때때로 본질적이지만, 결코 포괄적이지는 않은 특성들을 현저하게 강조하는 '현실적 실천'으로부터 추출된다. 이론이 효력을 발휘하게 될 때, 그것은 수수께끼 같은 실천 현상의 몇 가지 본질적 특성들에 대해 그럴듯한 해석을 제공해준다. 이때 그 추출물은 명심해두는 것이 현명한 그런 실재의 몇 가지 특성들을 우리가 이해하는데 도움을 줌으로써 모든 실천과 사고를 풍요롭게 한다. 그러나 만약 이론이 구체적

---

9) Kenneth Burke가 저술한 *The Philosophy of Literary Form: Studies in Symbolic Action* (Berkeley and Los Angeles: University of California Press, 1957), pp.259–261을 보라; 그리고 이 원칙에 대한 그의 충실성의 실례들을 보려면, Kenneth Burke가 저술한 *A Grammar of Motives* (New York: Prentice-Hall, 1945); *Rhetoric of Motives* (Berkely and Los Angeles: University of California Press, 1969)를 보라.

상황들 속으로 '기술'(skill)과 '이해'를 전이시키려고 하면, 이론은 사고와 행동에 처음에는 성가신 것이 되고 나중에는 방해물이 된다. 이때 이론은 "단순한" 이론들의 퇴적물 가운데로 버려지는 것이 마땅하다. 모든 다른 이론들과 마찬가지로, 해석학적 이론도 이러한 숙명에 예속될 수 있다. 그러나 해석학적 이론은 또한 다른 이론들만큼 손쉽게 사고와 삶을 위해 연마된 유익한 기술이 될 수 있다.

이와 같은 사정은 여러 학문 분과들을 관통하여 나타나고 있는 해석학에 대한 현재의 관심에 있어서도 마찬가지이다. 해석학적 이론이 구체적 실천에 의해 시험되고 변형됨으로써 구체적 실천과 연관된 방식으로 우리의 일상적 문제를 조명해주기 위해 사용될 때도 확실히 사정은 마찬가지이다. 실천 자체는 종종 그것(실천)이 사용하는 해석 — 궁극적으로 실천은 해석이다— 의 종류에 따라 좋은 실천이 되기도 하고 나쁜 실천이 되기도 한다. 예를 들어, *praxis*란 단어를 영어로 재도입하는 것은 유용한 실천적 기능에 도움이 된다. 이론가의 편에서 보면, 우리에게 친숙한 *practice*란 단어는 너무 자주 단순한 실천으로 이해되며 모든 순수하고 탈상황적인 이론의 단순한 적용으로 이해된다. 실천가의 편에서 보면, 실천은 모든 실천이 의식적으로나 무의식적으로 포함하는 해석과 이론으로부터 자유로워지려고 하는 환상적 울부짖음이 될 수 있다. 그러나 영어에서는 생소한 단어로서 *praxis*란 단어는 모든 가치 있는 실천이 어떤 이론에 의해 형식을 부여받는다는 점을 우리에게 상기시킨다. *praxis*란 단어는 또한 이론적 활동 그 자체가 하나의 실천—즉, 이론적 활동이 적용되는 실천에 의해 시험되는 실천— 이란 점을 우리에게 상기시킨다. 우리가 지성적 삶의 이러한 핵심 사실들을 우리 자신에게 상기시킬 필요가 있을 때, 반드시 *praxis*란 단어를 사용하자. 현재 선호되고 있는 *practice*와 *skill*이란 단어들은 언젠가 우리의 언어 사용으로 되돌아올 것이다. 이때 이 단어들은 현재의 편견이 제거된 상태로 되돌아올 것이다.

우리는 불확정적이지만 분명한 것처럼 보이는 것으로부터 출발함으로써 '해석을 해석하는 과정'에 착수할 수 있다. 모든 해석 행위들은 적어도 세 가지 실재들을 포함하고 있다: 해석되어야 할 현상, 이 현상을 해석하는 사람, 이 두 가지 실재들 사이의 상호작용.10) 우리는 이 세 가지 실재들을 어떻게 이해하고 해석할 수 있는가? 성찰의 첫 번째 차원에서 이것은 해석의 문제이다.

순수한 주관성의 유혹을 피하기 위해서는 해석자가 아니라 해석을 요구하는 현상으로부터 출발하는 것이 더 낫다. 이 현상은 글자 그대로 다음과 같은 모든 것들이 될 수 있다: 법률, 행동, 의례, 상징, 텍스트,

---

10) 이 부분과 다음 부분에서는 해석을 중심주제로 한 Hans-Georg Gadamer의 작품들이 현저하게 나타난다; 그 중에서도 특히, Hans-Georg Gadamer가 저술한 *Truth and Method* (New York: Seabury, 1975); *Dialogue and Dialectic: Eight Hermeneutical Studies in Plato* (New Haven, CT: Yale University Press, 1980); *Philosophical Hermeneutics* (Berkeley and Los Angeles: University of California Press, 1976); P. Christopher Smith가 편집한 *The Idea of the Good in Platonic-Aristotelian Philosophy* (New Haven, CT: Yale University Press, 1986)를 보라. 가다머에 대한 훌륭한 연구는 Joel C. Weisheimer가 저술한 *Gadamer's Hermeneutics: A Reading of Truth and Method* (New Haven, CT: Yale University Press, 1985)에서 찾아볼 수 있다. 가다머의 독자들은 다음과 같은 사실에 주목하게 될 것이다: 나의 입장과 그의 입장 사이에서 발견되는 논증, 설명, 비평, 그리고 (회복과 구분되는) 의혹에 대한 분명한 차이점들 외에도, 대화로서의 해석에 대한 나의 분석은, 분명히 가다머의 선구적인 과업에 빚지고 있지만, 이해의 존재론에 대해서는 그의 분석보다 훨씬 덜 직접적이고 텍스트 해석을 위한 (영미 계통의) 경험적 모델의 개발에 대해서는 그의 분석보다 훨씬 더 직접적이다. 내가 보기에, 이 두 가지 기획들은 서로 분리되지 않지만 분명하게 구분된다. 가다머의 대화에 대한 분석은 *Truth and Method*, pp.325-345에서 찾아볼 수 있다.

인물, 사건 등. 프랑스 혁명의 해석에 대해 다시 생각해보라; 그것은 이 모든 현상들에 주의를 요구한다. 이 모든 가능성들은 '해석으로서의 이해'의 훌륭한 시험사례가 된다. 그러나 칸트가 '단순한 사례'(mere instance)와 '본보기'(example)를 구분하듯이, 이해하려는 모든 시도에서 가장 결정적이고 중요한 제안들 가운데 하나는 당면한 문제에 모범사례가 되는 어떤 것, 즉 좋은 본보기를 찾는 것이다.

과학적 탐구에서처럼 일상적 삶에서 조명적인 본보기를 찾는 것은 바로 구체적 이해를 위한 좋은 시험사례를 찾는 것과 같다. 우리는 있는 그대로의 사태와 다를 수 있는 어떤 것을 어떻게 이해할 수 있는가? 우리는, 어떤 특정한 질문에 대하여, 어떤 가능성들이 입증되었는지, 그리고 왜 그렇게 입증되었는지를 어떻게 이해할 수 있는가? 우리는 어떤 주장들이 확증되었는지, 그리고 어떤 판단기준들에 의해 그렇게 확증되었는지를 어떻게 이해할 수 있는가? 우리는 우발적인 것들을 어떻게 이해할 수 있는가? 우리는 불확정적인 것들을 어떻게 더욱 확정적인 것으로 만들 수 있는가? 아리스토텔레스가 『수사학』 및 『논제들』과 같은 작품들에서 주장하듯이, 이러한 모든 탐구들을 위한 한 가지 중요한 제안은 우리가 이해하려고 하는 현상의 가장 훌륭한 시험사례, 즉 올바른 본보기를 찾아서 시험하는 것이다.[11]

---

11) 매우 주목할만하게도, 아리스토텔레스에 대한 최근의 관심은 대개 그의 『분석론 전서』(*Prior Analytic*)에서 볼 수 있는 실물과학에 있는 것이 아니라 변증법과 수사학을 사용하는 그의 논증에 있다. 변증법에서 삼단논법과 일반화 논리들은 중요한 역할을 한다; 수사학에서는 축약삼단논법과 본보기가 중요한 역할을 한다. 아리스토텔레스의 과학이란 개념에 대한 난해한 문제점들에 대해서는, Benard Lonergan이 저술하고 Frederick E. Crowe가 편집한 *A Third Collection: Papers by Bernard J. Lonergan* (New York: Paulist, 1985), pp.35-55에서 "Aquinas today:

슐라이어마허 이래 근대 해석학이 문서 텍스트를 본보기로 삼고 주의를 집중시킨 것은 아마도 올바른 현상이었을 것이다. 왜 그런가? 첫째로, 읽고 쓸 수 있는 교양문화에서 문서 텍스트는 중심 역할을 했다. 둘째로, 읽고 쓸 수 있는 교양문화가 위기에 빠질 때, 그 위기는 사람들이 모범사례적인 문서 텍스트를 다루는 방법에서 가장 분명하게 나타난다. 예를 들어, 성서 텍스트가 역사의식과 역사의식의 불가피한 동반자인 역사적 거리의식에 의해 영향 받게 되었을 때, 성서 텍스트를 소유한 종교 공동체들에는 어떤 일이 발생하는가? 고전이라고 불려지는 문서 텍스트가 이와 동일한 역사의식의 충격 아래에서 해명되기 시작할 때, 세속 문화에는 어떤 일이 발생하는가? 중국의 문화혁명의 경우와 같이, 공인된 텍스트의 정경성이 폐기될 때 어떤 일이 발생하는가? 문화지엽주의가 문화 자체 안에 분명하게 나타나게 될 때 어떤 일이 발생하는가? 홀로코스트와 같은 사건이 문화 속에 분출하게 될 때 어떤 일이 발생하는가?

문서 텍스트는 교양문화에 안정성을 제공해주는 것 같다. 동시에, 지성적 위기와 도덕적 위기가 발생하게 될 때, 문서 텍스트는 큰 불안정성에 노출된다. 이러한 안정성과 불안정성의 결합 때문에, 문서 텍스트는 해석을 요구하는 현상의 내적 복잡성의 좋은 본보기가 된다. 구두전승, 사회적 실천, 역사적 사건과 같은 다른 현상들은 문서 텍스트보다 더욱 명백하게 불안정해 보인다. 이런 현상들은 끊임없이 개정될 수 있는 해석들에 더욱 분명하게 열려있다. 어떤 상징들이나 어떤 굳어진 사회적 실천들과 같은 또 다른 현상들은 종종 거의 제2의 본성이 될 만큼 영구적인 것처럼 보일

Tradition and Innovation"을 보라.

수 있다. 그것들은 문서 텍스트보다 더 확고한 안정성을 보여주는 것 같다. 그러나 문서 텍스트는 사실상 모든 현상들에 영향을 미치는 '유동성'과 '일시성'의 좋은 본보기를 제공해준다. "말할 필요가 없는 것"(what goes without saying)은 매우 안정된 것처럼 보이지만 결코 그렇지 않다.

최근 몇 년간 우리는 자율적 텍스트의 안정성에 대한 '신비평'(New Criticism) — 지금은 이미 구식이 되어 버린 사조이지만— 의 믿음으로부터 멀어지게 되었다. 우리는 모든 텍스트의 급진적 불안정성, 그리고 모든 외관상의 자율적인 텍스트의 불가피한 '상호 텍스트성'(inter-textuality)을 노출시키는 해체주의적 물결을 타고 있다. 예전에 안정성을 확보했던 저자는 이제 불안정한 독자로 대체되었다. 상식적으로, 문서 텍스트는 충분히 안정된 것처럼 보인다. 그러나 우리가 문서 텍스트를 해석함으로써 그것을 이해하려고 하는 모든 노력에 대해 성찰하게 될 때, 문서 텍스트는 우리가 처음에 생각했던 것보다 훨씬 더 수수께끼처럼 보이고 또한 불안정해 보이기 시작한다.

구체적인 것을 이해하기 위해, 우리는 항상 좋은 본보기를 필요로 한다. 좋은 본보기들 가운데서, 어떤 것은 모범사례적인 것으로서 두드러지게 보인다. 문서 텍스트의 좋은 본보기들 가운데서, 참으로 모범이 되는 것은 고전이라고 불려진다.12) 그러므로 고전은 모범이 되는 본보기이다.

---

12) 나는 *Analogical Imagination: Christian Theology and the Culture of Pluralism* (New York: Crossroads, 1981), pp.99-154에서 "고전"이란 개념을 선호했다. 반복하여 말하면, 나의 주된 해석학적 관심은 고전에 대한 관심과 반응에 있다. 즉, 이러한 나의 관심은 고전의 생산과정과 문화의 변동하는 규범 안에서 고전의 역할에 대한 경험 역사적 분석과 구별되는 문제이다. 반응이론에 대한 Hans-Robert Jauss의 연구는 이 문제를 핵심적으로 조명해준다. 비록 나는 이 문제에 대해 나 자신의 공식을 계속하여 선호하지만, (특히 반응 스펙트럼)에 대한 Jauss의 제안은 근본적

이러한 것으로서 고전은 모든 해석이론을 위한 좋은 시험사례가 된다. 역사적 토대 위에서 말하자면, 고전은 단순히 특정한 문화를 확립하거나 형성하는데 도움을 주어왔던 텍스트들이다. 더욱 명시적인 해석학적 토대 위에서 말하자면, 고전은 '의미의 과잉'(excess of meaning)과 '의미의 항존성'(permanence of meaning)을 담지하고 있지만, 항상 확정적인 해석에는 저항하는 텍스트들이다. 또한 고전의 생산과정 안에는 다음과 같은 역설이 존재한다: 고전은 기원과 표현에 있어서는 매우 특수한 성격을 갖고 있지만 효과에 있어서는 보편적이 될 수 있는 가능성을 갖고 있다. 더욱이, 모든 해석학적 이론에 궁극적으로 중요한 것으로 간주되는 고전의 지속적인 반응 안에도 또 다른 역설이 분명하게 드러난다. 고전으로서 고전의 능력은 고전의 정경성을 변동시키는 특정 문화 안에서의 불안정성에 문화적으로 의존할 수 있다.13) 왜냐하면 어떤 특정한 시기에 어떤 고전은 정경으로부터 사라지게 되는 반면, 예전에 잊혀졌거나 심지어 억압받기까지 했던 다른 고전이 재등장하게 될 것이기 때문이다.

18세기에 로마 고전은 주요한 정경의 역할을 했다. 낭만주의 운동과

으로 나와 동일한 견해를 정교하게 만들어준다; 특히 그의 *Toward an Aesthetic of Reception* (Minneapolis: University of Minnesota Press, 1982)을 보라. 설명이론과 의혹의 해석학(이 개념을 사용하는 가다머의 대부분의 경우에서와 같이)을 용인하지 않으면서 실제로 "고전" 범주에 대한 모든 변호를 고전주의나 순수한 회복에 대한 변호로 계속해서 읽는 비평가들은 여기서 사용되는 고전이란 개념의 의미에 대해 충분히 성찰하지 못했다. 또한 그들은 심지어 "모범이 되는 본보기들", 즉 고전의 역할에 대해서도 충분히 성찰하지 못했으며 아리스토텔레스의 본보기들의 역할에 대해서도 충분히 성찰하지 못했다. 또한 고전주의식 읽기에 도전하는 "고전" 범주에 대한 유사한 변호에 대해서는, Frank Kermode가 저술한 *The Classic* (New York: Harcourt, Brace, Jovanovich, 1975)을 보라.

13) 정경의 문제에 대해서는, 비평잡지 *Critical Inquiry* 10 (Sept. 1983)에 기고된 "Canons" 부분을 보라.

더불어, 그리스 고전이 되돌아오면서 로마 고전은 뒤로 물러났다. 예를 들어, 18세기 휘그당원들에게 중요했던 로마 고전의 역할과 19세기 그들의 후손들에게 중요했던 그리스 고전의 역할을 비교해 보라. 그리고 빅토리아 왕조 시대의 사람들에게 중요했던 아테네의 역할과 에드워드 시대의 사람 들에게 중요했던 호머의 역할을 비교해 보라.[14] 독일 문화에서 헤겔로부 터 하이데거에 이르기까지 유행했던 "우리 독일인은 그리스인이다"란 상 투어와 비교하여, 칸트에게 중요했던 로마 고전의 역할을 상기해보라. 미국의 혁명당원들이 로마 공화당의 의상을 입었던 반면, 로베스피에르는 로마인들을 해석하기 위해 스파르타를 선택했다. 휴던(Houdon)이 조각한 워싱턴의 로마식 조상(彫像)을 다비드(David)가 그린 암살당한 마라(Marat) 의 스파르타식 그림과 대조해보라. 미국 문화에서 초기 공화당의 로마에 대한 찬양은 나중에 시민전쟁과 낭만주의의 대변동을 겪으면서 링컨의 새로운 해석에 굴복하게 되었다. 지금 우리가 제퍼슨의 독립선언문을 읽게 되면 우리는 그것을 제퍼슨의 눈보다는 링컨의 눈을 통하여 읽기 쉽다. 사실상, 링컨의 성서 읽기가 공화국으로서의 미국의 이상을 두 번째로 수립하는데 결정적인 역할을 했다고 해도 과언이 아니다.

성서 텍스트는 서구 역사 전반에 걸쳐 비슷한 역할을 해왔다. 대체로 성서는, 노스럽 프라이(Northrop Frye)가 주장하듯이, 서구 문화에서 일종의 커다란 암호의 역할을 해왔다.[15] 그러나 이 암호는 놀라울 정도로 신축성

---

14) 이 문제에 대해 이용할 수 있는 많은 연구서들 가운데 하나의 실례로서, Richard Jenkyns가 저술한 *The Victorians and Ancient Greece* (Cambridge, MA: Harvard University Press, 1980)를 보라.

15) Northrop Frye가 저술한 *The Great Code* (New York: Harcourt, Brace, Jovanovich, 1981)와 Herbert Schneidau가 저술한 *Sacred Discontent: The Biblical and Western Tradition* (Berkeley

있게 기능했다. 예를 들어, 루터 전후에, 또는 더욱 최근에 그리스도교가 랍비들의 석의 방법을 발견한 20세기 말 전후에, 바울의 로마서의 역할을 생각해보라.[16] 스페인 유대 공동체의 추방 이후 카발라주의식 창세기 읽기의 회복을 생각해보라. 피오레의 요아킴(Joachim of Fiore)으로부터 헤겔, 마르크스를 거쳐 정치신학과 해방신학에 이르는 그리스도교 운동들과 세속 운동들 안에서 묵시 텍스트들의 해석에 있어서의 갈등의 역사를 주목해보라. 예전에 매우 분명하고 확고했으며 그래서 다소 지루한 감이 있었던 마가복음 ─ '그리고 예수는 말했다, 그리고 그는 갔다, 그리고 그는 행했다' ─ 은 지난 몇 년 동안 갑작스러운 중단, 전복, 기묘한 무(無)결말 등과 같은 문학적 기법들로 가득 찬 이상한 근대주의적 문서가 되었다. 누가복음과 사도행전은 갈등을 일으키는 방식으로 여전히 다양한 그리스도교 공동체들에 의해 받아들여지고 있다: 이 텍스트들에서 은사주의자들은 성령의 역할에 호소하며, 해방신학자들과 정치신학자들은 가난한 사람들에 대한 우선적인 선택을 주장하며, 자유주의 그리스도교인들은 예수에 대한 누가복음의 다소 상식적인 설명에 만족하며, 바르트주의자들은 누가복음이 역사 같은 이야기를 통하여 주인공의 참된 정체성을 묘사해주는 19세기 사실주의 소설과 얼마나 유사한지를 보여주고 싶어 한다.[17]

---

and Los Angeles: University of California Press, 1976)을 보라. 그리스도교 교회에서 성서가 어떤 역할을 하는지에 대해서는, Robert Grant가 David Tracy와 함께 저술한 *A Short History of the Interpretation of the Bible* (Philadelphia: Fortress, 1984)을 보라.

16) 특히, E. P. Sanders가 저술한 *Paul and Palestinian Judaism: A Comparison of Patterns of Religion* (Philadelphia: Fortress, 1977)을 보라.

17) 마지막 범주를 위해서는, Hans Frei가 저술한 *The Eclipse of Biblical Narrative* (New Haven, CT: Yale University press, 1974)를 보라. 그리고 그의 또 다른 저서인 *The Identity of Jesus Christ* (Philadelphia: Fortress, 1975)에서 그의 구성신학을 보라.

요한복음은 언제나 모든 그리스도교 전통의 명상가들, 신비가들, 형이상학자들, 신학자들에게 호소력을 갖고 있었다. 그러나 이 복음서 역시 다양한 방식으로 받아들여졌다. 그 방식은 매우 다양해서 '적절성'을 추적하기가 어려울 정도이다. 마태복음은 항상 메노나이트(Mennonites), 아미쉬(Amish), 형제교회단(Church of Brethren)과 같은 종교개혁 급진파의 후손들로부터 트리엔트 가톨릭주의의 후손들에 이르기까지 공동체 생활에 열심인 그리스도교 공동체들 안에서 언제나 우호적인 독자들을 발견하는 성향이 있다.

사실상, 이와 동일한 종류의 수수께끼 같은 반응의 역사를 일으키지 않았던 어떤 고전 텍스트도 없다.[18] 후대의 독자들은 반드시 과거의 읽기들에 대한 때때로 의식적인, 또는 더욱 자주 전(前)의식적인 기억들을 갖고 텍스트에 다가간다. 어떤 고전 텍스트도 순수하거나 자율적인 상태로 우리에게 오지 않는다. 모든 고전은 자체 안에 갈등을 일으키는 반응의 역사를 담고 있다. 참으로, 모든 고전은 우리가 결코 완전하게 설명할 수 없는 영향사를 우리에게 가져온다. 모든 고전은 의미의 항존성과 의미의 과잉을 자체 안에 담고 있다. 그러나 모든 고전이 갖고 있는 의미의 항존성은 너무 쉽게 의미의 과잉이 될 수 있다. 의미의 과잉은 때때로

---

18) 이러한 반응은 다양한 학문분과들의 관점에서 연구될 수도 있다: 이 반응은 각주 14와 15에서 인용된 작품들에서 볼 수 있듯이 문학적이고 역사적인 관점에서 연구될 수 있다; 이것은 Arnold Hauser가 저술한 *The Social History of Art* (London: Routledge and Kegan Paul, 1968)에서 볼 수 있듯이 사회학적 관점에서 연구될 수 있다; 이것은 또한 Hans-Robert Jauss가 저술한 *Toward an Aesthetic of Reception*에서 볼 수 있듯이 해석학적 철학의 관점에서 연구될 수 있다. 이 몇 가지 관점들을 통합하는 연구들의 본보기로서, George Steiner가 저술한 *Antigones* (Oxford: Oxford University Press, 1984)와 Michael Walzer가 저술한 *Exodus and Revolution* (New York: Basic Books, 1985)을 보라.

모든 확정적 해석에 도전하는 다양한 반응들의 급진적 불안정성을 산출할 수 있다. 모든 고전의 해석의 역사는 참으로 진기한 현상이다. 그러나 이러한 해석의 역사는 모든 문화 안에서의 고전 텍스트 읽기에서 반복하여 나타난다.

그러므로 고전 텍스트의 문화적 현상은 고전이 무엇인지에 대한 해석학적 성찰을 요구한다. 이것은 단순히 고전이 모든 문화를 위한 형성적이고 변형적인 역할을 하기 때문만은 아니다. 전통주의자들이 우리의 문화적 삶들을 형성해주는 전통을 소유하지 못하는 것과 마찬가지로 학자들은 고전을 소유하지 못한다. 고전은 우리가 추구하는 어떤 것의 최상의 본보기를 제시해주기 때문에 해석학적으로 중요하다. 즉 급진적 안정성은 의미의 항존성이 되고 급진적 불안정성은 계속 변화하는 반응들을 통하여 의미의 과잉이 된다. 고전 텍스트는 유일한 것이 아니다. 그것은 단순히 모든 해석이론을 시험하기 위한 최상의 본보기일 뿐이다. 왜냐하면 그것은 복잡한 해석 과정 자체의 가장 수수께끼 같은 본보기이기 때문이다.

그러나 고전 텍스트가 현대 해석학의 문제를 위해 모범적인 기능을 할 수 있는 또 다른 이유가 있다. 그것은 바로 고전의 주의 요구가 무시하기 어렵다는 사실에 있다. 텍스트와 해석자 사이의 상호작용을 촉진시키기 위해, 해석자가 갑작스러운 진리 주장에 직면함으로써 "타자성"을 인식하도록 요구받는 장소에서 해석의 본보기들을 발견하는 것은 유익한 일이다. 우리 모두는 "타자성"에 대하여 강하게 면역되어 있어서 이 타자성을 인식하고 있지 못하기 때문에 모든 실재를 '동일한 것'으로 환원시키려는 유혹을 받거나 혹은 우리가 유사성을 말할 때 너무 자주 의도하게 되는 '동일한 것'의 진기한 대용물로 환원시키려는 유혹을 받는다.[19] 우리가 어떤 고전 텍스트에 접근하여 이 텍스트를 '동일한 것'을 열망하는 '프로크루스테스의 침대'[20]에 강제로 끼워 맞추는 것은 어려운 일이다. 또한 우리는 고전 텍스트에 접근함에 있어서 프로크루스테스의 침대처럼, "이것은 내가 이미 알고 있는 것과 충분히 유사하기 때문에 이것을 이해하기 위해 별다른 노력을 하지 않아도 된단 말이야!"라는 식의 기만적인 주장을 펼칠 수 없다.

우리는 고전이 아닌 작품을 읽을 때에는 절반쯤 잠든 상태에서 이리저리 떠돌 수 있다. 그러나 고전 작품에 대해서는 그렇게 할 수 없다. 참으로, 모든 실재를 길들이려고 하는 유혹은 모든 고전 텍스트가 저항하려고 하는 유혹이다. 고전은 우리의 몸에 밴 게으름과 자기만족에 저항한다. 만약 이해가 '유사성'이나 '단순한 동일성'을 길들이는 방향으로 빠지지 않으려면, 우리는 고전의 주의 요구에 주목해야 한다.

---

19) Michael Theunissen은 *The Other: Studies in the Social Ontology of Husserl, Heidegger, Sartre and Buber* (Cambridge, MA: MIT Press, 1984)에서 (헤겔 『정신현상학』 의 변증법 이래 유명해진) '타자성'의 문제를 집중적으로 다룬 현대 철학자들을 연구한다. 또한 Emmanuel Levinas의 '타자성'에 대한 특별한 연구서인 *Totality and Infinity* (Pittsburgh: Duquesne University Press, 1969)에도 특별한 주의가 요구된다. 대안적 견해를 위해서는, Jacques Derrida가 저술하고 Christie V. McDonald가 편집한 *The Ear of the Other* (New York: Schocken Books, 1982)와 *Writing and Difference* (Chicago: University of Chicago Press, 1978), pp. 70–154에서 "Violence and Metaphysics: An Essay on the Thought of Emmanuel Levinas"를 보라; 그리고 특히 Jacques Lacan이 저술한 *Ecrits: A Selection* (New York: Norton, 1977)을 보라.

20) (역자주) "프로크루스테스의 침대"(Procrustean bed)는 그리스–로마 신화에 나오는 어떤 이야기에 수록되어 있다. "프로크루스테스"라는 별명을 가진 다마스테스는 기괴한 습관을 가진 악당이자 도둑이었다. 그는 지나가는 행인들을 잡아다가 억지로 자기 집에 초대하여 하룻밤을 머물게 했다. 그의 집에는 짧은 침대와 긴 침대가 있었는데, 이 악당은 키가 큰 행인은 짧은 침대에 눕혀서 팔과 다리를 잘라서 죽이고 키가 작은 행인은 긴 침대에 눕혀서 몸을 늘여 죽였다고 한다.

확실히, 학자들은 오로지 자신들의 적절한 읽기에만 순응하는 사유물로 고전을 손에 넣고자 하는 길들이기 욕구를 갖고 있다. 그러나 위대한 고전 해석자들이 항상 인식해 왔듯이, 고전은 그렇게 쉽게 길들여지지 않는다.[21] 우리는 오로지 우리의 현재의 자기 정체성이 미완성의 작품이란 사실을 발견할 때에만 고전과 일체가 되는 위험을 감수할 수 있다. 우리는 오로지 고전이 우리의 통상적인 공민성의 규준들과 근본적으로 다르고 차이가 난다는 사실을 억압함으로써만 고전을 엘리트의 보존물로 만들 수 있다. 소포클레스의 작품은 그의 숭고한 쾌활함을 묘사하고 있는 빅토리아 시대의 설화들이 허용했던 것보다 훨씬 더 놀라운 것이다. 브레히트(Brecht)는 고전들을 향한 부르주아적 존경심을 공격함으로써 '어떤 덜 분명한 고전들'— 뷔용(Villon)과 가이(Gay)의 고전들 — 을 새롭게 부활시켰다. 니체는 그리스 비극의 기원에 대한 편향적 읽기를 공격함으로써 이 위대한 텍스트들의 철저한 타자성을 해방시켰다. 그리스도교 복음의 타자성에 대한 키에르케고르의 주장은 "신학자들의 운동장에 폭탄"을 던졌다. 우리 시대에 성서 텍스트들의 능력은 가난한 사람들과 소외된 사람들의 기초 공동체들로부터 유래한 성서 읽기들에서 가장 잘 발견된다.

텍스트이든 상징이든 사건이든 인물이든 의례이든, 모든 고전은 주의를 요구한다. 반응이론(수용이론)이 명료화했듯이, 이러한 주의 요구는 '고전의 진리 주장과 근본적 일체감'으로부터 '고전의 타자성에 대한 망설

---

21) 어떤 위대한 해석자의 고전들을 읽게 되면 우리는 즉시 이러한 종류의 차이점을 인식하게 된다; 예를 들어, David Grene이 저술한 *Greek Political Theory: The Image of Man in Thucydides and Plato* (Chicago: University of Chicago Press, 1967)에서 투키디데스와 플라톤에 대한 그의 탁월한 연구를 보라.

이며 주저하는 공명'에 이르기까지 모든 범위를 망라한다. 고전은 강력한 주의를 요구하면서 다가온다. 고전의 요구는 결국 우리의 주의를 요구하는 것이며 우리의 일상적인 기대에 도전하는 것이다. 우리는 고전이 일으키는 가능성의 수동적 수용자나 가능성 자체의 돈 주앙이 되어서는 안 된다. 우리는 고전의 주의 요구를 해석함에 있어서 우리의 현재의 기준을 포기할 각오를 하고서 진리를 추구하는 사람들이다. 이렇게 이해하려고 노력할 때, 우리는 고전의 타자성을 인식할 수 있게 된다. 고전 텍스트를 이해한다는 것은 불가피하게 원저자나 최초의 독자들이 그것을 이해했던 방식과 다르게 그것을 이해한다는 것을 의미한다.[22] 모든 현대 해석자들은 고전 텍스트에 의해 제기된 질문들에 대한 모종의 전이해(preunderstanding)를 갖고 해석 과정으로 들어간다. 유능한 해석자는 고전으로 하여금 해석자의 현재의 기대와 기준에 의문을 던지도록 허용함으로써 기꺼이 그 전이해를 수정할 각오를 한다. 그 전이해는 반드시 텍스트와 해석자 사이의 상호작용 안에서 기능한다. 모든 해석자들은 우리가 전통이라고 부르는 복잡한 영향사를 갖고 텍스트에 다가간다. 우리는 역사와 언어로부터 도피할 수 없는 것과 마찬가지로 전통으로부터도 도피할 수 없다. 고전 텍스트가 자율적이지 않은 것과 마찬가지로 어떤 개별적인 독자도 자율적이지 않다.

언어를 사용하는 사람은 누구든지 그 언어 전통의 부분적으로 의식적인, 그리고 더욱 자주 전(前)의식적인 전이해를 갖고 있다. 순수하게 자율적인 의식에 대한 계몽주의의 믿음은 에우리피데스의 『바쿠스 축제』

---

22) 이 논쟁적인 원리의 의미와 진리에 대해서는, Hans-Georg Gadamer가 저술한 *Truth and Method*, pp.235-345를 보라.

(*Bacchae*)에 나오는 펜테우스(Pentheus)처럼 산산 조각나버렸다.[23] 만약 자아가 자신을 형성해온 가족적, 사회적, 역사적 암호들의 순수한 수동적 담지자가 되지 않으려면 모든 자아는 해석의 위험을 감수해야 한다. 어떤 사람도 포템킨 마을(Potemkin Village)[24]의 건설과 데카르트의 절대자아를 통하여, 그리고 더욱 온건하지만 지금은 내버려진 오두막 장식물(cottage orné)인 계몽주의적인 자율적 절대자아를 통하여 더 이상 자아를 구성할 수 없다. 자아는 자신의 문화와 타자의 문화의 모든 기호, 상징, 텍스트를 위험을 무릅쓰고 해석함으로써 자신을 발견한다. 절대자아는 오로지 '자율적 동일성'과 같은 모든 잘못된 관념을 해체함으로써만 지속적으로 자아 자신을 구성할 수 있다. 자율성은 어떤 해독할 수 없는 암호를 들여다보는 나르시스(Narcissus)를 깨어진 상태로 보여주는 거울에 반사된 얼굴과 같은

---

23) 이것은 "자율성"이란 계몽주의 개념 가운데서 어떤 것도 회복될 수 없다고 주장하는 것과 동일하지 않다; 그러나 이것은 위르겐 하버마스의 후기 작품이 명시해주듯이 이 모델을 변호하고 싶은 철학자는 누구든지 (하버마스가 그렇게 하듯이) 모든 의식철학에 의해 확립된 순수한 자율적 절대자아의 모델을 포기하고 (다시 하버마스가 그의 여러 공식들을 통하여 그렇게 하듯이) "자율성"과 합리성의 제한적이지만 실제적인 가능성들의 사회학적 담론 분석을 시도해야 한다고 말하는 것과 동일하다. 이점과 관련하여 하버마스의 가장 최근의 공식 이론에 대해서는, Jürgen Habermas가 저술하고 Thomas McCarthy가 번역한 *The Theory of Communicative Action* (vol. 1, Boston; Beacon Press, 1984; vol. 2, forthcoming)을 보라; 하버마스는 또한 어떤 의식철학도 초기 프랑크푸르트학파의 "계몽의 변증법"이 제기한 문제점들을 충족시킬 수 없다는 사실을 인정한다. 후자에 대해서는, Max Horkheimer와 Theodor Adorno가 공동으로 저술한 *Dialectic of Enlightenment* (New York: Herder and Herder, 1972)를 보라.

24) (역자주) "포템킨 마을"(Potemkin Village)은 16세기 러시아의 여성 절대군주 예카테리나 2세의 정부인 "포템킨"이란 이름에서 파생된 어구이다. 당시 터키를 압박하면서 남방으로 진출하고 있던 러시아는 오스만투르크를 물리치고 크림반도를 장악하여 드네스트르 강 유역까지 영토를 넓힌 상태였다. 예카테리나 2세는 새로운 정복지의 시찰을 위해 크림반도로 향했고 그 곳에서 번화하고 아름다운 거리들과 마을들을 바라보며 매우 만족스러워 했다. 그러나 이 거리들과 마을들은 모두 꾸며진 허울에 불과한 것이었다. 그녀의 정부인 포템킨 공(公)이 여제의 환심을 사기 위해 여제의 행렬이 지나는 마을들만 화려하게 재단장해 놓은 것에 지나지 않았던 것이다. 이때부터 포템킨 공의 이름을 딴 "포템킨 마을"이란 어구는 "겉만 번듯한 허울 좋은 외양"을 의미하게 되었다.

것이다. 이 나르시스는 암호를 들여다보고 있는 도중 내내 자신이 마침내 참된 자아를 발견했다고 헛되이 믿고 있다.

고전 텍스트는 영향사를 통하여 다른 시대의 다른 해석자에 의해 받아들여지게 된다. 해석자는 어떤 전이해와 어떤 기대들을 통하여 고전 텍스트에 다가간다.[25] 텍스트와 해석자는 상호 작용한다. 해석자와 텍스트의 상호작용 여부에 대해서는 선택의 여지가 없다. 그러나 우리는 이 특수한 상호작용을 어떻게 이해해야 하는가?

해석으로서 이러한 상호작용의 과정을 게임(game)이란 단어로 칭한다는 것은 너무 가벼운 기술처럼 보일 수도 있다.[26] 그러나 게임이라고 불려지는 특수한 종류의 상호작용은 수수께끼처럼 당혹스러운 현상이다. 모든 상호작용은 '움직임'을 수반한다. 게임은 게임으로 존속하기 위해 움직임 자체가 전가되어야 함을 강조함으로써 그 상호작용을 고양시킨다. 게임을 하기 위해서 게임 참가자들은 이 특정한 게임에만 특정하게 요구되는 움직임의 전가를 기꺼이 허용해야 한다. 심지어 게임의 움직임에 도움을 주고 게임이 중단될 때 그것을 회복시켜주는 규칙들이 있다. 게임 참가자들은 자신들의 게임을 하는 것이 아니라 놀이 자체의 움직임에 몰두함으로써 자신들의 일상적인 자기의식을 상실하게 된다. 이 특정한 게임에는

---

25) "전이해"의 범주에 대해서는, Hans-Georg Gadamer가 저술한 *Truth and Method*, pp.235-74를 보라. "기대"의 범주에 대해서는, Hans-Robert Jauss가 저술한 *Toward an Aesthetic of Reception*, pp.3-46에서 "Literary History as a Challenge to Literary Theory"를 보라.
26) 가다머가 저술한 *Truth and Method*, pp.91-119를 보라. "게임"의 범주를 중심 주제로 다루는 비트겐슈타인(Wittgenstein)은, 그의 일상적인 이유 때문에, "게임"에 대해 어떤 정의를 내리기를 꺼려한다; 여기에 대해서는, 그가 저술한 *philosophical Investigations* (London: Basil, Blackewell, and Mott, 1958), pp.4-20을 보라. 고전적인 역사 연구에 대해서는, Johan Huizinga 가 저술한 *Homo Ludens* (Boston: Beacon Press, 1955)를 보라.

독특한 종류의 상호작용을 현실화시켜주는 놀이의 객체들(공, 카드 등등)이 있다.

알베르 카뮈(Albert Camus)가 알제리에서 소년 시절에 축구를 하면서 윤리학을 배웠다고 주장한 것은 그리 놀라운 일이 아니다.[27] 어떤 게임들에 고유하게 요구되는 자유와 윤리적 공정성에 대한 의식은 동시에 우리 자신에게 놀이 리듬의 요구를 경험하도록 허용해주는 의식이다. 만약 우리가 오로지 얼빈 고프만(Ervin Goffman)이 묘사했던 게임들만을 하도록 운명지어져 있다면, 우리는 "사람들이 하는 게임들"이란 함정에 빠지게 된다.[28] 그러나 만약 우리가 자연적 수단들을 통해서든 인공적 수단들 — 파도타기 기구, 공, 보트, 카드, 정원 — 을 통해서든 어떤 게임으로부터 우리 자신에게 주어지는 주의 요구를 허용한다면, 우리는 아무리 짧은 시간이라도 우리 자신으로부터 자유로워질 수 있을 것이다. 우리는 다시 놀이하는 것을 배울 수 있다. 어떤 게임들에서 우리는 릴케(Rilke)처럼 우주 자체의 놀이에 대해 우리 자신의 공명(共鳴)을 느낄 만큼 충분히 운이 좋을 수도 있다.[29]

그러나 와토(Watteau)가 그린 축제(fêtes)의 자유 밖에서, 워즈워스가 노래한 호수의 나라 밖에서, 쿠퍼(Cooper)가 묘사한 황야 밖에서, 또는 심지어 도교의 은둔과 선불교의 원예와 같이 최고로 자연스러운 게임들 밖에서,

---

27) 그리스어로 Paideia로 표기되는 미학의 역할 — 플라톤과 아리스토텔레스에 의해 옹호되는 역할 — 을 상기해보라. Werner Jaeger가 저술한 *Paideia: The Ideals of Greek Culture* (New York: Oxford University Press, 1945), 1:205−210을 보라.

28) 특히, Ervin Goffman이 저술한 *Relations in Public: Microstudies of the Public Order* (New York: Harper & Row, 1972)를 보라.

29) 가다머가 *Truth and Method*의 머리말에서 릴케의 시를 중심적으로 사용함을 상기해보라.

우리는 모두 놀이하는 것을 다시 배울 수 있다. 놀고 있는 유아들이나 동물들을 지켜보라; 그들은 언제 자유롭게 뛰어 놀아야 하는지를 본능적으로 알고 있다.

움직임은 게임 참가자들을 그들의 일상적인 자기의식으로부터 자유롭게 해준다. 만약 연기가 자기 의식적이라면, 공연이 얼마나 쉽게 실패하게 되는지를 생각해보라. 이와 같은 동일한 움직임이 게임 규칙들에 의해 요구되는 규율을 구성해야 한다. 게임들은 우리로 하여금 차이가 나고 다르며 때때로 낯선 어떤 것에 직면하도록 함으로써 스스로를 이해할 수 있는 우리 자신의 능력을 해방시킨다. 도박게임을 하는 보르헤스(Borges)와 체스게임을 하는 나보코프(Nabokov)처럼, 우리는 놀이를 거절하는 일상으로부터 해방될 수 있다.

대화 자체는 또 다른 종류의 게임이다. 대화는 우리가 탐구할만한 질문들에 의해 요구되는 그런 움직임에 순응하는 것을 배우는 게임이다. 대화에서의 움직임은 질문하기 그 자체이다. 질문에 대한 나의 현재의 의견이나 질문에 대한 텍스트의 최초의 반응이 아니라, 질문 자체가 모든 대화를 통제해야 한다. 대화는 심지어 소크라테스에게조차도 드물게 일어나는 현상이었다. 대화는 대결이 아니다. 대화는 논쟁이 아니다. 대화는 시험이 아니다. 대화는 질문하기 그 자체이다. 대화는 질문이 인도하는 곳이라면 어디든지 기꺼이 그 질문을 따라가는 자발성이다. 대화는 '주고 받는 말'(dia-logue)이다.[30]

---

30) Hans-Georg Gadamer가 저술한 *Dialogue and Dialectic*, pp.39-73을 보라; 또한 Eric Voegelin 이 저술한 *Plato and Aristotle* (New Orleans: Louisiana University Press, 1957), pp.3-24에서 플라톤의 대화의 발전에 대한 흥미로운 해석을 보라; Paul Friedländer가 저술한 *Plato, An*

본래적 의미에서, 대화는 물론 두 명이나 그 이상의 개인들 사이의 상호작용을 모델로 한다. 고전적인 대화들에 대해 생각할 때, 우리는 플라톤 아카데미에서의 대화들이나 계몽주의 시대의 유럽의 살롱과 커피 하우스에서의 대화들을 떠올리기 쉽다. 우리는 1차 세계대전 중 취리히에 위치한 볼테르 카페(Café Voltaire)를 논증이나 심지어 폭력과 반대되는 대화가 발생할 수 있었던 장소로 잘 생각하지 않는다. 우리 자신의 질문과 다른 것은 어떤 질문이 되었든 허용되지 않을 때, 대화는 불가능해 진다. 조이스(Joyce), 레닌(Lenin), 트리스탄 차라(Tristan Tzara)가 실제로 만났다는 착상에 대해 스토파드(Stoppard)와 더불어 즐거움을 공유하지 않을 사람은 도대체 누구인가?[31] 만약 그들이 혹시라도 볼테르 카페에서 만났다면 서로 대화할 수 있었을 텐데…라고 누가 감히 상상할 수 있겠는가? 얼마나 자주 학술 세미나에서 대화가 일어나는가? 확실히 밤늦게 친구들과 나누는 대화에서보다 덜 자주 일어난다. 모든 고전적 대화 '장소들'(topoi)에서 질문하기가 발생한다. 우리는 소크라테스와 고르기아스(Gorgias)의 진지함을 갖고, 볼테르와 데팡 부인(Madame du Deffand)의 능숙함을 갖고, 그리고 대화 자체의 가능성의 조건에 대한 근대 독일 세미나의 엄격함을 갖고 대화를 추구할 수도 있다. 우리가 질문하기를 허용할 때, 우리는 대화라는 게임을 하는 법을 배우게 된다. 우리는 질문으로 하여금 질문 자체의 논리, 질문 자체의 요구, 그리고 궁극적으로 질문 자체의 리듬을 우리에게 부과하도록

Introduction (Princeton, NJ: Princeton University Press, 1969), pp.154–171을 보라; Herman Sinaiko가 저술한 *Love, Knowledge and Discourse in Plato* (Chicago: University of Chicago Press, 1965)를 보라; 마지막으로 Kenneth Seeskin 교수가 저술한 *Dialogue and Discovery: A Study in Socratic Method* (Albany, NY: SUNY Press, 1987)를 보라.

31) Tom Stoppard가 저술한 *Travesties* (New York: Grove, 1975)를 보라.

허용할 때 대화를 배우게 된다.

　사람들은 대화할 때, 물론 자신들에 대한 대화를 나눌 수도 있다.32) 그들은 이야기를 교환하면서 그들의 희망, 바램, 두려움을 노출할 수도 있다. 그들은 자신들이 생각하기에 자신들이 누구인지, 그리고 자신들이 생각하기에 타인이 누구인지 ― 타인은 이제 대화 상대자가 된다 ― 를 드러낼 수도 있고 감출 수도 있다. 그러나 주제에 의해 인도되는 모든 대화들에서처럼, 이러한 종류의 대화에서 우리는 진리 추구를 위해 우정을 포기해야 한다는 아리스토텔레스의 언명을 경험할 수 있다. 그의 언명은, 우정이라고 불려지는 실재의 어려운 요구를 오늘날 글을 쓰는 어떤 사람보다 더욱 강조했던 바로 그 사상가로부터 나왔다는 점에서, 더욱 놀랍게 보인다.33) 대화는 어려운 규칙들을 가진 게임이다:34) 단지 당신이 의도하

---

32) 예를 들어, 우리의 문화에서 심리학의 유행은 대화 상대자들의 심리학에 몰두함으로써 질문이 넘어오는 것을 허용할 가능성을 파괴할 수도 있다. ("나는 네가 말하는 내용을 듣고 있어"라는 말은 너무 자주 "나의 추론에 의하면, 나는 네가 말하는 관념에 관심이 있는 것이 아니라 네가 억압된 감정을 표현하는데 관심이 있어"라는 말로 변환된다; 이것은 물론 사실일 수도 있지만, 우리가 처음에 참여했던 대화와 완전히 다른 대화가 될 수도 있다.) 플라톤의 『국가』에서 트라지마쿠스(Thrasymachus)는 심리학적 분석을 이용할 수 있는 매우 정열적이고 화난 사람처럼 보인다; 그는 또한 고려할만한 가치가 있는 정의(justice)에 대한 어떤 입장을 진술하고 있다.

33)　David Ross가 번역 · 편집한 아리스토텔레스의 *Nichomachean Ethics* (Oxford: Oxford University Press, 1984)의 8, 9권을 보라.

34) 나는 이 텍스트에서 나의 개요가 Karl-Otto Apel과 Jürgen Habermas에 의해 옹호되는 모든 의사소통에서 암시적 타당성 주장들에 대한 입장과 근본적으로 일치한다고 생각한다. 내가 믿기에, 만약 그들이 더 넓은 (필연적으로 더 느슨한) "대화"의 범주에 더욱 주의를 기울이고, 그 다음에 그 대화를 외관상 그들에 의해 선호되는 (그러나 유일한 것은 아닌) 의사소통의 후보자인 "논증"과 연관시켰다면, 그들의 입장은 더 분명해질 수 있었을 것이다. 플라톤이 논증의 필요성을 상실하지 않고 후기 대화편에서 이야기와 신화에 더욱 호소하는 것을 볼 때, 나는 플라톤이 이것을 알고 있었다고 믿는다. 아마 심지어 논증의 위대한 대가인 아리스토텔레스조차도 다음과 같은 사실에 동의할 수 있었을 것이다; 우리는 그의 잃어버린 대화록이 다시 등장하게 될지 어떨지를 언젠가 알게 될 것이다. 하버마스가 "자율적인 표현주의적" 장소를 예술에 제공하는데 실패했다는 것, 협소한 장소를 신화나 상징에 제공하는데 실패했다는 것, 그리고 매우 협소한 장소를 종교에 제공하는데 실패했다는 것은 그의 의사소통 이론이 과학적 합리성과 윤리적 합리

는 것만 말하라; 당신이 할 수 있는 한 정확하게 그것을 말하라; 아무리
차이가 나거나 다르다고 하더라도, 다른 사람이 말하는 것에 귀를 기울이
고 존중하라; 만약 대화 상대자에 의해 도전을 받는다면, 당신의 의견들을
기꺼이 수정하거나 변호하라; 필요하다면 기꺼이 논증하고, 요구된다면
기꺼이 대면하며, 필요한 갈등을 기꺼이 지속시키고, 증거가 제시된다면
기꺼이 당신의 생각을 바꾸도록 하라. 이것들은 단순히 질문하기를 위한
총칭적 규칙들이다. 질문하기가 와해될 경우를 대비하여 이것들은 유익한
규칙들로서 명심해둘 가치가 있다. 어떤 의미에서 이 총칭적 규칙들은
버나드 로너간(Bernard Lonergan)에 의해 우아하게 표현된 초월적 명령법의
단순한 변형물이다: "주의하라, 지성적이 되라, 책임적이 되라, 사랑스러워
지라, 그리고 필요하다면 변화를 주라."35)

우리는 서로 더불어 대화한다. 우리는 또한 텍스트와 대화할 수 있다.
만약 우리가 읽기를 잘 한다면, 우리는 텍스트와 대화중에 있는 것이다.
어떤 인간도 텍스트를 단순히 수동적으로 받아들이지 않는다. 우리는 캐묻
는다. 우리는 질문한다. 우리는 대화한다. 순수하게 자율적인 텍스트도
없는 것처럼, 또한 순수하게 수동적인 독자도 없다. 오로지 대화라고 불려
지는 상호작용만이 있을 뿐이다.

성에는 설득력을 가졌지만, 예술, 신화, 종교에 대해서는 심각한 문제를 갖고 있음을 시사해준다.
그러므로 대화 모델은 유명한 가다머 대 하버마스 논쟁 — 예술, 신화, 종교의 진리주장에 대한
문제를 다루고, 명시적 논증 모델보다 인간의 의사소통을 이해하는데 더욱 유익한 모델로서
대화 모델에 대한 문제를 다루는 논쟁 — 을 재개하는데 유용한 모델이다. 앞선 논의를 위해서는,
Paul Ricoeur가 *Philosophy Today* (1973), pp.153–165에 기고한 "Ethics and Culture: Habermas
and Gadamer in Dialogue"를 보라.
35) Bernard Lonergan이 저술한 *Method in Theology* (New York: Seabury, 1972), p.231을 보라.

우리가 텍스트로 하여금 우리의 주의를 요구하도록 허용할 때마다, 우리는 우리 자신이 결코 의미의 순수한 창조자들이 아님을 발견하게 된다. 내화중에 우리는 텍스트에 의해 촉발되는 질문 안에서 우리 자신을 잃어버림으로써 우리 자신을 발견한다. 우리는 우리 자신에 대한 텍스트의 주의 요구를 허용함으로써, 그리고 우리가 텍스트라고 부르는 타자를 포함하여, 타자들에 의해 제시된 가능성들을 탐구함으로써 우리 자신을 발견한다. 만약 우리가 저자와 대화하기를 원한다면, 그것은 또 다른 종류의 대화가 된다. 그러나 우리는 텍스트와 저자가 상호 교환될 수 없다는 점을 깨달아야 한다. 모든 저자들이 알고 있듯이, 일단 텍스트가 쓰여지면, 텍스트는 자율성을 갖게 된다. 저자는 한 사람의 또 다른 독자가 되었다. 저자들을 만날 때 우리가 경험할 수도 있는 낯선 실망감은 저자의 문제가 아니라 주로 우리의 문제이다. 일단 텍스트가 존재하게 되면, 우리는 텍스트의 의미를 찾기 위해 '저자의 전기(傳記)'가 아니라 '텍스트 자체'에 질문해야 한다. 일상적인 삶에 빠져있는 자아와 구분되는 '어떤 자아'에 의해 예술이 창조된다고 주장한 사람은 바로 프루스트(Proust)였다. 참으로, 프루스트는 우리에게 다음과 같은 사실을 상기시킨다: 위대한 예술가들은 우리 대부분이 회피하거나 억압하거나 단순히 깨닫지 못하는 그런 문제들과 대화할 수 있는 사람들이다.

텍스트의 순수한 자율성에 대한 모든 주장은 좋은 읽기를 존속시키지 못한다. 독자가 텍스트를 창조한다는 모든 주장은 곧 바로 해소되어 모든 텍스트 안에 있는 동일한 통찰로 무기력하게 되돌아 올 것이다. 고전 텍스트와 상호 작용하는 것은 '차이성'이나 '타자성'과 대화하는 것이다. 위에서 제시되었듯이, 훌륭한 대화를 위한 어떤 총칭적 규칙들이 있다. 그러나 이 규칙들이 무엇을 위한 것인지를 이해하는 방법에는 단 한 가지 길만이 있다: 우리는 질문하는 행위를 강조해야 한다. 우리는 질문하기에 몰두함으로써 이러한 질문 행위로 하여금 질문 자체를 시험하고, 형성하고, 변형하도록 허용해야 한다. 이해하는 것은 해석하는 것이다. 해석하는 것은 대화하는 것이다. 모든 고전 텍스트와 대화하는 것은 '자유로운 정신'에 어울리는 질문들과 대답들에 사로잡히는 것이다.

가장 중요한 형태의 대화는 진리를 추구함에 있어서 가능성들을 탐구한다. 모든 질문의 궤적을 따라갈 때, 우리는 '차이성'과 '타자성'을 고려해야 한다. 동시에 질문이 넘어올 때, 우리는 다음과 같은 사실을 주목하게 된다: '다른 것'(the other)을 '다른 것'으로, '차이 나는 것'(the different)을 '차이 나는 것'으로 주의하는 것은 또한 '차이 나는 것'을 '가능한 것'(possible)으로 이해하는 것이다. '가능성'을 인식하는 것은 우리가 이미 경험하거나 이해한 것과의 관계 속에서 어떤 유사성을 감지하는 것이다. 그러나 여기서 유사성은 '차이성-속의-유사성', 즉 '유비'(analogy)로 기술되어야 한다. 이러한 종류의 만남에 맞추어 훈련된 상상력은 '유비적 상상력'이다. 모든 유능한 해석자들은 '유비적 상상력'을 소유하고 있다. 왜냐하면 "유비적 상상력"[36]이란 개념은 오로지 우리가 텍스트의 질문을 허용함으로써 우리 자신을 위험에 내맡기는 한에서만 대화가 발생한다는 점을 우리에게 알려

---

36) 나는 *The Analogical Imagination*, pp.446—457에서, 그리고 John Cobb과 David Tracy가 공동으로 저술한 *Talking About God: Doing Theology in the Context of Modern Pluralism* (New York: Paulist, 1983), pp.17—29의 "The Analogical Imagination in Catholic Theology"에서 이 범주를 명료화하고 변호하려고 했다.

주기 때문이다. 질문이 아무리 차이가 나고, 아무리 다르고, 또한 심지어 아무리 낯선 것이라고 할지라도, 우리는 이러한 상호작용의 독특한 결과가 발생할 때까지 그 질문을 따라가야 한다. 그 독특한 결과는 '가능성'을 '가능한 것'으로, 따라서 '가능성'을 '차이성-속의-유사성'으로 탐구하는 것이다. 이러한 인식의 계기들에서, '다른 것'과 '차이 나는 것'으로 탈은폐되고 동시에 은폐되는 것은 '가능성'으로 전유된다. '가능성'이 들어올 때, '차이성-속의-유사성'은 깊숙한 곳에 숨어있을 수 없다.[37] 만약 우리가 주의 깊은 해석자라면, 우리는 저자나 본래적 독자가 과거에 '다른 것'(타자적인 것)을 현실화했던 것처럼 이제 우리가 그 '다른 것'(타자적인 것)을 현실화하게 되었다고 주장할 수 없다. 낭만주의적 범주에 속하는 '감정이입'의 방법은 '다른 것'(타자적인 것)에서 '가능성'으로, '가능성'에서 '차이성-속의-유사성'으로 이동해가는 필연적인 해석 운동을 이해할 수 없다. 심지어 슐라이어마허와 같은 낭만주의적 감정이입의 위대한 창조자나 루돌프 오토(Rudolf Otto)와 같은 천재적 예술가의 "예감"(divination)을 소유한 위대한 실천가조차도 그들의 해석이론 때문에 오늘날 존경받는 것이 아니라 그들의 구체적인 해석의 특성 때문에 존경받는 것이다. 예를 들어, 성스러움의 현상에 대한 오토의 해석을 따라가 보면, 성스러움의 경험 절차들에 대한 그의 신칸트주의적 기술에도 불구하고, 우리는 해석 과정이 작용하고 있음을 관찰할 수 있다.[38] 그는 성스러움을 '전적 타자'와 '무시무시한 신비'(mysterium tremendum)로 해석하는 것으로부터 출발한다. '타자성'

---

37) John Cobb과 David Tracy가 공동으로 저술한 *Talking About God*, pp.29-39를 보라.
38) Rudolf Otto가 저술한 *The Idea of the Holy* (Oxford: Oxford University Press, 1971)를 보라

에 대한 이러한 해석에 의하여, 오토는 동시에 성스러움의 가능성을 '매혹적인 것'(fascinans)으로 인식한다. 그러나 오토의 신칸트주의적 범주에도 불구하고, 그는 질문하기로서의 자신의 해석으로부터 벗어날 수 없다. 그는 성스러움의 경외적인 가능성을 다른 인간적 가능성들, 즉 도덕적, 과학적, 미학적 가능성들과 유사하면서도 전적으로 다른 것으로 해석한다. '공상'과 '상상력' 사이의 차이점[39]을 훌륭하게 묘사하고 있는 콜리지 (Coleridge)의 문학 세계를 읽는다고 해서, 그것이 반드시 상상력의 절대적 창조성과 천재성의 능력에 대한 그의 주장에 동의한다는 것을 의미하는 것은 아니다. 그러나 그것은 한 가지 가능성을 배우는 것인데, 즉 낭만주의 시대의 작품들 속에 현시된 세계의 가능성에 대한 탐구 방법을 배우는 것이다.

우리 자신의 탈낭만주의적 반응은 '낭만주의적 비전과의 일체감'이나 '공감'이 될 것 같지는 않다. 더욱 경계하는 태도를 보이고 반어적이며 심지어 의혹을 품기까지 하는 반응은 아마도 탈근대의 감수성이 낭만주의에 의해 주창된 천재성, 창조성, 상징, 상상력에 대면하여 제시할 수 있는 유일한 반응일 것이다.[40] 우리가 슐라이어마허나 콜리지와 같은 낭만주의의 대가들을 이해함에 있어서, 우리는 그들이 스스로를 이해했던 방식과

---

39) Samuel T. Coleridge가 저술한 *Biographia Literaria* (London: J. M. Dent & Sons, 1965), p.167을 보라.

40) Walter Benjamin이 저술한 *The Origin of German Tragic Drama* (London: Schocken, 1977)와 Paul de Man이 저술한 *Allegories of Reading: Figural Language in Rousseau, Nietzsche, Rilke and Proust* (New Haven, CT: Yale University Press, 1979)에서 알레고리의 복원은 이러한 탈근대의 감수성을 의미한다. 알레고리의 역사에 대해서는, Michael Murrin이 저술한 *The Allegorical Epic: Essays in Its Rise and Decline* (Chicago: Chicago University Press, 1980)을 보라.

다르게 그들을 이해한다. 왜냐하면 우리는 슐라이어마허와 콜리지를 그들 자신들의 작품들이 갖고 있는 모호한 영향사에 의해 부분적으로 구성된 사람들로 이해하기 때문이다. 만약 우리가 그들의 텍스트들과 대화하게 되면, 우리는 그들의 작품들 속에서 현시되는 '타자성'과 '차이성'이 왜 좀처럼 '동일성'이나 '유사성'으로 변환될 수 없는지를 이해하게 된다. 그러나 '타자성'과 '차이성'은 진정한 '가능성'이 될 수 있다: '다른 것'으로서(the as other)나 혹은 '차이 나는 것'으로서(the as different)는 '가능한 것'으로서(the as possible)가 된다. 여기서 '다른 것'은 '타자적인 것'이다. 이와 같이, 우리는 낭만주의의 위대한 대가들에게서 '차이성-속의-유사성들', 즉 '유비들'을 발견하게 된다. 그리고 우리가 현재 발견하는 모든 '차이성-속의-유사성들'은 언젠가 후대의 독자들을 위한 또 다른 유비들에 자리를 양보하게 될 것이다.

모든 고전 텍스트의 생산적 능력이나 감정을 불러일으키는 능력을 기술하려고 할 때, 하이데거와 같이, 독자들은 "탈은폐-은폐"라는 언어를 사용하도록 강요받을 수도 있다.[41] 이러한 언어는 완전한 이해와 확실성

---

41) Martin Heidegger가 저술하고 D. Krell이 편집한 *Basic Writing* (New York: Harper & Row, 1977), pp.143-189와 pp.319-341에서 "The Origin of the Work of Art"와 "Building Dwelling Thinking"을 보라. 이차적인 연구를 위해서는, David Halliburton이 저술한 *Poetic Thinking: An Approach to Heidegger* (Chicago: Chicago University Press, 1981); Manfred Frings가 저술·편집한 *Heidegger and The Quest for Truth* (Chicago: Quadrangle Books, 1968); David A. White가 저술한 *Heidegger and the Language of Poetry* (Lincoln: University of Nebraska Press, 1978)를 보라. 이것은 그리스인들이 예술 작품의 진리를 결코 인정하지 않았다는 사실을 의미하는 것이 아니다; 아리스토텔레스의 『시학』에서 "시"와 "개별을 통한 보편"에 대한 아리스토텔레스의 논의를 상기해보라. 심지어 플라톤까지도, "시인들"에 대한 그의 공격과 모방의 모방으로서의 예술에 대한 그의 비관적 해석에도 불구하고, 진리를 열어 밝히기 위해 필연적으로 요구되는 새로운 시학 이론(신들에 대한 찬양과 새로운 신화들)을 확립하기를 원하는 것처럼 보인다. 많은 논의를 필요로 하는 이 문제에 대해서는, Hans-Georg Gadamer가 저술한 *Dialogue and*

에 대한 주장들에 도전하고 궁극적으로는 지배와 통제에 대한 주장들에 도전하기 위해 고안된 것이다. 예술의 실례를 생각해보라. 그리스 시학과 같은 고대의 학문분과는 원래 공예를 모델로 하여 명료화되었다. 그러므로 이제 '탈은폐-은폐' 모델은 예술 작품의 진리 주장들에 대한 우리의 이해에 더욱 도움이 된다.

우리가 '탈은폐-은폐'의 언어를 사용함으로써 예술 작품의 힘이나 고전의 힘을 기술할 때, 우리는 해석자의 반응을 위한 또 다른 새로운 단어를 얻게 된다. 그 단어는 바로 '인식'(recognition)이다. 인식의 공명이 아무리 플라톤적이라고 하더라도, '인식'(re-cognition)은 기꺼이 위험을 감수하는 모든 해석자들이 어떤 고전을 경험할 때 발견하기 쉬운 그런 반응을 제공해준다. 이와 같이, 대화를 가능성에 대한 탐구로 더 복잡하게 기술하게 되면, 우리는 다음과 같은 새로운 상호작용의 모델을 발견하게 된다: '탈은폐-은폐' 모델이 우리의 주의를 요구하는 텍스트의 힘의 주요 특성이라면, '인식'은 해석자의 경험의 주요 특성이다. 그러므로 이 모델에서는 어떤 반응도 미리 예상될 수 없다. 오히려, 구체적인 여러 반응들이 전체 스펙트럼으로 퍼져있을 가능성이 크다.[42]

예를 들어, 우리의 반응은 어떤 인식의 충격이란 형태를 취할 수도 있다. 이때 우리는 텍스트의 세계와 일체감을 갖게 될 수 있다. 때때로, 우리는 텍스트가 펼쳐 보이는 세계의 '전적 타자성'에 직면하여 심지어

Dialectic, pp.39-73에서 "Plato and the Poets"; Iris Murdoch가 저술한 The Fire and the Sun: Why Plato Banished the Artists (Oxford: Oxford University Press, 1977)를 보라. "탈은폐-은폐" 모델에 대한 좀 더 충분한 기술을 위해서는, 이 책의 제2장을 보라.

[42] Hans-Robert Jauss가 저술한 Toward an Aesthetic of Reception, pp.3-46, pp.139-189를 보라.

공포감을 경험하기도 한다.[43] 스펙트럼을 계속 따라가 보면, 우리는 텍스트가 우리의 인식을 위해 열어놓은 세계와 단순히 어떤 잠정적 공명만을 발견할 수도 있고 혹은 이 세계로부터 심지어 거리감까지도 발견할 수도 있다.[44] 모든 해석 행위에서 사용되는 기술(技術)은 구체적 상황에서 행동하는 법을 우리에게 가르쳐주는 프로네시스(phronesis: 실천적 지혜)에서 사용되는 기술과 흡사한 것이다.[45] 오로지 프로네시스의 경우에서만, 해석을 위해 요구되는 기술(技術)이 명시적으로 드러날 수 있다. 그러나 우리는 해석이 포함하는 내용을 우리 자신에게 상기시키기 위해 위에서와 같이 총체적이고 자기 발견적인 묘사를 시도할 수 있다.

왜냐하면 '상대적 적절성'(relative adequacy)은 절대적으로 적절한 것이 아니라 상대적으로 적절한 것이기 때문이다. 만약 우리가 확실성을 요구한다면, 우리는 실패를 담보하게 된다. 우리는 결코 절대적 확실성을 소유할 수 없다.[46] 그러나 우리는 훌륭한 해석, 즉 상대적으로 적절한 해석을 성취할 수 있다: 텍스트의 탈은폐-은폐의 힘에 상대적인 해석, 해석자의

---

43) Emmanuel Levinas가 저술하고 M. C. Taylor가 편집한 *Deconstruction in Context: Literature and Philosophy* (Chicago: Chicago University Press, 1986)에서 "The Trace of the Other"를 보라.

44) 예를 들어, 어떤 사람이 지금 소유하고 있을 수도 있는 Céline의 작품에 대한 반응을 생각해보라. 여기서 윤리적 고려의 중요성은 미묘한 것이다. 그리고 윤리적 읽기에 대한 Wayne Booth의 작품에서도 그는 윤리적 고려의 중요성을 단순히 도덕주의적으로 논의하고 있지 않다.

45) 프로네시스(phronesis)를 다룬 고전은 여전히 아리스토텔레스의 니코마코스 윤리학이다. 프로네시스의 중요성에 대한 최근의 분석을 위해서는, Richard Bernstein이 저술한 *Beyond Objectivism and Relativism: Science, Hermeneutics and Praxis* (Philadelphia: University of Pennsylvania Press, 1983)와 *Philosophical Profiles: Essays in a Pragmatic Mode* (Philadelphia: University of Pennsylvania Press, 1986)를 보라. 여기서 나는 Charles Allen에게 특별한 감사를 표현하고 싶다. 여기서 (프로네시스에 대한) 그의 연구는 매우 유익하다.

46) John Dewey가 저술한 *The Quest for Certainty* (New York: Putnam, 1929)를 보라.

기술(技術)과 주의(注意)에 상대적인 해석, 그리고 특정한 시대의 특정한 문화 안의 해석자에게 가능한 종류의 대화에 상대적인 해석. 어쨌든, 대화와 상대적으로 적절한 해석은 그 자체로 충분한 것이다. 이점과 관련하여, 힐러리 퍼트남(Hilary Putnam)은 다음과 같은 사실을 우리에게 상기시킨다: 어떤 상황들에서는, "충분한 것은 충분한 것이다. 그러나 충분한 것이 모든 것은 아니다."[47] 때때로 부족한 것이 더 충분할 때가 있다.

그러나 우리 각각의 사람들이 모든 대화의 경험으로부터 알고 있듯이, 우리는 종종 위에서 기술된 종류의 탐구들에 만족할 수 없다. 다른 대화 상대자— 그것이 사람이든 텍스트이든— 가 우리의 기대와 질문과 해석에 도전할 때, 우리는 철저한 '해석의 갈등' 상황에 빠질 수 있다. 이 갈등은 심지어 내적인 것일 수 있다.

우리는 우리 자신의 의도를 너무 지나치게 신뢰하기 때문에 타자들의 목소리에 귀 기울이지 못할 수도 있다. 기꺼이 대화에 참여하는 사람들은 항상 그렇지 않은 사람들에 비해 한 가지 불리한 입장에 놓이게 된다. 전자는 항상 자신들이 틀릴 수도 있다는 가능성을 고려한다. 우리가 다른 해석들을 더욱 많이 의식하게 되면 될수록, 우리는 때때로 대화를 중단해야 할 필요성을 더욱 의식하게 된다. 논증이 필요해질 수도 있다. 논증은 대화와 동의어가 아니다. 우리는 일반적으로 고전 텍스트나 예술 작품 안에서 가능성을 인식하기 위해 논증이 필요하다고 생각하지 않는다. 고전 텍스트나 예술 작품 안에서 열어 밝혀지는 가능성에 대한 인식은 대화의

---

47) Hilary Putnam이 *New Literary History* 15 (Winter 1984), pp.229−239에 기고한 "The Craving for Objectivity"를 보라. 또한 그가 저술한 *Reason, Truth and History* (Cambridge: Cambridge University Press, 1981), pp.150−173에서 "Reason and History"를 보라.

개방성을 통하여 발생한다.[48] 그럼에도 불구하고, 갈등이 발생하고 입장은 굳어지며 해석의 차이는 증가된다. 논증을 요구하는 것은 대화에 필요한 직관적 기술(技術)을 부인하는 것이 아니다. 논증을 요구하는 것은 반드시 우리가 논증을 통해서만 진리를 발견할 수 있다고 생각하는 것이 아니다. 우리가 모차르트의 음악을 경험할 때, 논증은 거의 아무런 역할도 하지 못한다. 그것은 돈 조반니(Don Giovanni)[49]란 오페라에는 어떤 진리도 없다는 것을 의미하는가? 우리는 에로스의 진리를 탐구하기 위해 결코 플라톤의 『향연』을 읽어서는 안 되는가? 혹은 우리는 오로지 대화 안에 있는 논증들만을 관찰해야 하는가? 이러한 읽기에서, 논증은 탐구적 대화를 위한 대용물이 될 수 없다. 차라리, 논증은 대화 자체가 앞으로 진행되어 나가기 위해 때때로 요구되는 대화 안에서의 한 중요한 계기이다.[50]

예를 들어, 때때로 우리가 플라톤의 대화록과 같은 고전 대화편을 읽게 될 때, 우리는 질문이 인도하는 곳이라면 어디든지 질문의 논리를 따라감으로써 가능성들을 탐구하는 소크라테스와 그의 대화 상대자들을 만나게 된다. 그러나 다른 경우에, 우리는 소크라테스나 고르기아스나 파이드로스(Phaedrus)나 심지어 때때로 트라지마쿠스(Thrasymachus)까지도 그들 각자의 사례들에 대해 논증하는 것을 발견할 수 있다. 가장 성공적인

---

48) 우리가 주목해야 할 사항은 다음과 같다: 일반적으로 '현시'로 알려진 '탈은폐-은폐' 모델의 중요성은 낭만주의나 표현주의 모델로 이동하는데 있는 것이 아니라 예술 작품 그 자체와 대화할 필요성을 인식하는데 있다.

49) (역자주) "돈 조반니"(Don Giovanni)는 2막으로 구성된 모차르트의 오페라를 의미한다.

50) 여기서 '때때로'(occasionally)란 단어는 '단순히 때때로'(merely occasionally)와 동의어가 아니다; 모든 대화 — 모든 현시에서 드러나는 암시적 대화를 포함하여 — 는, 대화의 계기가 그것을 보증할 때, 명시적 타당성을 은연중에 요구하게 된다. (예를 들어, 이 타당성 요구는 예술 작품에서 현시되는 진리에 대한 모든 주장에 도전한다.)

플라톤의 대화록에서, 논증들은 항상 더 넓은 대화의 일부분이다. 소크라테스적 계몽은 실질적인 것이다. 그러나 변증법적 논증에 대한 (소크라테스적 계몽의) 낙관적인 신뢰는 때때로 '검증된 삶의 검증되지 않은 전제'이다.[51] 우리는 다음의 진술에서 또 다른 실례를 볼 수 있다: 필로, 클레안데스(Cleanthes), 데메테르(Demeter)의 논증들을 흄(Hume)의 『대화록』의 이야기 구조에서 떼어내는 것은 대화가 어떻게 진리 탐구로 기능하는지를 놓치는 것이다.[52] 이렇게 되면 독자는 또한 전체 대화 안에서의 개별 논증들의 콘텍스트뿐만 아니라 요점까지도 놓치게 된다. 이것은 물론 흄의 『대화록』에 나오는 논증들이 실질적인 논증들이 아니라고 주장하는 것이 아니다. 그러나 이 논증들은 근대 명시선집자들을 위한 지식의 채석장으로 기능하기 위해 존재하는 것이 아니다. 심지어 안셀름(Anselm)의 유명

---

51) 물론, 이 구문은 프리드리히 니체의 유명한 고발문이다. 내가 믿기에, 니체는 Walter Kaufmann이 *Nietzsche: Philosopher, Psychologist, Antichrist* (Princeton: NJ: Princeton University Press, 1974), pp.391-412에서 보여 주고 있는 것보다 소크라테스에 대해 더욱 양면적인 태도를 보인다. 그러나 니체는 또한 어떤 해체주의 사상가들이 믿는 것보다 소피스트들에 대해 더욱 양면적인 태도를 보인다. 예를 들어, 니체가 저술한 *The Birth of Tragedy* (New York: Random House, 1967), pp.76-98에서 소크라테스, 에우리피데스, 소피스트들을 향한 니체의 태도를 상기해보라. 아마도 이것은 니체 텍스트들에서 "새로운 니체"와 "낡은 니체"가 많은 니체 해석자들이 인정하는 것보다 훨씬 더 불안정하게 나란히 공존하고 있음을 시사해주는 것이라고 할 수 있다. "새로운 니체"에 대해서는, Gilles Deleuze가 저술한 *Nietzsche and Philosophy* (New York: Columbia University Press, 1983); Alexander Nehamas가 저술한 *Nietzsche: Life as Literature* (Cambridge MA: Harvard University Press, 1985)와 그가 *Semiotexte III*, 1 (1978)에 기고한 "Nietzsche's Return"; David B. Allison이 편집한 *The New Nietzsche* (Cambridge MA: MIT Press, 1985)를 보라. "낡은 니체"에 대해서는, Kaufmann과 Karl Jaspers가 공동으로 저술한 *Nietzsche* (Chicago: Henry Regnery, 1966)를 보라.

52) David Hume이 저술한 *Dialogues Concerning Natural Religion* (New York: Hafner, 1969)을 보라. 여기서 David Hume의 훌륭한 풍자는 확실히 하나의 실마리가 된다. V. C. Chappell이 편집한 *Hume: A Collection of Critical Essays* (Garden City, NY: Doubleday, 1966), pp.361-424 에서 대표적인 논의들을 보라. 또한 John Vladimir Price가 저술한 *The Ironic Hume* (Austin: University of Texas Press, 1965)을 보라.

한 존재론적 논증조차도 그의 전체 탐구의 더 넓은 대화적 구조 안에서 해석되어야 한다.[53]

물론, 논증은 독립적으로 생존하는 대화의 한 형식일 수 있다. 그러나 우리 자신의 삶에서 진실한 탐구의 최상의 경험들에서 볼 수 있듯이, 위대한 대화에 있어서 논증은 대화 전체의 일부분이 될 때 가장 잘 기능한다. 불운하게도, 우리는 지금 아리스토텔레스의 대화록을 소유하고 있지 못하다. 다행스럽게도, 우리는 논증 자체에 대한 아리스토텔레스의 연구를 포함하여 그의 많은 논증을 소유하고 있다. 이러한 논증과 논증에 대한 연구를 우리의 가장 위대한 논증의 대가가 저술했던 잃어버린 대화록과 비교해보는 것은 얼마나 흥미로운 일인가! 플라톤이 자신의 시적 장르를 발견함으로써 시인들을 논박하기 위해 대화 형식을 발명했을 때, 그는 또한 모든 대화 내부에 변증법적 논증을 위한 장소— 중요한 장소이지만 유일한 장소는 아닌— 를 창안해냈다. 플라톤은 이야기를 두려워하지 않았으며, 또는 그의 『티마이오스』(Timaeus)에서 볼 수 있듯이, 심지어 본질적인 것의 현시를 촉발할 수 있는 힘을 지닌 신화까지도 두려워하지 않았다. 시인들에 대한 두려움에도 불구하고, 플라톤은 모든 탐구에서 인식에 독특한 중요성을 부여했다. 심지어 논증이 중요한 역할을 하는 『테아이테토스』(Theatetus)와 같은 대화록에서조차도, 많은 플라톤주의자들과 달리, 플라톤은 대화가 모든 훌륭한 논증을 포함하는 포괄적 실재가 되어야 함을 알고 있었다. 논증은 대화에 속한다. 그러나 대화가 논증에 속하는

---

53) 여기서 더욱 상세한 논의를 위해서는, John H. Hick과 Arthur C. McGill이 공동으로 편집한 *The Many-faced Argument: Anselm's Ontological Argument* (New York: MacMillan, 1967)를 보라.

것은 아니다.

어떤 탐구에서든, 논증은 종종 요구된다. 심지어 근대의 시학까지도 인상주의로 판명되지 않으려면 변증법과 수사학을 필요로 한다. 또한 변증법과 수사학은 보다 넓은 탐구를 완성하기 위해 어떤 시점에서 윤리학과 정치학을 필요로 한다. 형이상학적 논증 역시 요점을 벗어나 있지 않다. 예를 들어, 근대의 관점에서, 대화와 논증 자체의 가능성의 조건에 대한 사실상(de facto)의 초월적 논증은 확실히 도움이 된다.54)

놀라운 직관력을 소유한 막스 셸러(Max Scheler)와 같은 탐구자들도 존재한다.55) 그러나 셸러의 일평생의 탐구들의 기묘한 기벽(奇癖)이 증명해 주듯이, 심지어 그의 강한 직관적 감각조차도 충분할 수 없었다. 변하기 쉬운 직관적 주장들은 그 주장들 가운데서 결정을 내려야하는 독자에게 도움을 주지 못한다. 또한 정반대의 문제도 발생할 수 있다. '형식논증'만으로 충분할 수 있다는 믿음은 너무 지나친 것이다. 형식적 분석은 타당성과 논리적 일관성에 대한 모든 주장들을 시험하기 위해 중요하다. 그러나 실증주의적 합리성 개념이 이성의 전체 범위를 다루지 못하듯이, 오로지 형식논증만으로는 탐구의 전체 범위를 다루지 못한다.56) 의심할 수 없는 진리와 확실성을 향한 데카르트의 순진한 꿈은 형식적인 지배와 통제를

---

54) Karl-Otto Apel이 저술한 *Towards a Transformation of Philosophy* (London: Routledge and Kegan, 1980)와 *Understanding and Exploration: A Transcendental-Pragmatic Perspective* (Cambridge, MA: MIT Press, 1984)를 보라.
55) 이러한 직관적 능력에 대한 두 가지 실례들을 위해서는, Max Scheler가 저술한 *The Nature of Sympathy* (Hamden, CT: Archen, 1970)와 *Ressentiment* (New York: Free Press, 1961)를 보라.
56) Stephen Toulmin이 저술한 *The Uses of Argument* (Cambridge: Cambridge University Press, 1958)를 보라.

달성하려는 경쟁적인 방법들로 인하여 악몽이 되어버렸다. 그러나 데카르트 후계자들의 '명석 판명한 진리'와 그의 경쟁자들의 '심원한 직관'은 어느 쪽도 탐구를 '순수직관'이나 '형식논증'에 제한시킬 수 없다.

최상의 상태에 있어서, 논증은 더 넓은 대화 안에 있는 계기들로 작용한다. '화제논증'(topical arguments)과 '형식논증'(formal arguments)은 양자 모두 더 넓은 대화 안에서 발생하는 '반대 주장들'(counterclaims)을 판결하기 위해 요구된다. '화제논증'은 모든 실체적 주장들(substantive claims)을 분석한다. '형식논증'은 일관성에 대한 모든 주장들을 분석한다. '해석의 갈등'이 발생할 때마다, 양자는 모두 도움이 된다. 그리고 해석의 갈등은 반드시 발생하기 마련이다.

어떤 해석에 관해서 도전받을 때, 나는 대화 상대자가 납득할 수 있는 어떤 증거를 갖고 있는가? 우리는 우리의 차이점을 논의하기 위한 올바른 장소를 구성할 수 있는 '공동의 장소'(topoi)를 발견할 수 있는가? 우리는 논증의 내용을 구성할 수 있는 '공동의 장소'를 발견할 수 있는가? 그렇지 않다면, 나는 나의 직관적 감각으로부터 나오는 발언에로 물러날 것인가? 내가 옳을 수도 있다. 그러나 원칙적으로, 다른 어떤 사람도 결코 그 사실을 알지 못할 것이다. 나는 델피의 신탁(Delphic oracle)이 되었다. 나는 대화의 적인 유아론으로 환원된다.

어떤 것을 해석하는 것은 주장하는 것이다. 주장하는 것은, 그 주장이 타자들에 의해 혹은 더 이상의 질문 과정에 의해 도전받을 때 그 주장을 기꺼이 변호하는 것이다.[57] 텍스트로부터 혹은 나 자신으로부터 혹은 질

---

57) 자료들, 주장들, 담보물, 증거 자료들 사이의 중요한 구별을 위해서는, 위의 책을 보라.

문하기의 상호작용으로부터 더 이상의 적절한 질문이 없을 때, 나는 '상대적 적절성'을 발견하게 된다. 이때 나는 그들이 더 이상의 적절한 질문을 갖고 있는지 어떤지를 알아보기 위해 탐구 공동체에 나의 해석을 제출한다. 그들은 종종 더 이상의 질문을 갖고 있을 수도 있다. 더욱 통상적인 화제논증과 형식논증 이외에도, 하버마스와 아펠(Apel)의 경우와 같이, 또한 논증 자체에 대한 초월적 논증 혹은 더 온건하게 말해서 준(準)초월적 논증이 존재한다. 내가 판단하기에, 이 논증은 모든 의사소통들을 위한 필수 조건들을 논의하는데 유익한 논증이다.

결국 모든 논증이 다음과 같은 조건들을 전유하고 있음을 상기하는 것은 합리적인 일이다: 대화 상대자의 진실성에 대한 존경심; 모든 대화 상대자들이 원칙적으로 평등하다는 사실; 우리가 의미하는 것을 말하고 우리가 말하는 것을 의미하는 일; 우리의 담보물과 지지물을 포함하여, 모든 적절한 증거들을 기꺼이 평가하는 일; 타당성과 일관성의 규칙들을 기꺼이 준수하는 일; 특히 나의 이론들과 나의 현실적 행동들 사이에서 발생할 수 있는 모순들을 기꺼이 감수하는 일.

이상적 담화(ideal-speech) 조건들에 대한 논증은, 이 논증의 주창자들이 올바르게 주장하듯이, 어떤 "반(反)사실적인"(conterfactual) 상황을 조명해준다.[58] 이 주장은 이상적 담화가 실제로 존재한다는 주장이 아니다. 이 주장은 이상적 담화가 혹시라도 존재한다면 그것은 도대체 어떠한 것인가에 관한 주장이다. 이상적인 것으로서, 따라서 반사실적인 것으로서, 이

---

58) Jürgen Habermas가 저술한 *Communication and the Evolution of Society* (London: Heinemann, 1979)를 보라.

규제적 모델은 모든 현실적 의사소통의 모호성들을 분류하는데 유용하다. 우리는 결코 이상적 담화 상황에 처해질 수 없다. 예를 들어, 니체가 보았듯이, 플라톤의 『고르기아스』에서 심지어 소크라테스까지도 그 자신이 때때로 모든 사람들 가운데 가장 교활한 수사학자였다는 사실을 입증하는 논증들을 통하여 수사학에 대항해서 논증을 펼친다. 매우 놀랍게도, 모든 대화 상대자들의 평등성을 탐구하는 세미나에서 어떤 교수가 "교수직"의 완전한 권리와 책임을 무의식적으로 이용할 때와 마찬가지로, 이상적 담화 조건들에 대한 현대의 학술 토론들에서 진리와 권력의 미묘한 관계들[59]은 그것들이 단지 무의식적으로만 기능하는 것이 허용될 때 무시되어 버린다. 새로운 학문분과들의 출현에서 역사적 조건들의 역할을 강조하는 스티븐 툴민(Stephen Toulmin)이 주장하듯이, 그리고 이렇게 역사적으로 형성된 모든 학문분과들에서 권력과 지식의 미묘한 관계들을 분석하는 미셸 푸코 (Michel Foucault)가 증명하듯이, 모든 학문분과들에서 학문적 탐구의 내용들은 오로지 이성의 순진한 사용만으로 구성된 것이 아니다.[60] 여기에는 미묘한 권력이 은밀하게 작용하고 있다. 그럼에도 불구하고, 만약 내가

---

59) 이 시점에서, 진리의 담론들과 권력의 구체적 실재들 사이의 미묘한 관계들에 대한 Michel Foucault의 특수한 연구들은 계몽적이다; Michel Foucault가 저술하고 C. Gordon이 편집한 *Power/Knowledge* (New York: Pantheon, 1972)와 Michel Foucault가 저술하고 Meaghan Morris 와 Paul Patton이 공동으로 편집한 *Power, Truth, Strategy* (Sydney: Feral Publications, 1979)를 보라.

60) Stephen Toulmin이 저술한 *Human Understanding,* vol 1, *The Collective Use and Evolution of Concepts* (Princeton, NJ: Princeton University Press, 1972)를 보라. 내가 보기에, 이 책은 Thomas Kuhn이 저술한 *The Structure of Scientific Revolutions* (Chicago: University of Chicago Press, 1962; 2d ed., 1970)보다 분석하기가 더 난해한 것처럼 보인다. 푸코에 대해서는, 각주 59에서 열거된 진리와 권력에 대한 그의 후기 작품들뿐만 아니라, 특히 *The Order of Things: An Archeology of the Human Sciences* (London: Random, 1970)를 보라.

어떤 고전 텍스트에 대한 해석이 체계적으로 왜곡되어 있다고 주장한다면 (예를 들어, 요한복음에 대한 반유대주의적 해석들), 이것은 내가 이미 왜곡되지 않은 의사소통에 대한 어떤 관념을 갖고 있다는 사실을 함축한 다.[61] 그러므로 "이상적 담화" 조건들에 대한 성찰은 가치가 있다.

더욱이, 이상적 담화 조건들에 대한 논증은, 그것이 어떤 우발적인 상황을 위한 필수적인 조건들, 즉 모든 의사소통에 있어서의 타당성에 대한 암시적인 주장을 제공해준다고 주장한다는 의미에서, 초월적인 것이 다.[62] 이것은 절대적 필연성에 대한 주장이 아니라, 우발적 필연성에 대한 주장이다. 대조적으로, 우주의 존재와 비존재 혹은 하나님의 존재와 비존 재에 대한 초월적 논증은 엄격하게 말해서 초월적인 논증이다.[63] 의사소 통은 이러한 논증과 다른 것일 수 있지만, 실제로는 그렇지 않다. 우리는 논리적으로 추론한다. 우리는 캐묻는다. 우리는 대화한다. 우리는 논증한 다. 우리는 천사가 아니라 인간이다. 중세신학 논쟁들에서 천사들은 신은

---

61) Jürgen Habermas가 저술한 *Toward a Rational Society* (London: Heinemann, 1970)를 보라.
62) 하버마스 사상의 발전에 대해서는, Thomas McCarthy가 연구한 *The Critical Theory of Jürgen Habermas* (Cambridge, MA: MIT Press,1978)와 Rick Roderick이 연구한 *Habermas and the Foundations of Critical Theory* (New York: St. Martin's Press, 1986)를 보라. 또한 하버마스의 "초월적" 논증에 반대하는 관점을 위해서는, Raymond Geuss가 저술한 *The Idea of a Critical Theory: Habermas and the Frankfurt School* (Cambridge: Cambridge University Press, 1981), pp.55-96을 보라. 유익한 비교연구를 위해서는, John B. Thompson이 저술한 *Critical Hermeneutics: A Study in the Thought of Paul Ricoeur and Jürgen Habermas* (Cambridge: Cambridge University Press, 1981)를 보라.
63) Charles Hartshorne과 William Reese가 공동으로 저술·편집한 *Philosophers Speak of God* (Chicago: University of Chicago Press, 1953)와 *A Natural Theology for Our Time* (LaSalle, IL: Open Court, 1967)에서 찰스 하트숀의 구성적이고 역사적인 논증들을 보라. 여기서 찰스 하트숀에 대한 연구를 위해서는, Donald Wayne Viney가 저술한 *Charles Hartshorne and the Existence of God* (Albany, NY: State University of New York Press, 1985); George L. Goodwin 이 저술한 *The Ontological Argument of Charles Hartshorne* (Missoula, MT: Scholars Press, 1978)을 보라.

아니지만 인간보다 더 능력 있는 피조물로 이해되었다. 천사들은 몸을 갖고 있지 않았기 때문에 감각적인 지식을 소유할 수 없었다. 그러나 그들은 탁월하게 직관적인 지적 능력을 갖고 활동했다. 천사들의 지성은 인간의 인식에 대한 데카르트적 모델처럼 기묘하게 보인다. 그러므로 천사들은 우리의 단조롭고 추론적인 방식과는 다른 인식 방식을 갖고 있다. 천사들은 인식을 위해 오로지 직관만을 필요로 한다. 그리고 각각의 천사들은 탐구 공동체 안에서가 아니라 홀로 그렇게 한다. 왜냐하면 각각의 천사들은 그 스스로가 유일한 종(種)이기 때문이다. 그러나 우리 인간들은 논리적으로 추론하고, 공동으로 캐물으며, 서로 더불어 대화하고 논증해야 한다. 인간의 지식은 실재의 모습과 다를 수 있다. 그러나 구현된, 공동의, 유한한, 추론적 지식이 바로 인간의 지식이다. 논증에 대한 초월적 논증은 인간의 추론적 의사소통이라는 우발적 실재를 위한 필요조건을 분석하는 데 제한적이지만 실제적인 역할을 할 수 있다.

윌리엄 제임스(William James)는 "대체로"(on the whole-ness)에 대해 진술한바 있다. 이것은 적절한 어구이다. 대체로, 우리는 이제 우리 자신이 '형식논증'과 '화제논증,' 그리고 '수사학적 논증'과 '변증법적 논증'을 모두 함께 사용할 필요가 있다고 말할 수 있다. 대체로, 논증에 대한 초월적 논증은 특히 대화의 진행이 막혔을 때 더욱 유용해진다. 그러나 어떤 초월적 논증도 어떤 특정 질문에 대한 특정한 화제논증의 유연성을 참작해야 할 필요성을 대신할 수 없다. 또한 심지어 화제논증조차도 더 넓은 대화의 유동성을 대신할 수 없다.[64]

---

64) 이러한 이유 때문에, 나는 분석 모델로서 가다머가 '대화 게임'을 선택한 것이 더욱 '친숙한

우리가 대화와 같이 상대적으로 불확정적인 문제를 더욱 확정적인 것으로 만들려고 할 때 우리는 무엇을 할 것인가? 우리가 해석 자체를 해석하는 것과 같이 현재의 상태와 다를 수 있는 어떤 실재를 숙고할 때 우리는 무엇을 할 것인가? 우리가 고전 텍스트의 특정한 해석을 위해 '상대적 적절성'에 대한 모든 주장을 변호하려고 할 때 우리는 무엇을 할 것인가? 우리는 대화한다. 그리고 필요한 경우에 우리는 논증한다. 우리는 심지어 대화에 대해 대화하고 논증에 대해 논증할 수도 있다. 이때 우리가 마땅히 해야 할 일은 한 차례의 질문하기가 요구하는 모든 것이다. 그것은 확실히 전부는 아니다. 그것으로 충분한가? 오직 계속되는 질문하기만이 이 물음에 대답할 수 있다.

논증'을 선택한 것보다 출발점으로서 더 유익하다고 믿는다. 여기에는 또한 나 자신도 예전에 이러한 주요 용어들을 사용했다는 사실이 포함된다.

CHAPTER 2

논증: 방법, 설명, 이론
Argument: Method, Explanation, Theory

우리는 대화 모델에서 해석이 세 가지 요소들로 구성된 복잡한 현상임을 보았다: 텍스트, 해석자, 그리고 질문하기 자체에 근거한 텍스트와 해석자 사이의 상호작용. 우리가 논증의 필요성을 부정하지 않으면서 대화에 우선권을 부여할 때, 해석의 복잡성은 증대된다. 또한 대화로서의 해석 모델은 진리에 대한 요구를 무시하지 않는다. 대화는 진리의 한 잊혀진 개념에 우선권을 부여한다: '현시(顯示)로서의 진리'(truth as manifestation).[65]

---

[65] 여기서 하이데거 자신의 연구들과 가다머 및 리쾨르와 같은 사상가들이 연구한 하이데거 사고의 발전과 명료화는 중심 과제이다: 특히, 1장의 각주 41에서 열거된 하이데거에 대한 연구들을 주목해보라. '진리사건'(Wahrheitsgeschehen)이란 말로 표현된 하이데거의 '사건으로서의 진리' 개념에 대해서는, 특히, 하이데거가 저술한 *The Essence of Truth*란 제목의 강연과 *Plato's Doctrine of Truth*란 제목의 에세이를 보라. 특히 David Farrell Krell이 저술하고 William V. Spanos가 편집한 *Martin Heidegger and the Question of Literature: Toward a Postmodern Literary Hermeneutics* (Bloomington, IN: Indiana University Press, 1979) pp.39–53에서 "Art and Truth in Raging Discord: Heidegger and Nietzsche on the Will to Power"를 보라; 그리고 Michael Murray가 편집한 *Heidegger and Modern Philosophy* (New Haven, CT: Yale University Press, 1978)에서 몇 편의 에세이들을 보라; 그리고 Otto Pöggeler가 저술한 *Der Denkweg Martin Heideggers* (Tubingen: Neske, 1968)와 Albert Hofstadtler가 저술한 *Truth and Art* (New York: Columbia University Press, 1965)를 보라. 매우 흥미롭게도, 가다머는 『진리와 방법』이란 자신의 책 제목에도 불구하고 진리를 정의하는 것에 반대한다. 그 이유는 분명한 것 같다: 하이데거의 경우에서와 같이, 그리고 (다른 방식으로) 리쾨르의 경우에서와 같이, 가다머의 경우에서 진리는

진리는 스스로를 현시하며 우리는 진리의 올바름을 인식한다. 보다 전문적으로 말하면, 여기서 진리는 대상의 편에서 대상 자체 안에서 열어 밝혀지는 탈은폐-은폐의 힘으로 이해된다. 그리고 이 탈은폐는 주체의 편에서 인식의 경험으로서 진리와 연관되어 있다. 모든 진리의 현시 안에는 대상의 '탈은폐-은폐'와 주체의 '인식' 사이의 본질적 상호작용, 즉 대화적 상호작용이 있다. 이 상호작용이 바로 대화이다.

고전과의 모든 대화는 언제나 상호작용적이다. 일단 이 대화의 결과가 다른 사람들에게 전달되면, 대화는 원칙적으로 유능한 독자들이 속해 있는 전체 공동체와 또 다른 대화 속으로 들어가게 된다. '현시로서의 진리'의 발견은 모든 대화적 삶의 첫 열매이다. 진정한 대화가 없는 곳에는 어떤 현시도 없다. 현시가 없는 곳에는 어떤 진정한 대화도 없다. 우리가 타자들 및 모든 고전들과 나누는 대화적 삶에서 인식론적 '유아론'(唯我論)에서 벗어나는 길은 오로지 대화에 의해서만 가능한 것이다. 대화는 인간의 삶의 양식이고 모든 인간의 삶에서 발생하는 대화적 실재의 현시이다. 우리는 역사와 언어에 귀속되어 있다. 그러나 역사와 언어가 우리에게 귀속되어 있는 것은 아니다. 만약 우리가 역사와 언어에 잘 귀속되고 싶다면, 우리는 그것들에게 질문을 던지고 그것들을 통하여 우리 자신에게 질문을 던져야 한다. 이러한 질문하기를 통하여 우리는 살았든 죽었든

근본적으로 주체에게 발생하는 사건으로서 주체의 통제 아래 포섭되지 않는다. 여기서 내가 보기에 가다머와 하이데거 사이의 중요한 차이점은 다음과 같은 사실에 있다: 가다머는 '사건으로서의 진리'를 강조하는 반면, 하이데거는 사건으로서의 진리 이외에도, 가다머와는 달리, 모든 담론이 철저하게 은폐를 포함한다고 주장한다. 리쾨르에 대해서는, *History and Truth* (Evanston, IL: Northwestern University Press, 1965), pp.21-81을 보라.

모든 인류의 대화에 참여하게 된다. 이 대화를 통하여 우리는 우리의 대화를 향한 자발성과 탈은폐되는 고전의 힘에 의해 현시되는 진리를 경험하게 된다. 이 진리의 힘은 모든 진실한 대화 상대자들에게 스스로를 현시한다. 이러한 진리들 가운데 심지어 한 차례의 계기 — 영화 감상, 음악 감상, 그림 감상, 종교의식 참여, 고전 읽기, 친구들과의 대화, 사랑에 빠지기 — 라도 경험한 적이 있는 사람은 누구든지 '현시로서의 진리'가 실재적인 것임을 알고 있다. 그리고 참으로 이것으로 충분하다. 이러한 진리가 없다면, 삶은 참으로 불유쾌하고 야만적이고 불충분해진다. 현시가 없다면, 사고는 너무 빈약해진다. 그러므로 진리는 원초적 의미에서 현시이다.[66]

해석자들이 어떤 현시를 인식한다고 주장할 때, 그들은 또한 그 해석을 위해 '상대적 적절성'을 암시적으로 주장하게 된다.[67] 다른 사람들은 거기

---

66) 언어 모델보다는 차라리 지각 모델에 기초를 둔 인식을 위해, 이 현시 모델을 시각적 이미지들과 연관시키지 않고 "현시"의 언어를 공식화한다는 것은 어려운 일이다. 그러나 이 텍스트가 주장하듯이, 현시의 이러한 경험과 이해는 대화적이고 언어적인 것 — 비록 이러한 경험과 이해에 필수적인 언어가 계산적 언어라기보다는 하이데거의 명상적 언어일 가능성이 크지만 — 으로 이해되어야 한다. 플라톤의 시각적 은유 사용에서 드러나는 언어의 독특성뿐만 아니라, '신화 언어'의 재발견과 탈근대 사상가들 가운데서 유행하는 '침묵 언어'의 재발견("침묵은 오직 말하는 화자에게만 가능하다")은 '현시 언어'(더 정확하게 말해서 탈은폐/은폐—인식)에 대한 재강조가, 대화 모델을 취한다면, 언어학적 전환이나 더 충분한 논증적 추론으로의 전환 — 모든 현시에서 발생하는 암시적인 타당성 요구에 대한 논증 — 을 폐기할 필요가 없음을 시사해준다. 이 현시에서 논증적 추론으로의 전환은 여전히 중요하다: 이 전환은 현시의 최초 계기들을 분별하여 평가하는 것을 도울 수 있다. 그러나 이러한 논증적 추론으로의 전환은 현시의 최초 계기들을 대신할 수 없다.

67) 이것은 심지어 우리의 그리스 선조들에게도 적용되는 것 같다; 하이데거가 소크라테스 이전 철학에 호소하는 것이나 혹은 니체가 아이스킬로스에게 호소하는 것이나 혹은 뵈겔린(Voegelin)이 플라톤에게 호소하는 것이나 혹은 심지어 데리다와 특히 들뢰즈가 소피스트들에게 호소하는 것 등을 주목해보라. '현시로서의 진리'에 대한 이러한 원초적 이해는, 우주적 현시에 대한 엘리아데의 연구가 입증하듯이, 모든 종교들 — 유대교, 그리스도교, 이슬람교와 같은 예언자적 종교들을 포함하여 — 의 기원에도 적용되는 것 같다. 특히, Mircea Eliade가 저술한 *The Sacred and the Profane: The Nature of Religion* (New York: Harper & Brothers, 1957); *The Myth of the Eternal Return* (Princeton, NJ: Princeton University Press, 1957); *A History of Religious*

에 동의할 수도 있고 그렇지 않을 수도 있다. 이 시점에서 논증은 새로운 국면으로 들어갈 수 있다. 논증은 정의하면 상호주관적이고 공동적이다. 논증의 요구가 분명해짐에 따라, 모든 '현시로서의 진리'의 암시적인 상호주관적 본성은 또한 특정한 탐구 공동체를 위해 '보증된 믿음의 논증된 합의'(argued consensus of warranted beliefs)에 대한 명시적 주장으로 변환될 수 있다.68) 이렇게 되면, 예전에 '보증된 믿음의 합의적 진리'(consensual truth of warranted beliefs)로 이해되었던 '대응으로서의 진리'(truth as corre-spondence) 모델은 '제일 진리'로 인정되는 것이 아니라, '중요한 진리'로 인정될 뿐이다.69) 한편, '일관성으로서의 진리'(truth as coherence) 모델의

Ideas (Chicago: University of Chicago Press, 1982), 1:357-374를 보라. 그리고 Paul Ricoeur가 *The Journal of the Blaisdell Institute* 12 (Winter 1978)에 기고한 "Manifestation and Proclamation"에서 종교 안에서 발생하는 '현시'와 '선포'의 변증법에 대한 그의 공식화를 보라. 또는 *The Analogical Imagination* (New York: Crossroads, 1981), pp.193-229에서 나 자신의 재공식화를 보라.

68) 이것은 또한 "타당성 요구" ─ 모든 타당성 요구의 전제들에 대한 분석(위르겐 하버마스)과 더 이상의 적절한 질문이 없을 때 "실질적으로 무조건적인" 판단에 도달하는 것에 대한 분석(버나드 로너간)에 열려있는 그런 타당성 요구 ─ 로 공식화될 수 있다; 양쪽의 제안은 이 부가적 제안 ─ 반복하면, 최초의 현시를 대체하는 것이 아니라 합리적이고 공적인 근거 위에서 더 상세하게 그것을 평가하는데 도움을 줄 수 있는 그런 제안 ─ 을 위해 요구된다. "실질적으로 무조건적인" 것으로서의 판단에 대한 버나드 로너간의 명료화에 대해서는, *Insight: A Study of Human Understanding* (London: Longmans, Green, 1958), pp.271-316을 보라.

69) 역사적으로 이것은 "대응"이란 의미를 갖고 있지 않았으므로, "대응"을 이러한 방식으로 고려하는 것은 아마도 혼란스러운 일이다; 그러나 대응 이론들의 이러한 비역사적이고 전(前)언어적인 공식들에서 회복될 수 있는 진리는 (실용주의에 의해 크게 영향 받은) '보증된 믿음들의 합의로서의 진리'와 같은 널리 통용되는 개념 속에서 발견될 수도 있다; 특히, Hilary Putnam이 저술한 *Truth and History* (Cambridge: Cambridge University Press, 1981)와 Richard Rorty가 저술한 *Consequences of Pragmatism* (Minneapolis: University of Minnesota Press, 1982)을 보라. "주체" 와 "객체"의 비역사적이고 비언어적인 대응이란 것은 어디에도 있을 수 없다는 주장은 진리 담론에 대한 현대의 철학적 연구들(영미의 분석철학과 대륙의 해석학적 철학)에 의해 분명히 밝혀졌다; 대응 모델이 '보증된 믿음들의 합의'를 의미하는 것으로 수정될 수 있다는 주장은 파이어아벤트(Feyerabend)와 로티에게는 분명하지 않지만, 토마스 쿤에게는 분명한 것처럼 보인다. 파이어아벤트에 대해서는, *Against Method* (London: NLB, 1975)를 보라. 로티에 대해서는, *Consequences of Pragmatism*에서 "Philosophy as s Kind of Writing: An Essay on Derrida"

역할이 재등장하고 있다. 첫 번째로, 여기서 일관성은 모든 현시 안에 함축되어 있으면서 동시에 모든 상징체계, 문화, 언어, 역사, 삶 안에 적절하게 놓여있는 '가공되지 않은 일관성'(rough coherence)을 의미할 수 있다. 예를 들어, 『시학』에서 플롯(줄거리)의 역할에 대해 주장하는 아리스토텔레스를 회상해보라. 또는 내러티브나 이야기가 어떻게 경험 자체에 적합한 '가공되지 않은 일관성'을 제공해주는지에 주목하는 근대의 호소들을 떠올려보라.70) 두 번째로, 일관성은 엄격하게 말해서 진리가 아니라 타당성에 적합한 일관성, 즉 모든 순수 형식논증에 적합한 일관성을 의미할 수 있다.

이와 같이, 원초적인 '현시로서의 진리' 모델로부터 '보증된 합의로서의 진리' 모델과 '일관성으로서의 진리' 모델로의 움직임에서 논증의 요구가 분명해 질수록, '현시' 모델(더 완전하게 표현하면, '탈은폐−은폐−인식' 모델)의 중요성은 더욱 약화될 위험에 처해진다. 많은 위대한 사상가들에게서 발견되는 현시적 비전들과 직관들은 때때로 '협소한 스콜라주의'에 굴복하곤 했다. 플라톤으로부터 여러 플라톤주의자들로의 움직임, 토마스 아퀴나스로부터 여러 토마스주의자들로의 움직임, 칸트로부터 여러 신칸트주의자들로의 움직임, 또는 『정신현상학』의 헤겔로부터 『논리학』의 헤겔로의 움직임을 상기해보라. 물론, 이러한 움직임들은 후대 논증들의 기술적 발전이 제공하는 '최초 통찰의 심화'를 수반할 수 있다.71) 그러나

(pp.90−110)와 "Pragmatism, Relativism, and Irrationalism" (pp.160−176)을 대조해보라.
70) Paul Ricoeur가 저술한 *Time and Narrative*, vol. 1 (Chicago: University of Chicago Press, 1984)을 보라.
71) 예를 들어, 이러한 현상은 플라톤 철학의 주요 측면들에 대한 플로티노스(Plotinus)의 명료화나 플로티노스 자신에 대한 포르피리(Porphyry)의 명료화에서 발견될 수 있다. 토마스주의와 같은

많은 경우 최초의 통찰은 '화려한 기술적 천재성'(dazzling technical virtuosity) 과 '인정되지 않은 빈약성'(unacknowledged sterility)의 기념비 아래로 묻혀버리게 된다. 예를 들어, 명석 판명한 관념을 수단으로 삼아 확실성을 획득하려고 하는 데카르트적 모델의 영향사는, 이 관념은 거의 확실성을 갖고 있지 않지만, 우리로 하여금 이 문제에 대해 경계하도록 만든다. 비코(Vico) 가 보았듯이, 근대가 수사학적 논증을 "단순한 수사학"으로 환원시켰다는 사실은 이와 같은 어려움을 더욱 눈에 띠게 만든다. 이상하고 낯선 변증법 을 주창한 과학주의에 대항하여 여러 학문분과들이 일으킨 현재의 투쟁도 역시 같은 경우에 속한다: 모든 대화를 논증으로 환원시켜보라, 모든 화제 논증을 형식논증으로 환원시켜보라, 모든 고전의 진리 주장을 근대의 형식 적인 타당성 주장으로 대체함으로써 현시에 대한 모든 진리의 위상을 부인해보라.72)

위대한 주석자들의 전통들은, 설령 그들이 토마스 아퀴나스 자신의 담론에서 발견되는 더욱 원초적인 형이상학적 힘이나 존재론적 힘을 다소 상실한다고 하더라도, 토마스 아퀴나스 사상의 어떤 주요 측면들(예를 들어, 토마스 아퀴나스의 사고에서 논리적 관계들)을 명료화하고 발전시 킨다. '존재'(esse)란 개념에 대한 두 가지 실례들을 위해서는, 특히, Etienne Gilson이 저술한 *History of Christian Philosophy in the Middle Ages* (New York: Random House, 1955), pp.361 −387을 보라. 주석자들과 토마스 아퀴나스 자신의 유비에 대해서는, 특히, George Klubertanz가 저술한 *St. Thomas Aquinas on Analogy* (Chicago: Loyola University Press, 1960)와 Bernard Montagnes가 저술한 *La Doctrine de l'analogie de l'être d'après St. Thomas d'Aquin* (Louvain: Nauevelcuts, 1963)을 보라.

72) 여기서 현대의 주요 작품은 Stephen Toulmin이 저술한 *The Uses of Argument* (Cambridge: Cambridge University Press, 1958)이다. 여기서 고전 작품은 『논제들』에서 변증법을 명료화했 고 『수사학』에서 수사학을 명료화한 아리스토텔레스의 연구이다. 아리스토텔레스의 이러한 구분은 여전히 귀중하다. 현대 수사학자들은 수사학에 대한 그들의 주장을 분명하게 하고 과도한 주장을 피하기 위해 이 구분을 명심하는 것이 더 좋을 것이다. 스티븐 툴민의 연구 이외에도, Chaim Perelman과 L. Olbrechts-Tyteca가 공동으로 저술한 *The New Rhetoric: A Treatise on Argumentation* (Notre Dame, IN: University of Notre Dame Press, 1969)을 보라; Wayne Booth 가 저술한 *Modern Dogma and the Rhetoric of Assent* (Chicago: University of Chicago Press, 1974)와 *Critical Understanding* (Chicago: University of Chicago Press, 1979)을 보라.

그러나 다음과 같은 방편들은 이러한 형식주의 변증법에 올바르게
저항한다: 플라톤이 대항해서 싸웠던 위대한 비극 사건들에서와 같이,
진리를 '탈은폐-은폐-인식'의 상호작용으로 새롭게 이해하는 것; 플라톤
이 대화 형식 그 자체를 발견했듯이, 대화를 진리에 이르는 길로 회복시키
는 것; 화제논증이나 실체논증을 수사학적이고 변증법적인 형식 안으로
복권시키는 것; 모든 형이상학적 논증과 초월적 논증에서 '절대적 적절성'
이 아니라 '상대적 적절성'을 더욱 분명하게 의식하는 것.[73] 그리고 진리를
이해하기 위한 이 새로운 방편들은 낭만주의적 편견들을 복권시킬 필요가
없다. 예를 들어, 모든 담론에서 상징에 우선적인 역할을 부여하는 것은
결코 개념의 필요성을 무시하는 것이 아니다. 은유와 환유가 개념적 사고
의 모든 체계들 안에 현존한다는 사실을 재발견하는 것은 이차적 사고의
노력들을 무시하는 것이 아니다.[74] 우리는 최초의 상징들, 은유들, 환유들
에 충실한 개념들을 사용함으로써 사고를 풍요롭게 한다. 우리는 종종
일차 담론 자체를 이해하기 위해 개념과 같은 이차 언어를 필요로 한다.
진리의 현시에 대한 모든 주장들은 또한 공공성에 대한 주장이기 때문에,
우리는 종종 대화로부터 귀결되는 주장들을 더 상세하게 해석할 필요가

---

73) "형이상학" 비판가들은 종종 현대의 형이상학적 주장들이 결코 '절대적 적절성'이 아니라 '상대적
    적절성'에 대한 주장이란 사실을 주의 깊게 관찰하지 못하고 있다: 예를 들어, 아리스토텔레스의
    주의 깊은 주장들과 우리 시대의 탁월한 형이상학 사상가인 찰스 하트숀의 주의 깊은 주장들을
    비교해보라; 특히, Charles Hartshorne이 저술한 *Creative Synthesis and Philosophic Method*
    (Lanham: MA: University Press of America, 1970)를 보라.
74) 이러한 은유 문제에 대해서는, Paul Ricoeur의 *The Rule of Metaphor* (Toronto: Toronto
    University Press, 1977)와 Jacques Derrida의 *Margins of Philosophy* (Chicago: University of
    Chicago Press, 1975)의 "White Mythology"에서 폴 리쾨르와 자크 데리다의 대조 연구들을 읽어
    보라.

있다. 또한 우리는 종종 우리의 최상의 통찰들을 더욱 정밀하게 시험하고 우리가 참으로 어떤 진리의 현시를 인식했다고 하는 우리 자신의 모든 주장들을 더욱 정밀하게 시험하기 위해 정교한 논증형식들, 즉 이론과 방법과 설명을 필요로 한다.

우리는 우리의 현존하는 지적 딜레마의 완전한 범위를 파악하기 위해 먼저 우리의 선택에 대한 어떤 영향력 있는 해석들을 포기해야 한다. '계몽주의' 운동과 '낭만주의' 운동은 양자 모두 서구 문화에서 고전적인 사건들에 속한다. 모든 다른 고전적인 사건들처럼, 양자는 모호한 것으로 판명되었다. 계몽주의는 어떤 압제적 전통들의 중압감에서 우리를 해방시켰으며, 칸트가 주장했듯이 "우리는 대담하게 우리 자신의 힘으로 사고해야 한다"는 사실을 우리에게 가르쳐 주었다.[75] 그러나 '계몽의 변증법'이 전개되었을 때, 계몽주의는 훨씬 더 협소한 모델들 속에 갇히게 되었다. 이렇게 협소해진 계몽주의는 오로지 진리로 계산될 수 있는 것과 자유로운 행동, 즉 순수한 자율적 행동으로 계산될 수 있는 것만을 자신의 모델로 취했다. 아도르노(Adorno)가 제시했듯이, 과거에 해방을 의미했던 계몽주의 개념들

---

75) '계몽주의'에 대한 탁월한 변호를 위해서는, Hans Blumenberg가 저술한 *The Legitimacy of the Modern Age* (Cambridge, MA: MIT Press, 1983); Peter Gay가 저술한 *The Enlightenment: An Interpretation* (New York: Vintage, 1968)을 보라. 철학적으로나 사회학적으로, 위르겐 하버마스의 연구는 아도르노와 호르크하이머의 '계몽의 변증법'의 초기 공식화에 대항하여, 그리고 로티와 블루멘베르크의 순수한 역사적 입장(의지에 대한 기획)에 대항하여 계속해서 계몽주의를 변호한다. Richard Bernstein이 편집한 *Habermas and Modernism* (Cambridge, MA: MIT Press, 1985), pp.161–177, pp.192–217에서 하버마스와 로티 사이의 의견 교환을 보라. 그리스도교 신학에서 Trutz Rendtorff의 연구는 여기서 가장 분명하고 가장 발전된 것이다; 예를 들어, 그가 *Journal of Religion* 65 (1985), pp.478–499에 기고한 "The Modern Age as a Chapter in the History of Christianity"와 "The Legacy of Historical Consciousness in Present Theology"를 보라. 이 텍스트에서 분명하게 드러나듯이, 나 자신의 입장은 계몽주의의 업적과 계몽주의의 회복가능성을 긍정하고 "계몽의 변증법"을 진지하게 고려하려고 한다. (이 책의 4장을 보라.)

은 이제 단순한 범주들이 되어버렸다. 이성은 형식적이고 기술적인 합리성으로 퇴보했다.76) 그 사이에, 사회 공학자들은 '미래 합리 사회'에 대한 갈등을 일으키는 비전들과 경쟁했다. 다른 사람들은 핀란드 역으로 가는 '봉합 기차'(sealed train)를 취리히에서 기다렸다.

'계몽의 변증법'을 이해하는 것이 반드시 낭만주의로의 복귀를 의미하는 것은 아니다. 왜냐하면 낭만주의 운동은 자신만의 모호한 영향사를 갖고 있기 때문이다. 우리가 '현시로서의 진리'에 우선권을 부여하고 과학적 사고를 포함하여 우리의 모든 사고 속에 전통이 현존하고 있음을 인정하는 한, 우리는 모두 낭만주의 운동의 상속자들이다. 그러나 우리는 언제나 낭만주의 사상가의 "불행한 의식"77)에 대한 최근의 표현들에 단순히 순응하려는 위험에 빠져있다. 모든 실재의 재신비화가 우리의 반응이 되어서는 안 된다. '제 1 순진성'의 상상된 기쁨이 우리의 소유물이 될 수 있다는 헛된 망상이 우리의 반응이 되어서는 안 된다. 과학에 대한 경멸감과 '사유화'(privacy)로의 퇴보가 우리의 반응이 되어서도 안 된다. 순수한 사유화는 위험한 만큼 환상적이다. 바이마르의 지성인들(Weimar intellectuals)은 바그너식 낭만주의의 악마적 풍자, 재신비화, 반계몽주의적 나치주의 등과 같은 비극적인 역사를 경험하고 나서야 비로소 이 사실을 깨달았다.78)

---

76) "기술적 이성"에 대해서는, Max Horkheimer가 저술한 *Eclipse of Reason* (New York: Oxford University Press, 1947)을 보라.

77) (역자주) "불행한 의식"이란 말은 원래 헤겔의 『정신현상학』에 나오는 개념이다. 이것은 자아가 '주체'로서의 자기의식과 '대상'으로서의 자기의식의 이중성을 모순적인 존재로 의식한다는 것을 의미한다. 공교롭게도, 이것은 헤겔의 유명한 "주인과 노예의 변증법" 부분에서 언급되고 있다.

78) Jeffrey Hart가 저술한 *Reactionary Modernism: Technology, Culture and Politics in Weimar*

과학주의는 탈역사적 확실성을 주장하기 위해 자신의 해석학적 특성을 부인하고 자신의 역사성을 은폐하려고 시도하는 탐구양식을 기만적으로 선호한다. 과학적 지배 이데올로기의 지적 파산에도 불구하고, 모든 과학적 모델들의 영향력은 문화 전반에 걸쳐 여전히 강력하고 널리 확산된 힘으로 남아있다. 예술, 종교, 윤리, 역사적 행위들 안에서 일어난 모든 진리 주장들의 철저한 사유화를 생각해보라. 현대 과학이 이성에 관한 고전적 이해를 얼마나 협소하게 만들었는지를 생각해보라. 다원주의가 어떻게 '억압적 관용'으로 붕괴될 수 있는지를 생각해보라. 행동주의와 같은 일부 유용한 과학기술의 전체화가 얼마나 신속하게 비판적 반성의 모든 요구사항에 대한 공격이 될 수 있는지를 생각해보라. 한때 공적이었던 영역의 과학기술화를 생각해보라.[79]

또한 많은 형식들로 표현된 낭만주의 역시 이러한 문제점들을 해결할 수 없다. 대중매체 가운데, 특히 텔레비전에서 발견될 수 있듯이, 대중문화는 때때로 사회적 의미로 위장된 파토스를 분출시킬 수 있다. 그러나 비극적인 비전은 보통 그것을 넘어서 있는 것처럼 보인다. 다행스럽게도, 풍자와 블랙유머(빈정대는 표현을 가미한 유머)는 때때로 표면화될 수 있다. 또는 내키지 않는 마음으로 천재성에 호소한 근대의 낭만주의가 어떻게 '서투른 모방'을 통하여 현대의 유명인사가 되는지를 생각해보라. 또는 단순한 현상(現狀)만을 강화하는 것처럼 보이는 치료기술을 통하여 기만적인 성숙을 약속하는 현행 심리학적 모델에의 호소를 주목해보라.[80] 이

---

and the Third Reich (Cambridge: Cambridge University Press, 1984)를 보라.

[79] 여기서 Max Weber의 연구는 많은 근대의 분석들에서, 그리고 하버마스의 분석과 같이 수정 마르크스주의적 분석에서 중심적인 것으로 판명되었다.

92 다원성과 모호성

러한 치료기술이 어떻게 프로이드가 발견한 예사롭지 않은 '무의식'과 연관될 수 있는지는 하나의 우스꽝스러운 수수께끼가 아닐 수 없다. 참으로, 이것은 E. M. 포스터(Forster)가 "가난하고 수다스러우며 보잘것없는 기독교"라고 묘사한 현대 기독교의 형식들과 나사렛 예수의 놀라운 비유들 사이에 존재하는 관계만큼이나 당혹스러운 수수께끼이다. 심지어 프로이드나 예수까지도 처음에는 '낭만주의 천재들'로, 그 다음에는 '낭만주의 사회 개혁가들'로 간주될 수 있다면, 우리는 우리 자신이 더욱 높은 상향의 범위, 즉 낭만주의가 추구했던 '최고 인간성'의 범위에까지 도달해 있음을 알게 된다. 우리는 심지어 낭만주의의 한계점에서 우리 자신을 의식하게 될 수도 있다.

이제 대화 모델의 몇몇 한계점들을 보다 상세하게 검토해 보자. 이 난점들은 우리의 초기 모델의 여러 가지 중단들, 즉 방법, 이론, 설명에 의한 중단들로 기술될 수 있다. 다음의 장들에서 우리는 '다원성과 모호성'이라고 불려지는 급진적 중단들을 분석하게 될 것이다. 이 중단들이 늘어나면 늘어날수록 그만큼 더 대화를 향한 희망은 줄어든다. 그러나 우리가 이 희망을 버려야 하는지 어떤지의 문제는 실제적인 문제이다. 하지만 이 문제는 오로지 우리가 이 모든 도전들을 연구한 후에만 비로소 유용하게 제기될 수 있을 것이다.

특정한 종류의 논증들, 즉 방법에 의해 확증된 논증들은 대체로 큰 성공을 거두었다. 이러한 방법은 일반적으로 설명이론에 의해 강화된다.

---

80) Philip Rieff가 저술한 *The Triumph of the Therapeutic* (New York: Harper & Row, 1966)을 보라.

방법의 성공은 매우 대단한 것이었기 때문에 거의 모든 훈련된 탐구 양식들은 한두 차례 설명 방법을 통하여 '해석의 갈등'을 종결하려고 시도했다. 빌헬름 딜타이(Wilhelm Dilthey)는 '자연과학'(Natürwissenschaften)과 '인문과학'(Geisteswissenschaften)을 날카롭게 구분하는 설명이론을 발전시키려고 시도했다. 이러한 딜타이의 시도에 의해 발생한 투쟁으로부터 '가치중립적인 사회과학적 방법론'을 추구하는 막스 베버(Max Weber)를 거쳐 탈콧 파슨스(Talcott Parsons)의 '안정된 사회를 위한 안정된 이론'과 로만 야콥슨(Roman Jakobson)의 '시학 이론'에 이르기까지, 똑 같은 시나리오가 전개된다.[81] 그 시나리오는 바로 이것이다: 자연과학에서 추출된 자연이란 개념과 자연과학이 성취한 성공을 주요 모델로 하여 만든 방법, 설명, 이론은 모든 학문분과들에서 개발되어야 한다.

그러나 방법이 모든 학문분과들을 점령했을 때 하나의 역설, 즉 자연과학이 바야흐로 탈실증주의 단계로 접어들기 시작했다는 역설이 발생했다. 이 역설의 본보기들은 이제 우리에게 친숙하게 느껴지기까지 한다: 양자이론; 쿼크(quark)[82]와 같이 신비로울 정도로 조이스적인 현상들의 발견; 모든 실험들에서 과학 해석자의 역할을 인정하는 것; 모든 자료들이 '이론-지어진'(theory-laden) 것들이란 사실을 깨닫는 것. 또한 더욱 최근에는 덜

---

81) '해석학'과 '사회과학'에 대해서는, Paul Ricoeur가 저술하고 J. B. Thompson이 편집·번역한 *Hermeneutics and the Human Sciences* (Cambridge: Cambridge University Press, 1981)를 보라; 또한 Charles Taylor가 저술한 *Philosophical Papers 2* (Cambridge: Cambridge University Press, 1985)를 보라; 또한 Fred R. Dallmayr와 Thomas A. McCarthy가 공동으로 저술·편집한 *Understanding and Social Inquiry* (Notre Dame, IN: University of Notre Dame Press, 1977)를 보라.
82) (역자주) "쿼크"(quark)는 하드론(hadron)의 구성요소로 여겨지는 입자를 의미한다.

친숙한 본보기들이 관찰되었다: 과학적 탐구 자체에서 상상력, 은유, 환유가 차지하는 역할.[83] 탈실증주의 과학철학자들 가운데서 모든 과학적 패러다임들의 역사적 맥락에 대한 강조(토마스 쿤)와 모든 과학적 논증들의 화제적 특성과 역사적 특성에 대한 강조(스티븐 툴민). 이 모든 발전들에서, 과거에 과학에서 유행했던 탈역사적 확실성과 비해석학적 통찰에 대한 모든 주장들은 붕괴되었다. 과학은 다시 역사적이고 해석학적인 것이 되었다.

우리는 지금도 여전히 과학이 성취한 엄청난 성과들을 부인할 수 없다. 그러나 과거에 지배를 추구했던 과학의 탐구목적은 이제 과학자 자신들에 의해 "우리가 상상하는 것보다 더 이상한 것일 뿐만 아니라 우리가 아마도 상상할 수 있는 것보다 더 이상한 것"으로 이해되고 있다. 어떤 경이감과 심지어 어떤 신비감까지도 예전에는 인문과학의 밀폐공간 안에서만 통용되는 비밀로 간주되었다. 그러나 이제 이러한 경이감은 자연과학 자체 안에서 표면화되었다. 마침내 천문학, 환경과학, 새로운 물리학은 예전의 선조들 못지않게 엄격하고, 방법적이고, 이론적이고, 설명적인 것들이 되었다. 다시 말해, 한 마디로 과학적인 것들이 되었다. 가치중립적 과학기술과 역사중립적 과학에 대한 과거의 주장들은 붕괴되었다. 과학의 해석학적 특성은 이제 강하게 긍정되었다. 심지어 과학에서까지도 우리는 이해하기 위해 해석해야 한다.

그 사이, 인문과학과 사회과학은 초기 자연과학의 기계론적 모델을

---

83) Mary Gerhart와 Allan Russell이 공동으로 저술한 *Metaphoric Process: The Creation of Scientific and Religious Understanding* (Fort Worth, TX: Texas Christian University Press, 1984)을 보라.

자신들의 모델로 취하는 것을 꺼리게 되었다.[84] 인문과학과 사회과학은 이제 더 이상 자신들의 명시적인 해석학적 특성을 불리한 조건이라고 생각하지 않는다. 과학사와 사회과학에서, 그리고 무엇보다도 수사학의 재등장이 증명해주듯이 인문과학에서, 해석학의 재발견은 모든 담론들 안에 포함되어 있는 수사어구들을 새롭게 재고하도록 촉진하였다. 모든 학문분과들에서 벌어지는 이러한 지적 상황에서, 과학주의가 인문과학자의 새로운 유혹이 될 것 같지는 않다. 그러나 '한 바퀴 돌아온 낭만주의'가 그렇게 될 가능성은 있다. 그러나 우리 모두는 상징, 은유, 이야기의 회복에 너무 열광적으로 빠지기 전에 이 모든 해석학적 연구들이 방법적, 설명적, 이론적 연구에 열려있다는 사실을 깨달아야 한다.

심지어 가다머(Hans-Georg Gadamer)조차도 방법주의의 위험들을 지나치게 경계하기 때문에 때때로 이론과 설명을 통한 모든 방법과 모든 거리두기를 두려워했다.[85] 그러나 폴 리쾨르(Paul Ricoeur)가 주장했듯이, 거리두기가 반드시 소외의 기호인 것은 아니다. 나 자신의 말로 옮겨 쓰자면, 추상 역시 풍요롭게 하는 현상이며 개념과 이론으로의 움직임은 종종 모든 현상의 본질적 특성들을 이해하는데 필수적이다. 우리가 앞에서 보았듯이, 때때로 '논증'에 의한 대화의 중단은 보다 자유롭게 흐르는 대화의

---

84) Clifford Geertz가 저술한 *Local Knowledge: Further Essays in Interpretive Anthropology* (New York: Basic Books, 1983), pp.19-36에서 "Blurred Genres: The Refiguration of Social Thought"를 보라.

85) 이러한 현상은 가다머와 하버마스의 대화에서, 그리고 자연과학을 순수하게 방법론적인 것으로 간주하는 가다머의 주장에서 가장 분명하게 나타난다. 그러나 가다머는 *Reason in the Age of Science* (Cambridge, MA: MIT Press, 1981)에서 방법과 거리두기를 너무 두려워하는 자신의 문제점을 수정 보완하고 있다.

움직임으로부터 일시적인 '거리두기'를 요구한다. 이러한 중단은 종종 대화 자체를 위해 필요하다. 심지어 나 자신과 같이 '이해의 참여적 개념'에 우선권을 부여하는 사람들조차도 전통의 해석에서 '실천적 거리두기'가 때때로 필요하다는 주장에 논쟁적 입장을 취할 필요가 없다.[86] 오히려, 우리는 모든 유익한 방법들, 설명들, 이론들이 우리로 하여금 불가피하게 우리의 최초의 참여의식으로부터 거리를 두게 만든다는 점을 인정할 수 있다.[87]

'이해'는 모든 해석을 품어야 한다. 그러나 '설명,' '방법,' '이론'은 모든 '최초의 이해'를 발전시키고 교정하며 그것에 도전할 수 있다. '발전시키다,' '개발하다,' '진전시키다,' '전개하다'를 의미하는 'develop'란 동사가 시사해주듯이, '방법'은 우리의 '최초의 이해'를 더욱 확고하고 더욱 정교하게 하며 이것을 통해 그러한 이해가 더 넓은 탐구 공동체에서 활용될 수 있도록 함으로써 그것을 더 명료하게 할 수 있다. 다른 경우에, 어떤 특정한 방법이나 이론은 우리의 '최초의 이해'를 교정하거나 그것에 도전할 수 있다.[88] 역사비평 방법은 고전에 대한 모든 시대착오적 해석들을 교정해주었다. 문학비평 방법은 철학과 과학 텍스트를 포함하여 여러 종류의

---

86) (역자주) 데이비드 트레이시는 기본적으로 전통에 대한 신뢰를 중요하게 여긴다. 그러나 여기서 그는, 폴 리쾨르와 더불어, 해석학에서 전통에 대한 신뢰를 나타내는 '이해'가 전통으로부터의 거리두기를 나타내는 '설명'과 반드시 대립되는 것은 아니라고 주장하고 있다. 이 트레이시의 진술에서 '이해의 참여적 개념'이란 전통에 대한 신뢰를 가리키는 '이해'를 의미하며 '실천적 거리두기'란 전통에 대한 의혹을 가리키는 '설명'을 의미한다.

87) Paul Ricoeur가 저술한 *Hermeneutics and the Human Sciences*, pp.131–145에서 "The Hermeneutical Function of Distanciation"을 보라.

88) 예를 들어, 막스 베버와 에밀 뒤르켐의 세계 종교들에 대한 고전 사회학적 설명들에서와 같이, 사회학 이론은 전통에 참여하는 우리의 의식에 거리두기를 제공해준다.

텍스트들에 대한 모든 문자주의적 읽기에 도전했다. 기호학의 방법과 구조주의 방법은 모든 텍스트 안에 현존하는 암호들의 의미를 밝혀주었다. 사회과학 방법은 '위대한 전통'(the Great Tradition)의 범주89)를 포함하여 인문학의 특정 범주들을 탈신화화했다.

여러 가지 탐구 양식들의 본성과 한계를 분석하는 아리스토텔레스의 천재성은 고전적 이성의 본성과 범위를 명료화하고 확장시켰다. 확실히, '아리스토텔레스에 의해 구상된 학문분과들 및 그에 의해 분석된 방법들'과 '현대의 역사의식에 기초한 학문분과들 및 방법들' 사이에는 실질적인 차이점들이 존재한다. 그러나 이러한 차이점들은 근대가 창안해낸 방법들의 유익을 부인하지 않는다. 또한 이 차이점들은 과학방법의 최종적인 승리나 설명이론의 궁극적인 승리를 근거로 하여 휘그당(Whig)의 역사를 다시 한번 기록할 기회가 될 필요도 없다. 이성에 대한 고전적 이해들이나 아리스토텔레스의 시학, 수사학, 변증법, 형이상학과 같은 고전적 탐구 양식들은 여전히 모든 반성적 사고를 위한 방편들로 남아있다. 그러나 방법, 이론, 설명에 대한 더 상세한 일반 논의에 의해서 뿐만 아니라, 현대의 두 가지 주요 방법들로서 역사비평 방법과 문학비평 방법90)에 대한 분석에 의해서도 우리는 이 모든 가능성들을 충분하게 발견할 수 있다. 이 두

---

89) (역자주) 여기서 트레이시는 '위대한 전통'(the Great Tradition)을 대문자로 표기하고 있다. 여기서 '위대한 전통'은 서구 그리스도교 전통과 그리스 전통을 의미한다.

90) 아주 분명하게도, 다른 방법들, 설명들, 이론들은 모든 적절한 현대의 해석을 위해 분석을 필요로 한다. 내가 역사비평 방법과 문학비평 방법을 선택한 것은 문제의 철저화로서가 아니라 문제의 본보기로서 의도된 것이다. 차라리, 나는 개인적으로 사회과학의 방법들과 이론들 및 자연과학(특히 생물학)의 방법들과 이론들이 필요하다고 확신한다. 심지어 "사회생물학"(sociobiology)의 과도한 주장들을 여전히 확신하고 있지 못할 때조차도, 나는 Edward Shils와 Anthony Giddens와 같이 서로 대립되는 사회 이론가들의 통찰력과 설명들에 의해 설득된 적이 있다.

방법들은 해석에 대한 모든 현대의 논의에서 중심적 역할을 한다. 두 방법들은 모든 해석들 안에서 설명과 이론이 차지하는 역할에 대한 논의들과 관련하여 결정적으로 중요하다. 두 방법들은 모두 동일하게 다음과 같은 사항들을 필요로 한다: 방법주의의 거부와 방법의 긍정, 이해 안에서 설명의 역할, 이론과 실천의 관계.

어떤 방법이나 방법들의 집합도 모든 전통에 대한 서구의 해석들에 있어서 역사비평 방법보다 더 강한 영향력을 행사하지 못했다. 참으로, 텍스트와 텍스트의 영향사에 대한, 그리고 해석자와 해석자의 역사성에 대한 나의 초기 해석들은 근대 서구 역사의식의 혁명에 대한 하나의 각주로 읽혀질 수 있다. 이러한 혁명의 결과는 전통에 손쉽게 참여하려는 모든 시도에 강력한 도전으로 다가왔다. 예를 들어, 한스 프라이(Hans Frei)는 성서를 "역사-같은" 이야기로 간주하는 전통적인 그리스도교적 성서 읽기들이 어떻게 근대의 역사 비평적 읽기들에 의해 중단되었는지를 보여주었다.91) 역사적 예수에 대한 매번 새로운 탐구들은 복음서 텍스트의 읽기들에 영향을 주었다.92) 역사적 호메로스(Homer), 역사적 소크라테스, 심지어 역사적 부처(Buddha)와 같은 유사한 탐구들은 근대 역사적 감수성의 설득력에 대한 충분한 증거이다: 이 증거는 우리의 모든 이야기들이 역사적으로 그럴듯한 것으로 판명되어야 한다는 양보할 수 없는 주장과 밀접하게 연관되어 있다.

---

91) Hans Frei가 저술한 *The Eclipse of Biblical Narrative* (New Haven, CT: Yale University Press, 1974)를 보라.
92) 이 문제에 대한 한 응답을 위해서는, 나의 저서 *Analogical Imagination*, pp.305−339를 보라. 최근 연구들 가운데 이 문제에 대한 한 분석을 위해서는, William Thompson이 저술한 *The Jesus Debate: A Survey and Synthesis* (New York: Paulist 1985)를 보라.

어떤 사람도 역사비평 방법의 사용이 우리의 역사 의식적인 문화에서 핵심적 요청이 되었음을 의심할 수 없다. 어떤 의미에서, 우리는 우리의 역사 이야기들을 해석할 때마다 "주장된 바에 의하면," "널리 가정되었듯이," "그 당시 사람들이 믿기에"와 같은 수식어구들을 빈번하게 사용하는 법률가들이 되었다. 역사의식과 같은 지성적 혁명은 근대의 서구 사고에 폭 넓은 영향을 미쳤다. 우리가 모든 고전의 역사적 특성을 인정할 때, 이러한 인정은 확실히 더욱 박식한 이해를 우리에게 허용해준다. 종교적이든 세속적이든, 교조주의자들과 근본주의자들을 제외한 우리 모두에게 있어서, 우리의 전통 안에서 여러 종류의 모호성들이 역사적으로 노출되었다는 사실은 비판적 반성을 불러 일으켰다. 이러한 비판적 반성은 역사 속에 단순하게 "존재하는" 모든 것으로부터 일정한 거리두기를 제공해준다. 역사비평 방법은 역사 속에 "존재하는" 모든 것의 존재방식을 우리에게 보여준다. 매우 자연스럽게 보였던 역사적이고 사회적인 모든 실천은 이제 그 실천의 현재 모습 그대로 이해된다. 즉, 그 실천은 이제 '자연'의 표현이 아니라 '역사'의 표현으로 이해된다. 사실상, 역사기록에서 사용되는 수사어구들에 대한 최근의 수사학적 분석들은 역사(history)와 허구(fiction)가 상호 교환될 수 있는 장르임을 시사하고 있다.93) 이러한 분석들은 가치가 있다. 그러나 역사적 확실성의 가능한 정도가 어떠하든 간에, 역사에서 실제로 어떤 사건이 발생했는지를 인식하는 것은 우리에게 여전히 중요하다.

93) Hayden White가 저술한 *Metahistory: The Historical Imagination in Nineteenth-Century Europe* (Baltimore: Johns Hopkins University Press, 1973)과 *Tropics of Discourse: Essays in Cultural Criticism* (Baltimore: Johns Hopkins University Press, 1978)을 보라.

역사 속에서 홀로코스트(Holocaust)가 실제로 발생했든 안했든 상관없다고 말하는 것은 윤리적으로 무책임한 처사이다. 연기 나는 소총이 워터게이트 테이프(Watergate tapes)에서 언제 나타났는지는 참으로 중요한 역사적 사실이었다. 이것들은 믿음이나 허구가 아니라, 확립된 역사적 사실들이다. 처칠(Churchill)이 시코르스키(Sikorski)의 죽음을 명령했는지 어떤지의 여부를 아는 것이나 미국 대통령 트루먼(Truman)이 왜 핵폭탄 사용을 결정했는지의 이유를 아는 것은 역사적으로 매우 중요하다. 이러한 사실들은 중요하다. 왜냐하면 아무리 고통스럽더라도 이 사실들은 우리를 환상으로부터 자유롭게 해주기 때문이다. 이 사실들을 역사적 사실들로 진술한다는 것은 윤리적 책임의 문제이기 때문에, 그것들은 윤리적 응답을 요구한다.[94] 영국 혁명, 미국 혁명, 프랑스 혁명, 러시아 혁명과 같이 우리 문화를 형성했던 모든 고전 사건들과 연관하여, 무엇이 이러한 사건들을 발생시켰는지 혹은 무슨 사건들이 실제로 발생했는지 혹은 어떤 결과들이 뒤따랐는지 등에 대해 무관심한 태도를 보이는 것은 도덕적으로 무책임한 처사이다. 예를 들어, 그리스도교인들이 예수가 역사적으로 살아있었는지 어떤지에 대해서는 무관심한 태도를 보이면서 그리스도로서 나사렛 예수에 대한 자신들의 확고한 신앙을 계속해서 이야기하는 것은 무책임한 처사이다.

한 민족의 역사적 기억이 주로 그 민족의 고전 텍스트들, 고전 인물들, 고전 사건들, 고전 상징들, 고전 의례들의 영향사를 담고 있다는 것은 사실이다. 개인적 의미에서든 공동체적 의미에서든, 이러한 기억의 상실이

---

94) "역사적 이성의 윤리학"에 대해서는, Van A. Harvey가 저술한 *The Historian and the Believer* (New York: MacMillan, 1966)를 보라.

한 문화의 참여에 치명적인 결과를 가져올 수 있다는 것 또한 사실이다.[95] 왜냐하면 이러한 기억이 없다면 우리는 행동할 수 없기 때문이다. 모국어를 배움으로써 사회화된다는 것은 한 전통의 의미와 행동을 담고 있는 모든 담지체에게 생명을 준다는 것을 의미한다. 윌리엄 포크너(William Faulkner)가 주장했듯이, "과거는 죽지 않는다. 그것은 심지어 지나간 것도 아니다."

동시에, 모호하지 않은 전통은 어디에도 없다. 또한 순진한 고전 읽기도 어디에도 없다. 우리는 우리를 형성하고 있는 전통 때문에 우리의 현재 모습 그대로 존재한다. 우리의 삶은 모든 전통의 전(前)의식적 영향들에 의해 형성된다. 그리고 모든 전통의 이야기들과 세계를 구성하는 방식들은 우리의 기억을 만들어냈으며, 그 결과로 우리의 행동을 만들어냈다.

우리는 또한 계속 살아나가기 위해 과거로부터 우리 자신을 거리두기 하는 것과 심지어 과거를 망각하는 것까지도 때때로 중요하다는 사실을 알고 있다. 망각할 수 없음에서 나오는 무능력, 즉 고통스러운 기억과 복수의 욕망으로부터 해방될 수 없는 행위에서 나오는 무능력은 개인이나 문화에 해악을 끼칠 수 있기 때문에, 이러한 경우에 인간적으로 이해한다는 것은 더 이상 불가능해질 수도 있다. 기억할 때가 있는 만큼 확실히 망각할 때가 있다. 이 차이를 분별하는 것은 역사의식을 고취할 수 있는 용기와 비판적 반성의 힘을 요구한다. 우리는 '에큐메니칼'(ecumenical)이란 단어 속에 얼마나 용기 있는 거리두기의 노력이 함축되어 있는지를 너무 쉽게 잊어버린다. 근대 가톨릭교와 개신교의 에큐메니칼 운동가들은 단지

---

95) Walter Benjamin이 저술한 *Illuminations* (New York: Shocken, 1969)에서 "Theses on the Philosophy of History"를 보라; Johann Baptist Metz가 저술한 *Faith in History and Society* (New York: Crossroads, 1980)를 보라.

북아일랜드 역사에 대한 서로 상충하는 해석들로 눈을 돌리기만 해도 기억하는 것뿐만 아니라 망각하는 것도 배웠던 근대 아일랜드의 많은 에큐메니칼 그리스도교인들의 용기를 인식할 수 있다.

역사가들은 자신들의 과제 범위 안에서 여러 종류의 증거를 다루기 위해 다양한 '기술'(skills)을 사용한다. 어떤 의미에서, 역사적 논증의 본질은 분명한 것처럼 보인다. 증거가 허용해주는 역사적 개연성의 정도가 어떠하든 간에, 역사적 논증의 본질은 적절한 자료를 시험하고 건전한 결론에 도달하는 것이다. 그 증거는 역사비평 방법의 확립된 규범을 사용함으로써 확증된다. 그러나 이렇게 짧은 형식으로 사태를 진술하는 것은 모든 역사 연구에 필요한 실천적이고 이론적인 '기술'(skills)을 충분하게 개관하는 것이 아닐 것이다. 이것을 의심하는 사람은 자크 루이 다비드 (Jacques Louis David)의 미술, 프랑스 혁명, 나폴레옹 시대 사이에 놓여있는 복잡한 관계들에 대한 역사 사설을 쓰려고 해도 좋을 것이다.

숙련된 역사가들은 건전한 역사적 결론에 도달하기 위해 상대적으로 적은 양의 자료들을 갖고 연구할 수도 있다. 예를 들어, 휴 트레버-로퍼 (Hugh Trevor-Roper)가 히틀러가 베를린에서 죽었는지 어떤지를 알아보기 위해 영국정부에 의해 파견되었을 때, 그가 얼마나 적은 자료들을 소유하고 있었는지를 상기해보라.96) 소비에트 정부는 대부분의 결정적인 증거를 갖고 있었지만 그것을 결코 영국정부와 공유하려고 하지 않았다. 트레버-로퍼의 『히틀러의 마지막 생애』를 읽게 되면, 우리는 전문 역사가의 탐정가적 소질이 어떻게 작용하고 있는지를 보게 된다. 참으로, 오늘날조차도

---

96) Hugh Trevor-Roper가 저술한 *The Last Days of Hitler* (London: Pan Books, 1962)를 보라.

트레버-로퍼의 책을 읽게 되면, 우리는 소비에트 정부가 결국 그들의 증거를 발표한지 수년이 지난 후에도, 트레버-로퍼의 대부분의 결론들 — 히틀러가 죽은 방식을 제외하고— 이 얼마나 잘 지탱될 수 있는지를 주목하게 된다. 그러나 최근에 트레버-로퍼가 "히틀러의 일기"(Hitler diaries)의 진정성을 기꺼이 입증하려고 했던 시도에서 볼 수 있듯이, 심지어 가장 숙련된 역사가조차도 때때로 길을 잃어버릴 수 있다.

어떤 개관도 훌륭한 역사적 해석을 산출하는데 필요한 많은 '기술들'(skills)을 적절하게 설명할 수 없다. 이러한 해석 기술들은 역사가들 가운데 합의가 어려울 정도로 드물게 나타난다. 예를 들어, 역사가들의 공동체는 나사렛 예수와 소크라테스가 역사적으로 실존했다는 확실성에 접근하는 몇 가지 결론들에 대해서는 비교적 쉽게 동의할 수 있다. 다른 경우에, 특히 역사가들이 역사적으로 확립된 사실들을 해석하려고 할 때, 합의는 훨씬 더 잠정적인 것이 된다. 예를 들어, 예수의 메시지나 소크라테스의 메시지에 대한 기본적인 개관에 동의하기는 상대적으로 쉽다. 그러나 그들의 자기이해나 어떤 다른 역사적 인물의 자기이해를 해명하기는, 불가능한 것은 아니지만, 매우 어렵다.[97]

역사학적 방법들은 우리의 최초의 이해를 발전시키고 정교하게 할 수도 있다. 몽테스키외와 루소에 대한 최근의 역사 연구는 미라보, 당통, 로베스피에르와 같은 프랑스 혁명 지도자들의 프로그램들에서 발견될 수 있는 이데올로기에 대한 초기의 역사 해석들을 발전시켰다. 또한 새로운 역사학적 방법들은 어떤 고전 텍스트나 고전 사건의 전이해들을 교정하거

---

97) Norman Perrin이 저술한 *Rediscovering the Teachings of Jesus* (London: SCM, 1967)를 보라.

나 심지어 그것들에 도전할 수도 있다. 예를 들어, 최근의 역사학은 개혁(미라보)이나 혁명(로베스피에르)에 대한 갈등을 일으키는 프로그램들에서 경제적 관심이 주요 이슈가 된다는 점을 발견했다. 경제 역사가들에 의해 수행된 이러한 분석은 지적 역사가들에 의해 개관된 루소와 몽테스키외의 영향력에 대한 초기 해석들에 도전하고 그것들을 정교하게 만든다.98)

모든 논증에서와 같이, 만약 어떤 역사비평 방법의 보증물이 의문스럽게 되어 우리가 그것을 변호하기 위한 어떤 적절한 지지물도 찾을 수 없다면, 이 보증물의 사용은 더 이상 역사적 판단에 도움이 될 수 없다. 역사적 판단의 논리에 대한 논의들, 역사 기록물에서 발견되는 이야기성의 본질에 대한 논의들, 심지어 가장 과학적인 역사 담론에서도 발견되는 수사어구들의 사용에 대한 논의들, 모든 역사적 계기에서 발견되는 권력과 지식 사이의 수수께끼 같은 동맹에 대한 분석들 등은 모두 근본적으로 특정한 결론들에 대한 갈등이 아니라 어떤 역사적 결론을 보증해주는 절차들에 대한 갈등이다.99) 이러한 역사적 논증들이 증대됨에 따라, 아마도 이렇게 될 가능성이 크지만, 역사적 평가들은 새롭고 갑작스러운 전향을 하게 된다. 예를 들어, 만약 모든 역사 기록물에서 발견되는 수사어구들(은유, 환유, 제유, 반어법)의 수사학적 사용에 대한 최근의 관심이 역사비

---

98) 그러나 예전에 경제적 분석들에 견문이 넓었던 대혁명의 지적 역사가들이 어떻게 담론의 역사를 분석하기 위해 새로운 힘을 갖고 되돌아오는지를 주목해보라. Michael Keith Baker가 저술하고 Dominick LaCapra와 Steven L. Kaplan이 공동으로 편집한 *Modern European Intellectual History Reappraisals and New Perspectives* (Ithaca, NY: Cornell University Press), pp.197-220 에서 "On the Problem of the Ideological Origins of the French Revolution"을 보라.

99) 예를 들어, Paul Ricoeur가 저술한 *Time and Narrative*, vol. 1을 보라.

평 방법을 이해하기 위한 주요 보증물의 위상을 떠맡는다면, 현재의 역사적 판단들은 훨씬 더 불안정한 것처럼 보일 것이다. 그러나 내가 더욱 그럴듯하다고 생각하듯이, 만약 역사 기록물에서 발견되는 수사어구들의 사용에 대한 재발견이 모든 역사적 논증의 화제적인 특성을 대체하는 것이 아니라 효과적으로 이 특성을 복잡하게 만든다면, 역사 해석들은 수사학적으로 더욱 난해한 뉘앙스를 갖게 될 것이며, 이에 못지않게 더욱 강한 개연성을 갖게 될 것이다.100)

모든 역사 연구들이 역사적 개연성에 대한 판단들을 완성하게 될 때, 우리는 '해석함으로써 이해하는' 우리의 온당한 과제를 끝마치는 것이 아니라 새롭게 시작하게 된다. 왜냐하면 이제 역사적으로 견문이 넓어진 해석자들은 고전 텍스트들과 고전 사건들의 주의 요구와 대화함으로써 이해하는 과제로 다시 되돌아와야 하기 때문이다. 어떤 양의 역사적 재구성도 우리에게 그 정도 이상의 노력을 요구할 수 없다. 모든 고전의 주의 요구가 역사적 시대의 파편물이 되지 않으려면, 아돌프 폰 하르낙(Adolf von Harnack)이 주장했듯이, 역사는 모든 해석에서 '마지막 단어'가 아니라 '최초의 단어'를 소유해야 한다. 이 최초의 단어는 현재 역사적으로 재구성된 우리의 텍스트와 우리의 사건이 촉발시키는 질문들을 위험을 무릅쓰고 새롭게 해석함으로써 이해하려는 노력에 귀속되어 있다. 야콥 부르크하르트(Jacob Burckhardt)가 알고 있었듯이, 이 최초의 단어는 역사적으로 재구성된 우리의 텍스트가 불러일으키는 기억, 거리, 망각, 희망의 새로운 계기들

100) Arnaldo Momigliano가 *The American Scholar* (Autumn 1982), 51:495–507에 기고한 "History in an Age of Ideologies"를 보라.

에 귀속되어 있다.

우리가 이용할 수 있는 과거는 우리가 회복할 수 있는 과거이다. 많은 역사가들이 주장했듯이, 역사학은 우리 공동 인류의 더 넓은 대화에 봉사한다. 더 나아가, 모든 텍스트, 모든 해석자, 모든 대화의 역사성은 역사의식에 의해 명료해졌다. 확실성은 더 이상 없다. 그러나 모든 해석을 위한 '상대적 적절성'은 고투하여 얻을 가치가 있는 이상으로 남아있다. 인문과학 및 사회과학과 마찬가지로, 역사학은 본질적으로 해석학적 학문분과이다. 해석학적 이해에서 나타나는 변화들은 궁극적으로 모든 학문분과들의 정당화하는 절차들과 방법들과 설명이론들에 영향을 미친다.

이 변화들은 모든 사람들이 참여할 수 있는 자유토론으로 인도될 수 있다. 이 자유토론에서는 혼란이 득세하고 모든 방법들, 이론들, 설명들이 과학주의로 의심받게 된다. 이때 우리는 역사 연구의 철저한 수사화, 과학 안에서 나타나는 반(反)방법에 대한 찬양, 일반문화 안에서 새롭게 나타나는 반낭만주의적 성향의 낭만주의적 감정 폭발, 그리고 가장 절망적인 것이지만, 순수한 자율적 텍스트나 해석자에 대한 새로운 주장들 등을 만나게 될 수도 있다. 그 사이에, 실천과학자들, 사회과학자들, 역사과학자들, 인문과학자들은 자신들이 구성한 해석학적 과제들을 계속 수행할 것이다. 그들은 또한 심지어 이 새로운 반성들 (해석학적 이론을 포함하여!) 없이도 전통적인 해석학적 기술이 계속 작동하고 있다는 점을 깨닫게 될 것이다. 그래도 지구는 여전히 돌고 있다(Eppur si muove).

모든 학문분과들에서 해석학적 특성의 재발견은 또한 학문분과들 가운데서 문학비평과 문학이론에 대한 재발견으로 귀결되었다.[101] 어떤 의미에서, 해석학 자체는 모든 이해의 언어적 특성에 대한 주장이기 때문에, 이러한 문학이론으로의 전향은 불가피한 현상이었다. 어떤 다른 학자들보다 더욱 능숙하게, 문학 비평가들은 우리가 문학이라고 부르는 복잡한 연구에서 그들의 가장 예민한 문제들 가운데 하나인 언어 문제를 다루기 위한 정교한 방법들을 발전시켰다. 또 다른 의미에서, 이러한 문학비평으로의 전향은 또한 다음과 같은 수사학의 재발견을 수반한다: 화제들의 수사학, 화제 논증들, 수사어구들의 수사학, 그리고 특히 가장 이론적인 담론 안에 수사어구들이 존속하는 현상 등.

몇몇 다른 학문분과들에서도 핵심문제로 판명된 그런 논쟁들을 다루는 학문분과(문학)에 어울리게, 문학비평과 문학이론에서 논쟁들은 격렬하다. 이 논쟁들은 아직까지 폭 넓게 합의된 결과물을 산출하지 못하고 있다. 텍스트의 의미를 열어주는 열쇠로서 저자의 의도에 대한 더욱 세련된 최근의 변호들과 저자에 대한 초기의 전기비평(biographical criticism)은 문학 논쟁들이 최초에 대항해서 싸웠던 불안정한 요소들만큼이나 불안정한 것으로 판명되었다.102) '자율적 텍스트,' '문자적 형상'(verbal icons), '잘 빚은 항아리'(well-wrought urns) 등을 특징으로 하는 40년대와 50년대의 신

---

101) 여기서 논의를 위한 기본적인 참고문헌들에 대해서는, Terry Eagleton이 저술한 *Literary Theory: An Introduction* (Minneapolis: University of Minnesota Press, 1983); Jonathan Culler가 저술한 *The Pursuit of Signs: Semiotics, Literature, Deconstruction* (Ithaca, NY: Cornell University Press, 1988); William Ray가 저술한 *Literary Meaning: From Phenomenology to Deconstruction* (Oxford: Oxford University Press, 1984)을 보라.
102) 내가 믿기에, 이것은 또한 "저자의 의도"의 의미에 대한 E. D. Hirsch의 재공식화에서 지향성에 대한 후설의 세련된 사례에도 해당된다; E. D. Hirsch가 저술한 *Validity in Interpretation* (New Haven, CT: Yale University Press, 1967)을 보라. 여기서 가다머와 허쉬 사이의 논쟁은 지향성을 옹호하는 후설과 역사성을 옹호하는 하이데거 사이의 논쟁으로 재공식화 될 수 있다.

비평(New Criticism)은 자신의 자율성의 모델들이 현대 해석학에서 강조된 텍스트와 독자의 상호작용에 의해 완전히 파괴되었음을 알게 되었다. 유사한 해석학적 통찰들이 유럽의 반응 비평가들(H. R. 야우스)과 북 아메리카의 독자반응 비평가들에 의해 발전되었다.103) 이야기들 안에서 "등장인물"의 중심역할을 강조하는 전통적 인문주의식 읽기들은 모든 텍스트들 안에, 모든 읽기들 안에, 모든 독자들 안에 불가피하게 삽입된 이데올로기에 대한 윤리 정치적 해석들에 자리를 양보하게 되었다.104) 문학비평에서 유명한 "감정의 오류"(affective fallacy)의 실질적 표적이 되는 단순한 '인상주의 비평'은 언제나 하나의 위험이다. 그러나 텍스트와 독자 사이에서 일어나는 상호작용의 복잡성을 인정할 때마다, 우리는 현대 문학비평과 문학이론의 논쟁영역 안으로 들어가야 한다. 이 만큼 확실하게, 문학 비평가들은 자신들의 연구에서 "외재적"이지 않은 근거에서 다른 학문분과들의 관심사와 방법을 인정한다.

참으로, 얼마나 많은 이론들이 현재 여러 문학 비평가들의 실천 안으로 편입되고 있는지는 주목할 만한 현상이다.105) 역사가들처럼, 문학 비평가

---

103) Jauss에 대해서는, 1장의 각주 12를 참조하라. 또한 Wolfgang Iser가 저술한 *The Implied Reader* (Baltimore: Johns Hopkins Press, 1974)의 독특한 입장을 보라. 독자반응 비평가들에 대해서는, Jane P. Tompkins가 편집한 *Reader-Response Criticism : From Formalism to Poststructuralism* (Baltimore: Johns Hopkins Press, 1980)을 보라.

104) Wayne Booth의 최근 작품은 여기서 모범이 된다; 또한 문학 텍스트, 문학 방법, 문학 이론과 같은 분야들에서 Terry Eagleton과 같은 수정 마르크스주의 이데올로기 해석자가 *Literary Theory: An Introduction*, pp.194-217에서 어떤 방식으로 고대 수사학의 윤리 정치적 관심사로 돌아가야 할 필요성에 대해 호소하는지를 주목해보라.

105) Paul de Man이 저술한 *The Resistance to Theory* (Minneapolis: University of Minnesota Press, 1986); W. J. T. Mitchell이 편집한 *Against Theory: Literary Studies and the New Pragmatism* (Chicago: University of Chicago Press, 1978)에서 최근의 논의들을 보라.

들은 특정한 텍스트를 해석할 때 그들의 '기술'(skill)에 가장 많이 의존한다. T. S. 엘리엇은 지성이 가장 확실한 방법이라고 올바르게 주장했다. 우리는 위대한 문학 비평가들이 본능적으로 사용하는 '분별력의 행위들과 비판적 수용성의 태도들'의 현존을 보증해주는 방법들을 결코 완전하게 설명할 수 없으며, 이 방법들을 합법화할 수는 더욱 없다.

전성기에 있는 존슨 박사(Doctor Johnson), 생트뵈브(Sainte-Beuve), 헨리 제임스(Henry James)와 같은 위대한 문학 비평가들은 고전을 탐구하고 그것을 비판적으로 회복시키는 문명화된 대화의 가장 훌륭한 본보기들이다. 전성기에 있는 모든 문학 비평가들은 현행 텍스트와의 대화가 그들의 마음에 드는 이론들을 내버릴 것을 요구할 때 기꺼이 그렇게 한다. 왜냐하면 훌륭한 문학 비평가들은, 훌륭한 역사가들처럼, 위대한 텍스트들과 위험을 무릅쓰고 대화를 나누는 것이 언제나 중요하다는 사실을 — 때때로 명시적으로, 더욱 자주 본능적으로 — 알고 있기 때문이다. 문학 비평가들이 아마도 가능성들에 대한 탐구로서 정교한 대화술의 가장 자연스러운 실천가들일 것이란 사실은 그들이 과거에 '이론'에 저항했던 이유를 설명해줄 수도 있다. 문학 비평가들이 위대한 텍스트들의 유익한 읽기들을 계속해서 산출해내는 한, 손실은 그렇게 크지 않다. 그러나 문학 비평가들이 다음과 같은 사실을 깨닫지 못하는 한, 그들의 꺼려하는 기색은 우리의 손실이 될 것이다: 즉, 모든 텍스트 안에서 발견되는 이론과 그 이론 안에 포함되어 있는 이데올로기는, 우리가 원하든 그렇지 않든, 언제나 기능하기 마련이다.

다른 학문분과들에서 이루어지는 대화들 못지않게, 문학 비평가들의 대화 역시 때때로 '논증,' '이론,' '설명,' '방법'에 의해 중단된다. 문학비평에서도 역시 '이해'는 전체 해석 과정을 포괄해야 하지만, '논증,' '설명,' '이론,' '방법' 또한 중요한 역할을 할 수 있다. '외재적 비평'(extrinsic criticism)과 '내재적 비평'(intrinsic criticism)106) 사이를 날카롭게 구분하는 옛날식 문학비평 방법은 붕괴되었다. 전통적인 고전 인문주의의 자기이해는 독선적인 것이 될 수 있다. '위대한 전통'(the Great Tradition)의 옹호자들은 자신들이 거부했다고 생각하는 현상(現狀, status quo) 안에서 자신들의 공모 가능성에 대해 더 깊이 반성할 필요가 있다.

이론은 그것이 아무리 불완전하다고 할지라도 모든 해석들 안에 현존한다. 모든 텍스트는 적어도 부분과 전체를 연관시키는 방법의 문제를 우리에게 제시해준다. 예를 들어, 텍스트에서 발견되는 단 하나의 문장이 전체 텍스트를 풀어주는 가장 중요한 실마리가 될 수 있다. 전체 텍스트의 한 부분으로서 이 문장은 텍스트가 어떻게 유기적 전체를 구성하고 있는지를 예증해줄 수 있다. 그러나 전체 텍스트의 한 부분으로서 이 문장은 전체 텍스트를 통하여 시험되어야 한다. 반대로, 텍스트에서 외관상의 여담들 — 조이스(Joyce)의 『율리시스』(Ulysses)에 나오는 유명한 "비옷 입은 사람", 마가복음에 나오는 "벌거벗은 청년", 니체의 "잃어버린 우산", 루소의 "가장자리" — 107)은 때때로 이 텍스트가 어떻게 전체를 형성하고

---

106) (역자주) 문학비평 방법들에서 "외재적 비평"은 비평의 관점을 문학 텍스트 그 자체보다는 작가, 텍스트의 시대적 배경, 독자와 같은 문학 외적인 요인들에 초점을 맞추는 비평 방법인 반면, "내재적 비평"은 비평의 관점을 문학 외적인 요인들보다는 문학 내적인 요인인 문학 텍스트 그 자체에 초점을 맞추는 비평 방법이다.

107) 조이스와 마가복음에 대해서는, Frank Kermode가 저술한 The Genesis of Secrecy (Cambridge, MA: Harvard University Press, 1979), pp.55-63을 보라. 루소에 대해서는, Jacques Derrida가

있지 못하는지를 예증해준다. 이 주장도 역시 전체 텍스트를 통하여 시험되어야 한다. 이 주장은 심지어 모든 텍스트의 '급진적 불안정성'을 추적하는 데리다(Derrida)의 '복잡하지만 이상할 정도로 안정된 이론'과 같은 그런 설명이론까지도 필요로 할 수 있다.

어떤 특정한 단어가 텍스트를 열어주는 열쇠가 된다면, 우리는 그 단어가 문장, 단락, 장, 그리고 전체 텍스트에서 어떻게 기능하는지를 상세하게 연구할 필요가 있다. 문장보다 단어에 집중하는 것은 효과적으로 모든 텍스트를 사전으로 바꾸는 것이다. 여기에는 보르헤스(Borges)식의 사전도 포함된다. 단어에서 문장으로, 문장에서 단락으로, 단락에서 장으로, 장에서 텍스트로 움직이는 여정은 설명을 요구하며 아마도 설명이론을 요구할 수도 있다. 우리는 텍스트를 통하여 단순한 메시지를 얻는 것이 아니다. 우리는 암호화된 메시지를 얻는다. 그러나 만약 우리가 '상대적 적절성'과 같은 어떤 수단을 통하여 메시지 자체를 이해하려면, 우리는 이런 방식으로 암호화된 메시지를 해독해야 한다. 읽기 능력의 가장 기본적인 수준에서, 우리는 모두 문법과 구성을 배움으로써 텍스트의 '부분-전체'와 같은 기본 요소들을 결합시키는 방법을 배워야 한다. 문법이 어떻게 수사학과 상호 작용하는지 혹은 수사학이 어떻게 문법과 상호 작용하는지의 문제는 훨씬 더 복잡하고 당혹스러운 과제이다. 전체 텍스트가 어떻게 텍스트로 기능하는지의 문제는 '텍스트 이론' 자체의 필요성을 연상시키는 매우 복잡한 문제이다.

저술한 *On Grammatology* (Baltimore: Johns Hopkins Press, 1974), pp.141-229를 보라. 니체에 대해서는, Jacques Derrida가 저술한 *Spurs: Nietzsche's Styles* (Chicago: University of Chicago Press, 1978)를 보라.

우리는 결코 순수한 주제를 만나지 못한다. 우리는 언제나 구성된 주제를 만난다. 텍스트에서 발견되는 언어의 문법적인 암호, 텍스트 전체로 흩뿌려져있는 수사어구들의 설득적인 놀이, 암시적 화제논증이나 명시적 화제논증의 힘, 텍스트가 형성된 과거의 어떤 한 시점으로부터 축적되어 온 텍스트 읽기의 역사, 텍스트가 제시하는 질문에 대한 우리의 전이해의 역사와 이 텍스트에 대한 우리의 기대의 역사, 우리 자신의 문화에서 우리가 이용할 수 있는 대화 등에서 볼 수 있듯이, 텍스트의 주제가 구성되는 방식들은 많고 다양하다. 오로지 어떤 텍스트가 특정한 '실재'를 재형상화했을 때에만, 우리는 이 텍스트를 문학이라고 부를 수 있다. 여기서 '실재'는 우리가 형식과 내용을 명료하게 분리해낼 수 없는 어떤 것을 의미한다.

교통보도나 날씨보도는 가능한 한 순수한 내용이나 순수한 메시지가 되려고 한다. 그러나 심지어 그것들조차도 메시지로 작용하기 위해 문법적으로나 수사학적으로 암호화되어야 한다. 다른 한편, 일본의 하이쿠(haiku)에서 볼 수 있듯이, 한 편의 시(poem)는 하나의 텍스트가 되려고 한다. 이 텍스트에서 형식과 내용은 하나의 전체로 구성되어 있으므로 분리될 수 없다. 시(poetry)의 경우에, 적어도 우리는 단어에 의해 구성된 주제로부터 이미 만들어진 어떤 메시지를 추출할 수 없음을 잘 알고 있다. 설령 우리가 "번역의 이단"(heresy of paraphrase)[108]이란 말을 들어본 적이 없다고 하더라도, 우리는 한 편의 시의 의미를 산문체의 메시지로 손실 없이 고스란히 번역할 수 없음을 본능적으로 알고 있다. 우리가 어떤 위대한 작품을

---

108) (역자주) 이것은 시적인 언어란 다른 산문체의 언어로 손쉽게 번역될 수 없다는 것을 의미한다.

번역하여 해석하려고 할 때마다, 우리는 *tradutore-tradditore*와 같은 기묘한 이탈리아식 언어 놀이의 진리를 경험하게 된다.109)

우리가 이와 같은 경험들에서 발견할 수 있는 교훈은 모든 이해가 철저하게 언어적이라는 점이다. 또한 우리는 언어가 우리의 개인적인 언어 사용에서 나타나는 암호들의 문제 — 그리고 참으로 '암호들 내부에 있는 암호들'의 문제 — 임을 의식하고 있다. 이때 우리가 의식하는 것은 문서 텍스트나 구두 담화를 이해하고 해석하는데 있어 형식과 내용의 아무리 솜씨 좋은 분리도 더 이상 효력을 발휘하지 못한다는 점이다. 언어의 그물망에서 자유로워진 순수한 관념은 어디에도 없다. 어떤 순수한 메시지도 없다. 어떤 메시지가 다가오든, 어떤 주제가 이해되든, 그 메시지와 주제는 속담처럼 짧은 텍스트의 형식이나 서사시처럼 긴 텍스트의 형식을 통하여 우리에게 전달된다.

텍스트의 '의미'(sense) — 즉, 텍스트 내재적으로 암호화된 구조와 '의미'(meanings) — 와 텍스트의 '재형상화된 지시체'(refigured reference) — 즉, 텍스트와 텍스트 밖에 있는 세계와의 관계 및 텍스트가 지시하는 세계 — 가 어떤 관계를 맺고 있는지를 보여주는 최근의 논의는 우리가 이러한 문제점들을 성찰하기 위해 지금 사용할 수 있는 설명의 한 본보기이다.110)

---

109) (역자주) '*tradutore*'는 이태리어로 '번역자'를 의미하며 '*tradditore*'는 '반역자'를 의미한다. 우리는 흔히 "번역자는 반역자이다"(*tradutore-tradditore*)라는 말을 많이 듣는다. 번역자는, 그가 아무리 훌륭한 번역자라고 하더라도, 원래 텍스트의 의미를 정확하게 번역 텍스트로 옮겨놓을 수 없다. 왜냐하면 모든 번역에는 이미 번역자의 해석이 첨가될 수밖에 없기 때문이다. 예를 들어, 어떤 번역자가 *tradutore-tradditore*란 이탈리아식 표현을 영어로 옮겨 놓을 때, 그는 필연적으로 이 어구의 기표와 기의 속에서만 표현되는 정확한 언어 놀이를 왜곡시키게 된다. 왜냐하면 기표의 관점에서 '*tradutore-tradditore*'와 'translator-traitor' 사이의 차이는 어떤 상황에서도 극복될 수 없기 때문이다.

문법과 수사학의 실례들이 이미 보여주고 있듯이, 구성(작문)에 관한 특정한 이해가 모든 텍스트 안에 내재되어 있다. 문법의 규칙을 따른다는 것은 텍스트의 의미(sense)가 특정한 언어의 암호와 규칙에 의해 구조화되어 있음을 인정하는 것이다. 수사어구들을 잘 활용하기 위해 논증이 발견될 수 있는 적당한 '장소'(topoi)를 찾는 것은 모든 텍스트가 설득적이 되려고 함을 인정하는 것이다. 문법과 수사학을 사용한다는 것은 텍스트의 구성 안에 포함되어 있다는 것을 의미한다. 만약 우리가 단순히 단어들의 목록과 문법 규칙들의 목록만을 알고 있다면, 우리는 언어를 알고 있는 것이 아니다. 차라리 우리는, 비트겐슈타인이 진술했듯이, 오로지 "계속 진행하는 법"(how to go on)을 알고 있을 때만이 언어를 알고 있는 것이다. 여행자들이 낯선 땅에서 단지 생존을 위해 암기한 구절들로만 구성된 언어놀이는 순식간에 훌륭한 이오네스코(Ionesco) 광대극으로 변해버린다. 우리 모두가 알고 있듯이, 우리가 몇몇 생존 구절들만을 갖고 다른 문화를 만나게 될 때, 우리는 순식간에 계속 진행하는 법을 잊어버리게 된다. 우리는 비틀거린다! 우리는 투덜거린다! 우리는 손으로 가리킨다! 그러나 우리는 대화하지 못한다. 왜냐하면 우리는 대화할 수 없기 때문이다.

---

110) '의미'(sense)와 '지시체'(reference)의 관계에 대한 폴 리쾨르의 초기 공식화에 대해서는, 그가 저술한 *Interpretation Theory: Discourse and the Surplus of Meaning* (Fort Worth, TX: Texas Christian University Press, 1976)을 보라. "재형상화"에 대한 폴 리쾨르의 더 정교하고 발전된 개념에 대해서는, 그가 저술한 *Time and Narrative*, 3 vol. 을 보라. 텍스트 비평에 대해서는, Werner Jeanrond가 저술한 *Text und Interpretation als Kategorien Theologischen Denkens* (Tubingen: J. C. B. Mohr, 1986)를 보라. 주목할만하게도, "재형상화"(refiguration)에 대한 폴 리쾨르의 후기 재공식화 — 여기서 폴 리쾨르는 "지시대상"(referent)이란 단어를 더 선호한다 — 는 더욱 총체적이고 혼동스러운 "지시대상"이란 범주가 무엇을 의미하는지에 대한 문제를 다루고 있다. 위의 인용에 주의하면서 현재의 더욱 총체적인 목적을 위해 "지시대상"이란 범주 — 이것은 텍스트의 경우에 단어와 문장의 관계로 즉각 번역될 수 없다 — 는 충분한 것일 수 있다.

심지어 동족 언어들 사이에서도 경험되는 번역의 어려움은 문법, 의미론, 수사학의 숨겨진 힘에 대한 하나의 좋은 본보기를 제공해준다. 예를 들어, 프루스트의 위대한 소설인 『잃어버린 시간을 찾아서』 (*A la recherche du temps perdu*)의 첫 번째 줄: "Longtemps, je me suis couche de bonne heure"를 영어로 번역할 때의 어려움을 생각해보라.111) 일반적으로 받아들여진 영어번역은 "For a long time I used to go to bed early"이다. 이 위대한 소설의 어떤 독자라도 이와 같은 번역에 실망하지 않을 수 없다. 문법학자들은 '과거에 발생했지만 그 결과가 현재에도 유효한 어떤 행동을 표현하는 시제'로서 프랑스어의 '복합과거'(*passé composé*)와 정확히 맞아떨어지는 시제가 영어에는 없다는 점을 주목한다. 수사학자들은 *longtemps*란 프랑스어 단어가 더욱 공명적으로 신화적인 "오래전에"(a long time ago)란 의미뿐만 아니라 "오랫동안"(for a long time)이란 의미도 갖고 있음을 우리에게 상기시킨다. 또한 *bonne heure*란 어구는 happiness를 의미하는 *bonheur*란 단어를 우리에게 연상시킨다. 우리는 프루스트의 아름다운 첫 번째 문장이 프랑스어로 시사해주는 모든 것을 ─ 적어도 한 문장 안에서 비슷한 공명을 갖도록 하면서 ─ 영어로 번역할 수 없다. 마찬가지로, 조이스(Joyce)의 『율리시스』란 소설의 프랑스어 번역은 실제로 새로운 작품이 되지 않고는 조이스적인 영어의 문법적이고 수사학적인 기교를 완전히 파악할 수 없다. 우리는 『피네건의 경야』 (*Finnegans Wake*) 에서 완전히 절망하게 된다.

---

111) 나는 Roger Shattuck이 저술한 *Proust's Binoculars: A Study of Memory, Time, and Recognition in A la recherche du temps perdu* (London: Princeton University Press, 1964), pp.79─83에서 그의 프루스트에 대한 매력적인 연구로부터 몇 가지 개인적인 수정과 함께 이 실례를 가져왔다.

심지어 어떤 사람이 장르의 이론, 문체의 이론, 텍스트의 이론과 같이 더욱 복잡한 문제들을 고려하기 전에조차도, 구성의 난점들은 내용이 항상 어떻게 형성되는지 그리고 메시지가 항상 어떻게 암호화되는지를 보여준다. 해석은 결코 정확한 것일 수는 없지만, 최상의 상태에서 상대적으로 적절한 것일 수는 있다. 우리는 위대한 프루스트의 이 문장이 신비스러울 정도로 자기 지시적인 그의 소설의 시작 부분에 있다는 점을 알고 있을 수도 있다. 우리는 이 문장이 전형적으로 프루스트적인 문장이란 점을 알고 있을 수도 있다. 물론, 이 모든 실례들은 심지어 영어 번역에서조차도 문장을 해석하기 위한 실마리를 제공해준다. 그러나 이 실마리는, 오로지 우리가 '장르'(이것은 소설이다)와 '문체'(이것은 프루스트가 쓴 소설이다)의 문제에서 '계속 진행하는 법'과 같은 어떤 실용적 지식을 갖고 있을 때에만 도움이 된다. 우리는 이 소설의 장르에 대한 우리의 기대가 소설의 암호들을 재형상화하는 프루스트의 문학적 기교에 의해 도전받을 수도 있다는 점을 잘 알고 있다. 우리는 어떤 문화적인 기대들을 우리가 프루스트를 읽을 때 예상하게 되는 문체로 가져온다: 이 문체는 바로 미로와 같고 매혹적이며 기만적일만큼 안정된 프루스트의 문장들이다. 우리는 전통적인 프랑스 소설의 이야기체 암호들에 대한 지식, 프루스트가 모방한 암호들에 대한 지식, 소설에 나오는 재형상화된 등장인물들에게 부분적인 모델을 제공해준 역사적 인물들에 대한 지식, 심지어 프루스트 자신의 주목할 만한 인격과 삶에 대한 지식 등을 우리의 프루스트 읽기로 가져올 수 있다. 이 모든 전이해들은 그의 소설의 첫 번째 문장을 향한 우리의 반응을 위해 어떤 기대들을 확립시킨다. 이 모든 것들은 불가피하게 우리의 프루스트 읽기에 영향을 미친다.

결국 위대한 작품을 접하는 모든 독자들은 다음과 같은 사실을 깨닫게 될 것이다: 장르는 단순히 "이것은 소설이다"와 같이 우리가 어떤 텍스트의 위치를 정하는 일에 도움을 주도록 고안된 분류학적 장치가 아니다. 장르는 '의미'(meaning)를 산출해낸다.112) 텍스트의 '의미'(sense)와 텍스트의 재형상화된 '지시대상'(referent)은 장르를 통하여 산출된다. 복음서들이 신학적 에세이들이 아니라 독특한 종류의 이야기들이란 사실은 단순히 수사학적 문제가 아니다. 차라리, 복음서들의 의미와 지시대상은 성서 텍스트들 가운데 복음서라는 낯선 장르를 통하여 산출된다. '증거-텍스트 비평'(proof-text criticism)이 어떤 것도 증명해주지 못하는 이유는 분명하다. 왜냐하면 그것은 하나의 비평으로서 역사적 상황이나 문학적-언어적 암호들(즉, 문법과 수사학 혹은 구성, 장르, 문체)을 설명할 수 없기 때문이다. 장르비평(Genre criticism)은 일반적인 역사 비평적 방식으로 텍스트를 자리매김하는데 유익하다. 그러나 장르에 대한 지식은 우리가 훨씬 더 기본적인 의미에서 텍스트의 '의미'(meaning), 즉 텍스트의 '의미'(sense)와 텍스트의 '지시대상'(referent)이 어떻게 장르 자체를 통하여 재형상화된 '의미'(meaning)로 산출되는지를 이해하는데 도움을 준다.

제인 오스틴(Jane Austen)이나 페데리코 펠리니(Federico Fellini)나 밥 딜런(Bob Dylan)에 대해 이야기할 때, 우리는 여기서 언급되는 이름들의 역사적 인물들을 단지 이차적으로만 지시할 수 있을 뿐이다. 차라리, 우리는 어떤

---

112) 장르에 대한 조명적인 분석을 위해서는, *Genre and Public Discourse*란 제목의 막 출간되어 나올 Mary Gerhart의 작품을 보라.

문체를 지시한다. 즉, 우리는 독특한 X라는 문체 안에서 산출된 세계를 구상하는 어떤 개별화된 방식을 지시한다. 비록 전기비평(biographical criticism)이 저자의 문체 안에 내재된 비밀들에 어떤 실마리를 제공해줌으로써 그 자체로 가치 있는 것일 수 있지만, 문체비평(style criticism)은 전기비평 안에 포함된 하나의 연습장치가 될 수 없다. 차라리, 문체비평은 개별적인 '의미'(meanings)가 '문체의 재형상화'와 같은 독특한 전략을 통하여 어떻게 산출되는지에 대한 방법, 이론, 설명이다.113)

구성, 장르, 문체에 대한 이와 같은 모든 설명 이론들과 설명 방법들은 결국, '생산적 상상력 이론'과 짝을 이루는 '텍스트 자체의 이론'과 같이, 어떤 더 넓은 이론의 도움을 필요로 할 수도 있다.114) 현대의 어떤 상상력 이론도 과거의 과학적 해석들에 기초할 수 없다. 왜냐하면 과거의 과학은 상상력을 현재 부재하지만 즉시 이용할 수 있는 지각의 대용물로 해석했기 때문이다.115) 적절한 상상력 이론은 또한 상상적인 것을 단순히 공상적인

---

113) Alex Preminger가 편집한 *Princeton Encyclopedia of Poetry and Poetics* (Princeton, NJ: Princeton University Press, 1965), pp.136-141에서 "Style"을 보라.

114) 예를 들어, 생산적 상상력(단순히 재생산적 상상력과 구분하여)에 대한 폴 리쾨르의 연구를 보라. "텍스트"에 대한 논의들을 위한 참고문헌과 분석을 위해서는, 각주 110에서 인용된 Werner Jeanrond의 작품을 보라.

115) (역자주) 이 진술의 기원은 칸트의 상상력 이론으로 거슬러 올라간다. 칸트는 인간의 경험이 가능할 수 있도록 하기 위해 실재를 받아들이는 '직관'(감각 혹은 지각)과 그 직관의 내용(표상)을 하나로 질서지우는 '개념'(오성의 범주)을 상정했다. 칸트에게 있어, 인간의 모든 경험은 실재를 수동적으로 받아들이는 '직관'과 그 받아들여진 감각의 표상을 능동적으로 질서지우는 '개념'의 상호작용에 의해 이루어진다. 그러나 인간의 경험 안에는 감각의 외적 형식인 공간을 통하지 않고 오성 범주의 능력과 감각의 내적 형식인 시간과의 관계를 통해서만 구성된 개념들이 있다. 예를 들면, 용, 삼각형 같은 것들이다. 이러한 개념들은 인간의 선험적인 형식들을 통하여 상상력에 의해 구성된다. 이것이 바로 그 유명한 칸트의 '도식론'이다. 그러나 칸트의 상상력 이론은 과학으로 수용되면서 더욱 협소해진 스콜라주의가 된다. 과학은 칸트의 상상력 이론을 왜곡하여 상상력을 단순한 지각(감각)의 대용물로 간단히 처리해 버린다. 여기서 데이비드 트레이시는 이러한 과학의 왜곡에 반대하고 있다.

것으로 간단히 처리해버리는 경솔함에서 벗어날 필요가 있다. 수사학적
는 과학적이고 문자적인 담론의 일회적 장식물로 이용되어서는 안 된다.
생산적 상상력 이론과 연계되어 있는 최상의 텍스트 이론은 아직 충분히
설명적인 형식으로 존재하지 않는다.[116) 그러나 최상의 상상력 이론이
개발되든 그렇지 않든, 다음 한 가지 사실은 분명하다. 독자들은 어떤
암시적인 생산적 상상력 이론과 더불어 모든 현존하는 구성 이론, 장르
이론, 텍스트 이론을 사용할 수 있다.

  '설명'과 '이해'는 서로 적이 될 필요가 없다. 그러나 설명과 이해는
서로 '경계하는 동맹자'가 될 수도 있다. 만약 '이론'이 모든 해석에 기계적
으로 적용되는 새로운 최종 진리로 구체화된다면, '진심어린 합의'(entente
cordiale)는 종결될 것이다. 방법이 방법주의로 굳어지고 설명이 이해하려는
노력의 대용물이 될 때, 심지어 협상조차도 멈추게 될 것이다. 그것은
다시 만인의 만인에 대한 투쟁으로 변할 것이다. 모든 논증이 개별적인
대화를 돕는 일에 봉사하는 그 만큼 확실하게 모든 문학 이론은 개별적인
문학 작품을 이해하려는 욕구에 봉사한다. 소유할 가치가 있는 모든 이론
은 궁극적으로 반성적인 삶의 실천에 봉사해야 한다.

  방법, 이론, 설명은 모든 텍스트와의 모든 대화에 도움을 줄 수 있지만,
그것들 가운데 어떤 것도 대화 자체를 대신할 수 없다. 우리가 방법,
설명, 이론의 본질을 의식하게 될 때, 우리는 그것들을 잘 사용할 수 있다.
설명과 이해, 방법과 진리, 이론과 상식, 개념과 상징은 모두 우리 시대의

---

116) 주목할만하게도, 대부분의 상상력 이론들은 언어 모델들(예를 들어, 사르트르)보다는 차라리
　　지각 모델들에 기초하고 있으며, 또한 순수하게 낭만주의적이고 표현주의적인 모델들(예를 들어,
　　콜리지)이나 신칸트주의 모델들(예를 들어, 고든 카우프만)에 기초하고 있다.

대화를 구성해주는 복잡한 담론에서 동반자들이다. 당신이 반드시 그렇게 해야 한다면, 그것들을 서로서로 대립시켜보라. 그러나 단한 사람이라도 어떤 텍스트와 진정한 대화를 시작하게 되면, 그것들— 설명과 이해, 방법과 진리, 이론과 상식, 개념과 상징 — 은 서로서로를 다시 발견하게 될 것이다.

CHAPTER 3

급진적 다원성: 언어의 문제

Radical Plurality: The Question of Language

'언어,' '인식,' '실재' 사이에 존재하는 난해한 관계들을 설명하려고 하는 많은 이론들이 있다. 당분간, 이와 같은 현상을 단순히 "언어학적 전환"(linguistic turn)이라고 부르자.[117] 이 언어학적 전환은 언어, 인식, 실재 안에 존재하는 '급진적 다원성'에 대한 획기적인 탐구가 되었다.

어떤 의미에서, 나보코프(Nabokov)는 언어에 대한 한 가닥의 중요한 탈근대적 반성을 훌륭하게 포착해냈다: " '실재'는 언제나 인용부호 안에서만 나타나는 단어이다." 실증주의와 낭만주의의 붕괴는 이 인용부호를 만들어냈다. 실증주의의 꿈은 인용부호 없이 실재를 발견하는 것이었다. 즉 순수한 자료들과 사실들, "저쪽 너머에" 있는 적색 지대, "이쪽 안에" 있는 통렬한 고통 등의 영역들을 발견하는 것이었다.[118] "과학"이라고

---

117) Richard Rorty가 편집한 *The Linguistic Turn* (Chicago: University of Chicago Press, 1967)을 보라.

118) (역자주) 여기서 "저쪽 너머에"와 "이쪽 안에"와 같은 표현들은 데카르트와 칸트의 인식론 및 18-19세기 과학의 인식론(실증주의)과 연관되어 있다. "저쪽 너머에"는 인간 인식 밖에 있는 실재를 의미하며 "이쪽 안에"는 인간의 인식작용을 의미한다. 데카르트로부터 칸트를 거쳐 후설에 이르는 근대의 인식론과 실증주의는 인간의 인식이 그것의 밖에 있는 실재를 언어의 중재

명명된 이 영역은 우리에게 실재를 주었다. 예술, 도덕, 종교, 형이상학, 상식과 같은 다른 영역들은 단순히 우리에게 해석을 주었다. 그러나 해석은 실재가 아니다.

그러나 '저쪽 너머에' 있는 모든 실재적 장소는 명명될 필요가 있었고 '이쪽 안에서' 발생하는 모든 통렬한 고통은 그 장소를 이해하기 위해 언어를 필요로 했다. 과학의 영역에서 실증주의적 이상(ideal)의 붕괴는 대개 두 가지 운동들의 역사를 의미한다. 첫 번째는 과학 자체에서 실증주의적 '기술'(descriptions)이 점점 더 부적절해지고 있다는 현상과 연관되어 있었다. 앞에서 살펴보았듯이, 탈근대적인 과학이 등장함에 따라, 과학도 역시 해석학적 기획임이 분명해졌다. 과학이 얼마나 해석학적인지를 생각해보라: 모든 이론형성과 실험행위에 있어 과학자가 차지하는 역할; 심지어 수학 및 논리학과 같이 고도로 형식화된 언어들에까지도 적용되는 언어적 공식의 필요성; "사실"이란 하나의 해석되지 않은 "이미 저쪽 너머에 있으면서 지금 존재하는 실재"(already-out-there-now-real)가 아니라, 하나의 입증된 가능성이란 사실; 모든 자료가 '이론 지어진' 것이며 모든 탐구가 '사심에 쏠린' 것임을 인정하는 행위. 이와 같은 진술들의 결과는 분명하다: 해석에 대항하는 마지막 지성의 요새로서 실증주의는 더 이상 지탱될 수 없다. 전체 문화의 한 세력으로서 여전히 부인할 수 없는 실증주의의 영향력에도 불구하고, 과학에 대한 하나의 지성적 해석으로서 실증주의는 지성적으로 파산했다. 스티븐 툴민(Stephen Toulmin)이 주장하듯이, 실증주

없이 순수하게 파악할 수 있다고 기만적으로 주장했다. 이 텍스트에서 데이비드 트레이시는 이러한 근대의 기만적인 주장에 저항한다.

의는 뉴턴(Newton)도 아인슈타인(Einstein)도 플랑크(Flank)도 하이젠베르크 (Heisenberg)도 결코 부인하지 않았던 사실, 즉 심지어 과학 자체조차도 해석이란 사실을 부인하려고 했다.119) 비트겐슈타인(Wittgenstein)이 뉴턴 역학에 대해 다음과 같이 신랄하게 비판했던 것에 대해 뉴턴이 깜짝 놀랐을 바로 그 지점에서, 실증주의자들은 충격을 받았다: "이와 같이 뉴턴 역학은 실로 세계가 세계 자체로 하여금 기술되도록 허용하는 것 이외에 세계에 대하여 어떤 것도 말하지 않는다."120)

과학을 하나의 해석학적 기획으로 이해하는 문제와 연관하여, 우리가 제시할 수 있는 대안은 과학을 해석의 복잡성으로부터 자유롭게 된 하나의 기획으로 이해하는 것이다. 그러나 이제 과학자들과 과학철학자들은 모두 이러한 실증주의적 주장이 과학에 대한 또 하나의 해석이자 과학적 탐구의 현실적 실천과 현실적 역사에 의해 반박된 주장이란 사실을 인정한다. 우리는 과학으로 세계를 해석한다. 우리는 단순히 저쪽 너머에서 세계를 발견하는 것이 아니다. '실재'는 우리가 가장 훌륭한 해석이라고 부르는 바로 그것이다. '진리'는 우리가 가장 훌륭한 해석을 통하여 알게 되는 실재이다. 실재는 창조되거나 단순히 발견되는 것이 아니라, 상대적 적절성과 참된 진리를 획득한 해석을 통하여 구성되는 것이다. 과학에서 언어는 자료와 사실 혹은 진리와 실재에 대한 우리의 이해에 불가피하게 영향을 미친다.121) 실재는 저쪽 너머에도 없고 이쪽 안에도 없다. 실재는 텍스

---

119) 이것은 지금까지 출간되지 않은 "설명과 이해"에 대한 (데이비드 트레이시가 참석한) 1983년 시카고 대학교 세미나에서 어떤 비엔나학파에 대한 강연에 실린 내용이다.

120) Allen Thiher가 저술한 *Words in Reflection: Modern Language Theory and Postmodern Fiction* (Chicago: University of Chicago Press, 1984), p.13에서 비트겐슈타인에 대한 언급을 주목해보라.

트— 그것이 책이든 세계이든— 와 질문하는 해석자 사이의 상호작용에 의해 구성된다. '질문하기'로 불려지는 상호작용은 적절한 증거를 통하여 '보증된 주장'(warranted assertion)을 산출해낼 수 있다. 과학적 탐구에서 상호 작용은 보증된 주장 안에서 언어와 이해의 더욱 근본적인 상호작용에 대한 반성을 이끌어낸다.

우리는 먼저 어떤 실재를 경험하거나 이해하고 난 후에 그 이해를 명명하기 위한 단어들을 찾는 것이 아니다. 우리는 과학의 역사적 언어를 포함하여 우리가 이용할 수 있는 언어 안에서 그리고 그러한 언어를 통하여 이해에 이르게 된다. 대조적으로, 근대의 지성적 삶에서 철저히 갈등을 일으키는 양쪽의 반대 세력들인 실증주의와 낭만주의는 한 가지 근본적인 믿음을 공유하고 있었다. 그것은 모든 이해와 인식 안에 나타나는 '언어의 이차적이고 파생적인 특성'에 대한 믿음이었다. 실증주의와 낭만주의 양자 모두에 있어서 언어는 우리가 사용하는 도구이다. 실증주의와 낭만주의는 언어가 발견과 인식의 사실 뒤에 온다고 믿었다. 실증주의자는 과학적 결과물을 '해석'으로보다는 차라리 '사실'로 분절하고 전달하기 위해 언어를 사용한다. 낭만주의자는 자아 안에 있는 어떤 깊고 비언어적인 진리를 표현하거나 재현하기 위해 언어를 사용한다.[122] 그리고 우주는 특히 낭만주의적 천재

---

121) 분석 전통에서, 특히 W. V. O. Quine이 저술한 *From A Logical Point of View* (Cambridge, MA: Harvard University Press, 1953); Nelson Goodman이 저술한 *Problems and Projects* (New York: Hackett, 1972); Hilary Putnam이 저술한 *Mind, Language and Reality* (Cambridge: Cambridge University Press, 1975)를 보라.

122) 설령 이 입장을 위해 조지 린드벡이 선택한 후보자들 가운데 어떤 사람(예를 들어, 폴 리쾨르)은 부적절한 선택에 속한다고 하더라도, 낭만주의와 "표현주의"의 언어적 관점에 대한 그의 날카로운 분석을 보라; George Lindbeck이 저술한 *The Nature of Doctrine: Religion and Theology in a Postliberal Age* (Philadelphia: Westminster, 1984), p.136을 보라.

성을 소유한 바로 이 자아를 통하여 스스로를 표현한다. 바이런 경(Lord Byron)이 말했듯이, "지진을 피하기 위해 화산은 폭발해야 한다."

실증주의적 읽기와 낭만주의적 읽기 양자 모두에 있어서, 언어는 도구적이다. 언어는 '실재적 사물'에 비해 이차적이고 심지어 주변적인 것이다. 실재적 사물— 내면으로부터 나온 자아의 깊은 느낌이나 통찰이든 혹은 명석 판명한 과학적 사실에 대한 자아의 분명한 파악이든— 은 순수하게 전(前)언어적이다. 이러한 방식으로 우리가 언어를 도구로 해석하게 되면, 우리는 '언어,' '인식,' '실재' 사이의 더욱 미묘한 관계를 놓치게 될 뿐만 아니라 언어를 통하여 도달하게 되는 모든 이해의 사회적이고 역사적인 특성도 놓쳐버리게 된다. 만약 우리가 더 깊은 내면의 자아를 표현해주는 단순한 도구로서 언어를 자유롭게 사용하는 것을 이해라고 생각한다면, 우리는 낭만주의 모델의 개인주의로부터 멀리 떨어져있는 것이 아니다. 만약 우리가 과학을 하나의 비(非)해석학적 기획으로 생각한다면, 우리는 공적 영역에서 엄청난 파멸을 유발시킨 과학주의, 과학기술주의, 소유지향적 개인주의 사이의 불경스러운 동맹으로부터 멀리 떨어져있는 것이 아니다.

우리는 언어 안에서 그리고 언어를 통하여 이해에 이르게 된다. 우리는 먼저 우리 자신의 사적 언어를 발명한 후에 우리의 의사소통을 타인들에게 번역하기 위한 방법을 찾지 않는다. 우리는 특정하고 공적인 언어 안에서 그리고 그 언어를 통하여 이해에 이르게 된다. 어떤 역사적 언어도 엄격하게 필수적이지 않지만 또한 사적이지도 않다. 나는 최상의 생각을 하기도 하고 최악의 생각을 하기도 한다. 나는 가장 강렬한 기쁨을 이해하기도

하고 가장 통렬한 고통을 이해하기도 한다. 나는 가장 배려하는 마음으로 판단하기도 하고 가장 경솔한 마음으로 판단하기도 한다. 나는 내가 이용할 수 있는 언어 안에서 그리고 그 언어를 통하여 가장 책임적인 결정에 이르기도 하고 가장 무책임한 결정에 이르기도 한다. 이 언어들은 사회적이고 역사적인 특성을 갖고 있다: 기쁨과 고통을 표현하는 특수한 언어들, 올바른 판단과 논쟁을 위해 사용되는 특수한 언어들, 수치와 영예를 표현하는 특수한 언어들, 책임감과 죄책감을 표현하는 특수한 언어들.123) 나는 언어를 통하여 나의 경험을 이해함으로써 그 경험을 해석한다. 예술가들 ─ 언어로 예술을 표현하는 카프카(Kafka), 청동으로 예술을 표현하는 로댕(Rodin), 무용으로 예술을 표현하는 덩컨(Duncan)처럼 ─ 은 새로운 경험을 연출할 수도 있고 우리가 느꼈지만 예전에는 정의할 수 없었던 그런 경험을 명명하는 방법을 가르쳐줄 수도 있다. 그러나 언어를 단순히 나의 창조적 재능의 수단으로 해석하려고 하는 것은 나 스스로를 곤경에 빠트리는 꼴이 된다. 언어는 내가 마음대로 들었다 놓았다 할 수 있는 도구가 아니다. 언어는 내가 경험하고 이해하고 판단하고 결정하고 행동하는 모든 것을 둘러싸고 침입하면서 항상 이미 거기에 있다.124) 나는 언어가 나에게 귀속되어 있는 것보다 훨씬 더 많이 언어에 귀속되어 있다. 그리고 이러한

---

123) 이 언어들의 이야기체의 특성에 대해서는, Alasdair MacIntyre가 저술한 *After Virtue: A Study in Moral Theory* (Notre Dame, IN: University of Notre Dame press, 1981), pp.115-130, 169-174에서 호메로스의 문화에 대한 그의 조명적인 해석들을 보라. 두 번째 실례를 위해서는, E. R. Dodds가 저술한 *The Greeks and the Irrational* (Berkeley and Los Angeles: University of California Press, 1951)에서 그에 의해 사용된 "수치감-죄책감" 패러다임을 보라.

124) 하이데거의 초기 작품인 *Being and Time* (London: SCM, 1962), pp.91-145에서 "도구"에 대한 그의 분석을 상기해보라. 이 분석은 후기 작품들에서 하이데거가 자신의 철학적 관심을 언어로 바꾼 후에도 여전히 조명적인 역할을 한다.

언어를 통하여 나는 특정한 역사와 사회에 참여하게 된다.

낭만주의적 과장(hyperbole)으로든 실증주의적 명령(fiat)으로든 이 실재를 회피하려고 하는 것은 언어로부터 자유롭게 되는 것이 아니라, 지성적으로는 소멸했지만 문화적으로는 여전히 강력한 영향력을 가진 두 가지 언어들, 즉 낭만주의적 표현주의와 실증주의적 과학주의에 빠지는 것이다. 언어학적 전환은 대화와 논증에 대한 많은 전통적인 해석들을 중단시킨다. 무엇보다도, 우리 시대에 이러한 언어학적 전환은 인식과 실재에 대한 널리 퍼져있는 해석들을 중단시킨다.

더욱이, 언어에 대한 도구주의적 해석들에 도전하는 것은 사회와 역사를 실재와 진리의 모든 관념들 안으로 재도입하는 것일 뿐만 아니라, 자율적 절대자아를 지배와 확실성에 대한 잘못된 망상으로부터 해방시키는 것이기도 하다. 이러한 의미에서 근대 사고의 언어학적 전환은 역사적이고 사회적인 결과물을 자체 안에 담고 있다. 이제 '순수하게 자율적인 절대자아'와 같은 오늘날 크게 유행하고 있는 관념은 사라져야 한다. 이 절대자아가 계몽주의 이성의 학습된 미소를 짓고 있든 혹은 낭만주의자의 화산 같은 정열을 갖고 있든 혹은 실증주의자의 무미건조한 자기만족을 열망하고 있든 혹은 근대 심리학의 성숙한 자기만족의 태도를 취하고 있든, 그것은 문제가 되지 않는다.

우리가 그것을 알든 모르든, 우리는 이제 모두 역사와 사회의 중심부로부터 해체된 절대자아들이다.[125] 우리는 모두 우리 자신, 우리 언어, 우리

---

125) 여기서 가장 급진적인 제안은 여전히 자크 라캉의 것이다; 특히 Jacques Lacan이 저술한 *The Four Fundamental Concepts of Psychoanalysis* (New York: Norton, 1969)와 *Ecrits: A Selection* (New York: Norton, 1977)을 보라. 이 범주에 대해서는, 또한 Paul Ricoeur가 저술한 *Freud*

역사, 우리 사회, 우리 문화 등에 대한 새로운 해석들을 얻으려고 투쟁하는 언어적, 역사적, 사회적 존재들이다. 언어학적 전환은 오로지 하나의 지성적 운동으로 그치지 않았다. 언어 게임들의 다원성과 삶의 형식들의 다원성에 대한 비트겐슈타인의 개관은 많은 영미철학을 실증주의적 유혹들로부터 해방시켰다. "존재의 집으로서의 언어"에 대한 하이데거의 더욱 격언적인 진술들은 대륙철학을 관념론적이고 낭만주의적인 자기 해석들로부터 자유롭게 해주었다. 그들의 다른 주요 차이점들에도 불구하고, 비트겐슈타인과 하이데거는 근대의 절대자아를 해체시켰으며 지금도 남용되고 있는 '인간은 만물의 척도'라고 하는 인문주의적 신앙에 도전했다.[126]

철학에서 언어학적 전환으로 들어가는 것은 원칙적으로 역사와 사회로 다시 들어가는 것이다. 그러나 이러한 '다시 들어감'은 역사의 가혹한 실재들로부터 벗어나려는 여러 가지 전략들에 의해 방해를 받았다. 이것은 심지어 비트겐슈타인과 하이데거 자신들의 경우에도 해당된다. 매우 당혹스럽게도, 비트겐슈타인은 그가 분석한 언어 게임들과 삶의 형식들의 역사적 발전에는 관심을 갖지 않았다. 하이데거는 공적 영역을 단순한 "호기심, 애매성, 잡담"과 같은 개념들로 간단히 처리해 버렸다. 그렇다면 우리는 하이데거가 한나 아렌트(Hannah Arendt)의 공적 영역에 대한 연구의 진가를

---

and Philosophy: An Essay on Interpretation (New Haven, CT: Yale University Press, 1970)을 보라.

126) 고대에 플라톤은 이미 프로타고라스의 이 유명한 언명에 도전했던 적이 있다. 특히, 플라톤은 후기 대화편에서 프로타고라스의 이 언명에 도전하여 "신은 만물의 척도이다"라고 말했다. 모든 학문분과들에서 크게 유행하고 있는 "인간중심주의"에 대한 그리스도교 신학의 도전에 대해서는, James M. Gustafson이 저술한 Ethics in a Theocentric Perspective, 2 vols. (Chicago: University of Chicago Press, 1983)를 보라.

평가할 수 있다고 어떻게 기대할 수 있겠는가?[127] 하이데거는 자기 자신이 "역사"로부터 전나무 숲에 있는 "존재의 은둔지"로 철회했던 의미를 정말로 이해했다고 말할 수 있는가? 불운하게도, 모든 이해의 언어적 특성에 대한 인정은 현재의 역사, 과거의 역사, 미래의 역사에 직면하여 수동성의 원인 이 될 수 있다. 우리는 하이데거의 "사이의 시간" 속에서 잘 살아갈 수도 있다. 우리는 하이데거가 우리에게 가르쳤던 것 — 즉, 귀를 기울이는 것 과 기다리는 것 — 을 정말 다시 배울 필요가 있다.[128] 그러나 우리는 존재를 만나기 위해 오로지 존재의 소리에 귀를 기울이고 기다리는 것만을 하면서 살아갈 수 있는가?[129]

---

127) Hannah Arendt의 위대한 작품인 *The Human Condition* (Chicago: University of Chicago Press, 1958), pp.50−58을 보라. 또한 Hannah Arendt의 작품들에 대한 이차자료를 위해서는, Terence Ball이 편집한 *Political Theory and Praxis: New Perspectives* (Minneapolis: University of Minnesota Press, 1977); Melvyn A. Hill이 편집한 *Hannah Arendt: The Recovery of the Public World* (New York, 1979)를 보라.

128) George Steiner가 저술한 *Martin Heidegger* (New York: Viking, 1979), pp.127−158에서 하이 데거에 대한 그의 관대한 평가와 비판적 평가를 보라. 또한 Karsten Harries가 저술하고 Michael Murray가 편집한 *Heidegger and Modern Philosophy* (New Haven, CT: Yale University Press, 1978), pp.304−329에서 "Heidegger as a Political Thinker"를 보라.

129) (역자주) 하이데거는 『존재와 시간』에서 현존재의 실존론적 기본구성틀을 한마디로 "염 려"(Sorge)로 규정하고 있다. 염려의 세 가지 구성요소들은 모두 동근원적인 특성을 갖는 "처해있 음"(Befindlichkeit), "이해"(Verstehen), "말"(Rede)이다. 여기서 "말"은 곧 언어(Sprache)인데, 언 어의 본래적으로 가능한 양태들은 다시 "들음"(Hören)과 "침묵"(Schweigen)으로 나누어진다. 이와 같은 전기 하이데거의 통찰은 후기 하이데거에서도 계속된다. 전기 하이데거에서 현존재 (Dasein)는 "존재"(Sein)를 찾아나서는 "능동적 행동"을 취하는 반면, 후기 하이데거에서 현존재는 주로 침묵하고 기다리면서 존재의 소리에 귀를 기울이는 "수동적 행동"을 취한다. 이와 같이, 후기 하이데거에서 나타나는 선불교 수도승과 같은 수동적 행동은 전기 하이데거의 언어적 통찰 에서 이미 나타나고 있다. 그러나 현존재는 존재의 소리를 어디에서 들을 수 있는가? 그것은 바로 존재가 열어 밝혀지는 "가능성의 세계"에서이다. 여기서 "가능성의 세계"는 타자들과 함께 공동으로 사회와 역사를 구성하는 공동현존재(Mitdasein)의 세계가 아니라, 현존재가 존재를 만날 수 있는 "본래적 세계"이다. 여기서 중요한 문제는 하이데거가 이 "공동현존재의 세계"를 "잡담, 애매성, 호기심"에 빠져있는 현존재의 "비본래적 세계"로 규정하고 있다는 점이다. 따라서 현존재는 존재가 탈은폐되는 본래적 세계로 기획투사하기 위해 필연적으로 타자들과의 공동의 세계, 즉 빠져있음(Verfallen)의 비본래적 세계를 떠나야 한다. 그러나 우리는 선불교 수도승처럼

언어들과 삶의 형식들의 뿌리 깊은 다원성에 대한 분석은 비트겐슈타인의 고유한 공헌이었다. 존재는 항상 모든 현시 안에서 스스로를 드러내고 감추기 때문에, 모든 탈은폐는 동시에 탈은폐이면서 은폐이다. 이것은 후기 하이데거의 고유한 학문적 업적이었다. 비트겐슈타인과 하이데거의 영향사는, 그리고 점점 더 공동으로 묶여진 두 사람의 영향사는 해석을 능동적인 것과 수동적인 것으로 보는 현대적 이해에 영향을 미쳤다. 언어의 능동적 이해에 대한 다원적 가능성들은 촉진되었다. 모든 이해의 사회적 본성에 대한 비트겐슈타인의 분석은 여러 가지 언어 게임들 가운데서뿐만 아니라 삶의 다양한 형식들 가운데서도 "가족 유사성"(family resemblances)을 보여주었다. 그의 분석은 언어 게임들 가운데서 심지어 가장 중요한 게임 — 즉, 모든 문화가 그 문화의 가장 기본적인 믿음들과 실천들을 위해 사용하는 "확실성"의 게임 — 까지도 조명해주었다.[130] 하이데거의 경우에 있어, 모든 이해의 역사성은 항상 그의 사상의 중심 내용이었다.[131]

두 사상가들은 다음과 같은 내용들을 집중적으로 다루었다: 우리가 언어를 다원적으로 사용한다는 사실; 언어가 우리에게 영향을 미친다는

___

타자들이 없는 이러한 본래적 세계에서만 살아갈 수 있는가? 우리는 존재를 만나기 위해 오로지 존재의 소리에 귀를 기울이고 기다리는 것만을 하면서 살아갈 수 있는가? 여기서 데이비드 트레이시는 이 질문을 던지면서 하이데거 사유의 문제점을 간접적으로 지적하고 있다.

130) Ludwig Wittgenstein이 저술한 *On Certainty* (New York: Harper Torchbooks, 1969), pp.9-22를 보라.

131) 이것은 하이데거의 전기 성찰인 『존재와 시간』에 해당될 뿐만 아니라 암시적으로 "언어와 존재"에 대한 하이데거의 후기 성찰에도 해당된다; 예를 들어, 하이데거가 저술한 *The Question Concerning Technology and Other Essays* (New York: Garland, 1977), pp.3-36에서 분석의 역사성에 대한 하이데거의 강조를 주목해보라.

사실(우리가 언어를 사용하는 것이 아니라 언어가 우리를 사용한다는 사실); 언어의 불가피한 실재성 등. 그들은 확실히 매우 상이한 방식으로 언어의 다원성을 강조했다. 비트겐슈타인은 언어 게임들의 급진적 다원성을 묘사함으로써 언어의 다원성을 강조한데 반해, 하이데거는 전통 형이상학의 존재신론적 언어와 같이 비본래적이고 심지어 일상으로까지 떨어진 언어가 아니라 시(poetry)와 같은 본래적 언어를 규범적으로 강조함으로써 언어의 다원성을 강조했다. 참으로, 하이데거의 이러한 비본래적 언어들은 명상적 사고와 대립되는 계산적 사고의 언어들뿐만 아니라 심지어 공공성의 영역으로 떨어진 언어들까지도 포함하고 있다.132) 하이데거의 다원성 개념은 비트겐슈타인의 다원성 개념보다 더욱 제한적인 것처럼 보일 수 있다. 그러나 어떤 의미에서 하이데거의 다원성 개념은 비트겐슈타인의 다원성 개념보다 훨씬 더 근본적이고 급진적이다. 하이데거의 스승인 헤라클레이토스(Heraclitus)의 경우와 같이, 하이데거의 경우에도 다원성과 차이성은 모든 본래적 언어들 안에 항상 현존한다. 근본적인 차이성은 제거될 수 없다. 참으로, 차이성 자체는 우리가 어떤 방식으로도 명명할 수 없는 그런 것이다. 차이성 자체는 언제나 '그 자체'와 차이가 나는 것이기 때문에, 이 차이성을 진술하려고 시도하는 모든 현존의 언어와 구별될 수밖에 없다. 모든 것은 차이성을 통하여 분절된다. 우리는 결코 어떤 진술로도 이 차이성을 순수한 현존과 순수한 동일성에 대한 진술로 환원시킬 수 없다.133)

---

132) "공공성"에 대해서는, *Being and Time*, pp.210−215를 보라; "계산적 사고와 명상적 사고"에 대해서는, D. Krell이 편집한 *Basic Writings* (New York: Harper & Row, 1977), pp.319−393과 *Poetry, Language, Thought* (New York: Harper & Row, 1971)에 수록된 에세이들을 보라.

하이데거와 비트겐슈타인은 모든 다양한 담론 양식들 가운데서 우리가 선택할 가치가 있는 담론의 한 양식으로서 '침묵'의 언어에 규범적인 지위를 부여했다.[134] 침묵의 언어에 대한 이러한 신뢰는 신비적 실재들에 대한 그들의 깊은 존경심을 설명해줄 수도 있다. 그리고 이러한 신뢰는 역설적이게도, 역사성에 대한 하이데거의 분석과 삶의 형식들에 대한 비트겐슈타인의 분석에 의해 시사되었듯이, 역사적 실재들에 대한 그들의 당혹스러운 무관심을 설명해줄 수도 있다.

비트겐슈타인과 하이데거는 언어, 인식, 실재에 대한 분석에서 여전히 근대의 위대한 대가들로 남아있다. 그들의 근본적인 차이에도 불구하고, 그들은 이상할 정도로 상호 보완적인 사상가들이다. 그러나 언어를 체계적으로 이해하기 위한 새로운 방법에 토대를 세우고 이러한 연구를 위해 언어학의 새로운 규율을 확립시킨 세 번째 대가가 있는데, 그가 바로 페르디낭 드 소쉬르(Ferdinand de Saussure)이다.[135] 소쉬르는 무엇보다도

133) 설령 하이데거의 "차이성"의 분석에 자크 데리다가 부여한 조건들을 고려한다고 하더라도, 하이데거가 여전히 자크 데리다의 스승이란 점은 바로 이 부분에서 명확해진다. 특히, 하이데거가 저술한 *Identity and Difference* (New York: Harper & Row, 1969)를 보라. 또한 자크 데리다가 저술한 *Margins of Philosophy* (Chicago: University of Chicago Press, 1982), pp.1–69; *Spurs: Nietzsche's Style* (Chicago: University of Chicago Press, 1978), pp.114–122; *On Grammatology* (Baltimore: Johns Hopkins Press, 1974), pp.16–26을 보라. 여기서 하이데거, 비트겐슈타인, 소쉬르에 대한 조명적인 분석을 주목해보라. 그리고 이미 앞에서 인용되었듯이, Allen Thiher가 저술한 *Words in Reflection: Modern Language Theory and Postmodern Fiction*에서 "탈근대성"에 대한 문제를 주목해보라. 나는 감사하는 마음으로 Allen Thiher의 이러한 분석이 "탈근대"에 대한 나의 공식화에 어느 정도 영향을 주었음을 인정한다.

134) Allen Thiher가 저술한 *Words in Reflection: Modern Language Theory and Postmodern Fiction* (Chicago, 1984)을 보라.

135) "해석"에 대해서뿐만 아니라 "적절한 텍스트"에 대해서도 역설적 난점들을 발생시켰던 고전 작품은 여전히 Ferdinand de Saussure가 저술하고 Wade Baskin이 번역한 *Course in General Linguistics* (New York: McGraw-Hill, 1966)이다. 해석에 대해서는, Allen Thiher가 저술한 *Words in Reflection*, pp.63–91; Terry Eagleton이 저술한 *Literary Theory*, pp.96–110;

"체계로서의 언어"(language as a system)에 관심을 가졌다. 그는 언어 연구를 위해 과학적이지만 과학주의적이지는 않은 방법을 정교하게 고안해냈다. 지금까지 고려되었던 범주들과 연관하여, 소쉬르와 그의 후계자들은 언어 해석 안으로 또 다른 결정적 중단을 끌어들였다. 왜냐하면 언어학은 먼저 소쉬르 언어 철학에서 그리고 다음으로 근대 구조주의와 근대 기호론에서 '언어 사용'에 대한 모든 분석을 '체계로서의 언어'에 대한 이론과 대면시켜 주기 때문이다.136)

소쉬르 사고의 발전에서 주목할만한 점은 소쉬르의 언어 철학이 단순히 레비스트로스(Lévi-Strauss)와 같은 구조주의 사상가의 설명이론에서만 특정하게 열매를 맺었다는데 그치지 않는다. 오히려, 그것은 다음과 같은 역설과 연관되어 있다: 소쉬르의 언어학은 과학적인 옷차림을 하고 있다. 그럼에도 불구하고, 이러한 언어학적인 공시적 이론들은 결국 "사용으로서의 언어"(language as use)에 대한 앞선 분석들이 제시해주는 것만큼이나 언어 내부의 넓은 다원성을 증명해준다. 참으로, 이 다원성은 소쉬르 자신의 사고에서 기능하고 있을 뿐만 아니라, 무엇보다도 자크 데리다(Jacques Derrida)와 다른 사상가들의 후기 구조주의에 의해 시도된 소쉬르에 대한 도전과 철저화에서도 기능하고 있다.

고전 철학, 역사 연구, 분석 철학, 그리고 해석학적 철학 안에는 여러

Jonathan Culler가 저술한 *Ferdinand De Saussure* (London: Penguin, 1976)를 보라.

136) 예를 들어, Umberto Eco가 저술한 *A Theory of Semiotics* (Bloomington, IN: Indiana University Press, 1976); Terence Hawkes가 저술한 *Structuralism and Semiotics* (Berkeley and Los Angeles: University of California Press, 1977); Richard Macksey와 (Eugenio Donato)가 공동으로 편집한 *The Structuralist Controversy: The Languages of Criticism and the Sciences of Man* (Baltimore: Johns Hopkins University Press, 1972)을 보라.

가지 언어 분석들 외에도 '체계로서의 언어'에 대한 분석이 존재한다. 이와 같은 '체계로서의 언어'에 대한 분석들은 차별적으로 관계된 기호들의 체계로서 언어에 대한 '공시적 분석들'(synchronic analyses)과 역사적으로 사용되어 온 언어에 대한 '통시적 분석들'(diachronic analyses) 사이를 구별함으로써 가능해진다. 우리가 앞에서 보았듯이, 언어 사용에 대한 모든 분석은 모든 언어의 사회적이고 역사적인 특성을 보여준다. 그러나 공시적 분석은 언어 발전에 대한 역사적 연구를 포기하고 체계에 근거한 접근 방법을 더욱 선호한다.

이러한 공시적 이론은 몇 가지 방향으로 귀결될 수 있는 하나의 중대한 중단을 제공해준다. 예를 들어, 대화는 결국 담론이다: "어떤 사람이 어떤 것에 대하여 어떤 사람에게 어떤 것을 말한다."137) 담론이 발생하게 되면, 언어는 사용으로 기능해야 한다. 그러나 언어는 사용으로 기능하기 위해 또한 차별화된 기호들의 체계가 되어야 한다. 더 정확하게 말하면, 벤베니스트(Benveniste)는 언어가 체계(langue)이면서 동시에 사용(parole)이라고 주장하기 위해 담론(discourse)이란 단어를 사용했다.138) 그러므로 모든 공시적 언어 분석들은 담론 분석과 연관되어 있다. 모든 단어, 모든 문장, 모든 텍스트의 개인적, 문화적, 역사적, 윤리 정치적 사용에 대한 모든 연구를 포함하여, '사용으로서의 언어'에 대한 모든 분석은 또한 담론 분석

---

137) Paul Ricoeur가 저술한 *Interpretation Theory: Discourse and the Surplus of Meaning* (Fort Worth, TX: Texas Christian University Press, 1976)을 보라. 또한 Diane Macdonell이 저술한 *Theories of Discourse: An Introduction* (New York: Blackwell, 1986)에서 "담론"에 대한 프랑스 철학의 갈등에 대한 분석을 보라.
138) Emile Benveniste가 저술한 *Problémes de linguistique générale* (Paris: Gallimard, 1966)을 보라.

과 연관되어 있다. 벤베니스트와 리쾨르(Ricoeur)가 주장했듯이, '체계로서의 언어'로부터 '담론으로서의 언어'로 이행하는 움직임은 체계로서의 언어 분석을 맴도는(around) 움직임이 아니라 반드시 체계로서의 언어 분석을 관통하는(through) 움직임이 되어야 한다. 만약 전체 체계에 영향을 미치는 대상으로서의 언어 분석이 역사와 사회를 회피하려는 하나의 과학주의적 시도가 되지 않으려면, 언어학은 물론 언어 사용에 대한 앞선 분석들에 개입해야 하지만 이러한 분석들을 대체해서는 안 된다. 적어도 내가 볼 때, 이것은 또한 소쉬르 자신도 성취하지 못한 이상(ideal)이었다.139) 이것은 명백하게 모든 근대 담론 분석가들의 이상이다.

언어학의 경우에, '이론'은 다시 한번 '이해'에 풍성한 열매를 가져오는 것으로 판명되었다.140) 왜냐하면 언어 이론을 통하여 우리는 언어가 또한 공시적으로, 즉 특정한 담론 행위들(parole)로부터 추출된 체계(langue)로 해석될 수 있다는 사실을 배우기 때문이다. 그러므로 언어는 시간 속의 어떤 특정하게 고정된 시점에서 기능하기 때문에 이해된다. 이때 언어는 차별적 관계들의 체계로 기술될 수 있다. 이러한 움직임을 명료화하기 위해 tree를 실례로 들어보자. tree는 문자소(graphemes)로는 free, three, 소리 이미지로는 she, be, thee에서 볼 수 있듯이 모든 다른 기호들과의 차이에 의해서만 '의미'(meaning)를 갖는다. 이 모델에 근거해서 볼 때, 언어

---

139) 특히 소쉬르 자신의 연구를 담고 있는 여러 가지 텍스트들에 대한 정확한 "텍스트"의 특성을 고려하면, 여기서의 논의들은 심지어 전문가들 가운데서도 적절한 망설임을 일으키고 있지 않은가!

140) 이 분석을 위해서는, 소쉬르 자신의 작품을 제외하고, 각주 135에서 인용된 작품들을 주목해보라. 여기서 나는 소쉬르에 대한 초기의 초안을 교정하는데 나에게 도움을 준 Katrina McLeod에게 감사하고 싶다.

에서 '의미'는 tree라는 기호 안에 내재하지 않는다. 의미는 항상 기능적이다. 언어의 기표들 안에서 의미가 출현할 때, 그 의미는 이 기호와 모든 다른 기호들 사이의 차이에서 나온 결과물이다. 이와 같은 입장은 순수하게 단일한 기호들 안에 내재하는 '완전한 현존'을 향한 모든 데카르트적 동경이나 후설적 동경과 현저한 대조를 이루고 있을 뿐만 아니라, 중세의 보편논쟁과도 현저한 대조를 이루고 있다. 소쉬르의 가장 유명하고 획기적인 공식에서도 볼 수 있듯이, "언어학적 체계 안에는 오로지 차이들만이 있다."[141] 이와 같이, 언어학은 특정한 상황에서 특정한 화자에 의해 수행되는 현실적인 담화 사용(parole)에 연구의 초점을 맞추는 것이 아니라, 모든 담화 사용을 가능하게 하는 기호들의 체계(langue)에 연구의 초점을 맞춘다.

이 연구들은 또한 해석이론에도 영향을 미쳤다. 언어학은 긍정적인 공헌으로서 기호들, 상징들, 경험들에 대한 경험론적, 플라톤적, 낭만주의적 관념들에 도전했었다. '체계로서의 언어'에 대한 이와 같은 연구들의 다른 공헌들은 여전히 논쟁의 여지가 있다. 주요 논쟁점은 우리가 추정상 유익한 언어학적 이유 때문에 소쉬르의 분석 가운데서 어떤 측면들에 동의하는지 혹은 또 다른 유익한 언어학적 이유 때문에 소쉬르의 분석 가운데서 어떤 측면들에 동의하지 않는지에 대한 문제이다. 결과적으로 후기 소쉬르의 해석학 안에는 세 가지의 주요한 대안들이 있다.

서로 밀접하게 연관된 세 가지 대안들의 첫 번째 실마리를 위하여,

---

141) Ferdinand de Saussure가 저술한 *Course in General Linguistics*, p.120을 보라. 이 유명한 소쉬르의 공식에 대한 공식적인 영어번역은 "In language there are only differences"이다.

우리는 다음과 같은 소쉬르의 핵심 주장으로 되돌아가야 한다: "언어학적 *체계* 안에는 오로지 *차이*들만이 있다"(이 문장에서 이탤릭체로 강조된 부분은 내[저자]의 강조이다). 만약 '전체 체계에 영향을 미치는 요소'가 '차별적 요소'에 대비되어 강조되면, 우리는 여러 가지 공식들 및 구조주의적, 형식주의적, 기호론적 분석들을 발견하게 된다. 예를 들어, 구조주의 분석들은 기호 체계들 — 랑그(*langue*)는 이 기호 체계들 안에 속한다 — 에 대한 소쉬르의 주장을 토대로 삼음으로써 소쉬르 자신의 입장을 전형적으로 발전시킨다.[142] 구조주의 분석들 가운데서 신화에 대한 레비스트로스의 연구는 전형적인 본보기이다. 구조주의자들과 기호학자들은 언어 자체에 대한 최초의 분석 — 즉, 소쉬르의 언어 분석 — 이 주의를 기울였던 주제와는 근본적으로 다른 '주제들'에 주의를 기울인다. 여기서 기호들과 구조들은 한편으로는 평범한 언어학적 의미에서 언어를 의미하고, 다른 한편으로는 상징이나 신화와 같은 문화적인 기호들을 포함한 모든 기호들을 의미하며 또한 이러한 상징이나 신화가 갖고 있는 체계적인 구조들을 의미한다. 극단적으로 말해서, 공시적 분석은 역사 자체를 포함하여 모든 실재의 심층 구조들에 적용된다. 구조주의자들과 기호학자들은 고대 문법학자들처럼 레비스트로스의 "신화소"(mythemes)와 같은 다양한 기호 체계들의 기본 단위들을 밝혀내려고 한다. 이와 같은 기본 구조들과 기호들은 알파벳 언어에서 "음소"(phonemes)라고 불려지는 소리의 기본 단위들과 매우 유사하다고 할 수 있다. 그러므로 구조주의자들은 high-low,

---

142) 특히, Claude Lévi-Strauss가 저술한 *The Savage Mind* (Chicago: University of Chicago Press, 1966); *The Elementary Structures of Kinship* (Boston: Beacon Press, 1969); 그리고 신화론에 대한 위대한 4권의 작품들을 보라.

raw-cooked 등과 같은 근본적인 '이항대립'(binary oppositions)을 수단으로 하여 이 단위들이 어떻게 결합되어 있는지를 분석한다. 더 상세하게 진술하면, 전체 체계에 영향을 미치는 '이항대립'은 우리가 신화와 이야기라고 부르는 '변형적인 언어 효과들'을 산출해낸다. 구조주의 및 기호론과 같은 문법적인 기획들 안에서 발생하는 논의들은 활발한 동시에 또한 중요하다. 그러나 현재의 목적을 위해, 구조주의, 기호론, 블라디미르 프로프(Vladimir Propp)의 『민담 형태론』(*Morphology of Folk-Tales*) 등과 같은 다양한 형식적 분석들이 모두 근대의 '전체 체계에 영향을 미치는 설명이론들' 위에 세워진 기본적으로 새로운 문법 기획들임을 주목하는 것으로 충분하다. 그러나 모든 다른 유익한 문법 분석들처럼, 이 이론들은 또한 차별적으로 관계된 기호들 및 요소들의 기본 대립들, 기본 결합들, 기본 변형들이 신화적 의미(레비스트로스), 시적 의미(로만 야콥슨), 이야기체 의미(제라르 쥬네트 혹은 초기 롤랑 바르트) 등을 산출해내기 위해 얼마나 다양하게 기능하는지를 보여준다.[143]

근대 구조주의 방법과 기호학의 방법은 다음과 같이 선호되고 있는 인문학적 개념들의 탈신화화를 촉진시킨다: 경험에 대한 경험론의 자기만족; 상징에 대한 낭만주의의 감정토로; 모든 실재를 역사적 기원 혹은 역사적 목적과 연관시키는 역사주의의 자기만족; 모든 실재를 인간성 안에

---

143) 여기서 언급되는 실례들은 각주 142에서 언급된 레비스트로스의 작품들을 포함한다; Roman Jakobson이 저술한 *Main Trends in the Science of Language* (London, 1973); Gérard Genette가 저술한 *Narrative Discourse* (Oxford: Oxford University Press, 1980); Roland Barthes가 저술한 *Writing Degree Zero and Elements of Semiology* (Boston: Beacon, 1953)와 *S/Z* (New York: Hill and Wang, 1974)를 보라.

근거지우는 인문주의의 자기축하. 그러나 이와 같은 전체 체계에 영향을 미치는 방법들이 설명 이론들을 통하여 모든 실재를 설명하겠다는 약속을 지킬 수 있을지 어떨지는 또 다른 문제이다. 사실상, 이 문제는 몇 가지 질문들로 구성되어 있다. 어떤 의미에서 구조주의자들과 후기 구조주의자들(여기서 후자는 데리다와 같은 해체주의자들, 벤베니스트 및 리쾨르와 같은 담론 분석가들, 심지어 푸코와 같은 익명의 담론 분석가들까지도 포함한다) 사이에서 벌어지는 논쟁은 고대 문법학자들과 고대 수사학자들 사이에서 벌어졌던 논쟁의 재연이라고 할 수 있다. 이러한 논쟁은 두 가지의 중요한 질문들로 정립될 수 있다. 첫 번째로, 오로지 모든 유익한 언어 사용들을 위한 가능성의 조건들을 제공해주는 '변형의 구조적 관계들과 암호들'(문법)만을 분석함으로써 '현실적으로 설득력 있는 언어 사용'(수사학)을 설명할 수 있는가? 두 번째로, 분석의 마지막 단계에서 수사학적 비유들(수사어구들)이 줄곧 거기에 존재했다는 사실을 발견하지 않고도 문법적 언어 분석을 수사학적 분석으로부터 분리해낼 수 있는가? 수사어구들은 체계 내부에서 차이, 갈등, 불화를 제거하기보다는 오히려 그것들을 증대시키는 힘의 기호들로서 우리가 모르는 사이에 은밀하게 작용하고 있지 않은가? 데리다가 진술하듯이, "어떤 구조 안에서 내가 결코 이해할 수 없는 것은 그 구조가 그것의 수단으로 열려지는 바로 그것이다."[144]

두 번째 질문으로부터 시작하면, 어떤 의미에서 해체주의적 사고는 가장 최근의 수사학에 의한 문법으로의 침입이며, 더 정확하게 말해서,

---

144) Jacques Derrida가 저술한 *Writing and Difference* (Chicago: University of Chicago Press, 1978), p.160에서 "Genesis and Structure"를 보라.

'수사어구들의 불안정하게 하는 수사학'이다.[145] 보다 언어학적인 견지에서 보면, 구조주의자들은 소쉬르의 분석에서 나온 체계의 유익을 확장시키고 견고히 하는데 관심이 있다. 구조주의자들은 기호들의 차별적 특성을 부인할 필요가 없다. 그러나 '이항대립'의 관계들 안에서 기능하는 문법적 변형들을 분석함으로써, 구조주의자들은 기본 구조들이 어떻게 내적으로 자기 지시적 체계를 구성하는지를 보여줄 수 있다고 믿는다. 해체주의적 성향을 갖고 있는 후기 구조주의는 기호들에 의해 산출되는 의미의 임의성, 의미의 차이성, 의미의 보충적 특성, 의미의 분산 등에 대한 소쉬르의 최초의 통찰을 강조함으로써 이러한 구조주의자들의 주장에 맞선다. "언어학적 체계 안에는 오로지 차이들만이 있다"는 최초의 준(準)슬로건은 이제 "언어학적 *체계* 안에는 오로지 차이들만이 있다"로 읽히는 것이 아니라, "언어학적 체계 안에는 *오로지 차이*들만이 있다"로 읽혀야 한다.

해체주의자들은 어떤 체계도 체계 자체의 뿌리 깊은 차별적 본성을 적절하게 설명할 수 없다는 사실의 함축적 의미를 강조함으로써 모든 언어의 전체 체계에 영향을 미치는 특성을 밝혀내겠다는 모든 주장들에 도전한다. 이렇게 되면 구조주의 사고에서 차별적 관계들의 자기 폐쇄적 체계들은 자기 해체적 반(反)체계, 반(反)계층질서, 반(反)동일성에 굴복하게 된다.[146] 참으로, 데리다의 주장에 의하면, 심지어 소쉬르와 레비스트

---

145) '화제들의 수사학'에 대해서는, 2장의 각주 72를 보라. '수사어구들의 철저하게 불안정하게 하는 수사학'에 대해서는, Paul de Man이 저술한 *Blindness and Insight: Essays in the Rhetoric of Contemporary Criticism* (Oxford: Oxford University Press, 1971)과 *Allegories of Reading: Figural Language in Rousseau, Nietzsche, Rilke and Proust* (New Haven, CT: Yale University Press, 1979)를 보라.
146) 계층질서적 구조에 대한 이러한 공격의 분명한 실례를 위해서는, Gilles Deleuze가 저술한

로스조차도, 그들이 기표와 기의 사이에서 맺어지는 기능적 관계의 '임의적 특성'과 기표와 기의가 지시대상과 맺는 관계의 '합의적 특성'을 통찰했음에도 불구하고, 여전히 체계, 구조, 단일한 기호를 통하여 자기 현존적인 의미의 토대적인 동일성을 헛되이 희망했다.147) 소쉬르의 희망은 다음과 같이 '검증되지 않은 믿음'(unexamined belief)의 형식을 취했다. 그는 기표와 기의가 지시대상과 맺는 관계가 아니라, 기표와 기의 사이의 관계가 어떤 방식으로든 '의미'(meaning)를 자기 의식적으로 현존하도록 만들어주는 '공시적 통일성'을 형성했다고 믿었다. 그러나 이러한 통일성은 기표와 기의 (혹은 개념) 사이의 임의적 관계와 의미의 순수한 차별적 특성에 대한 소쉬르 자신의 분석에 의해 문제가 되었다. 소쉬르 자신이 증명했듯이, tree와 같은 단어는 오로지 (소리 이미지에 있어서는) she, be, thee와 (문자소에 있어서는) free, three와 *차이를 만들어냄*으로써만 "나무"를 의미하게 된다. tree는 오로지 free, three, be, thee, she 등이 되지 *않음*으로써만 "나무"를 의미하게 된다. 한 단어는 기표들 가운데서 오로지 차이의 관계들을 통해서만 의미를 만들어낼 수 있다. 그러므로 이렇게 부재한 기표들의 흔적들은 tree가 어떤 의미를 가질 수 있도록 이 tree라는 기표에 항상 이미 현존하거나/부재해야 한다. 이러한 근본적 차별성 배후에, 어떤 단일한 체계가 있는가? 어떤 계층질서적 구조가 있는가? 이러한 지식 배후

Nietzsche and Philosophy (New York: Columbia University Press, 1983), pp.147-195에서 변증법적 사고의 "대립적" 방법과 그것의 (예를 들어, 차이성의 지양을 통한) 계층질서적 특성에 대한 공격을 보라. 데리다의 경우에는, Jacques Derrida가 저술한 *Glas* (Baltimore: John Hopkins University Press, 1981)에서 특히 (Hegel과 Genet에 대한) 부분을 보라.

147) 소쉬르에 대해서는, Jacques Derrida가 저술한 *On Grammatology* (Baltimore: John Hopkins Press, 1974), pp.35-71을 보라. 레비스트로스에 대해서는, 같은 책, pp.95-269를 보라.

에, 어떤 단일한 기호 안에서 발생하는 어떤 의미의 완전한 현존을 향한 어떤 위로가 있는가?

요컨대, 후기 구조주의자들에게 있어, 의미(meaning)는 기표들의 전체 사슬을 따라 기능한다. 우리는 사실상 의미를 산출하는데 필요한 모든 차이들로부터 자유로워진 하나의 기호로서 순수하게 자기 현존적인 '단일한 의미'(unitary meaning)에 결코 도달하지 못한다. 소쉬르 자신의 분석에 근거해서 볼 때, 어떤 기호도 공식적으로 부재한 상태에 있는 다른 기표들의 흔적들로부터 자유로울 수 없다. 이렇게 부재한 기표들의 흔적들은 어떤 기호가 의미를 가질 수 있도록 전체의 차별적 체계를 통하여 무한히 (ad infinitum) 작용해야 한다.

소쉬르가 자신의 희망을 단일한 기호에 두었다면, 레비스트로스는 자신의 희망을 단일한 구조에 두었다. 그러나 부재한 기표들의 차이들, 불화들, 흔적들의 환원 불가능한 동일한 놀이와 모든 기표들의 철저하게 동일한 흩뿌림(散種, dissemination) 안에서 나타나는 데리다의 희망은 또한 자기 폐쇄적 체계를 향한 소쉬르와 레비스트로스의 희망을 중단시킨다.148) 체계는 스스로를 체계화하지 못한다. 왜냐하면 그것은 차이들의 "체계"로서 결코 완전하게 스스로를 체계화할 수 없기 때문이다. 체계는 그렇게 할 수 없다. 왜냐하면 체계 자체는 구체적으로 언어를 의미화하는 차이들의 동일한 놀이로 구성되어 있기 때문이다. 데리다가 보기에, 의미의 완전한 "현존"을 향한 모든 희망은 서구의 로고스 중심적 사고에서 가장 특징적인

---

148) 나에게 있어, *Grammatology* 이후에 등장하는 "흩뿌림(산종)"의 범주는 데리다의 범주들 가운데 가장 급진적인 것처럼 보인다. Jacques Derrida가 저술한 *dissemination* (Chicago: University of Chicago Press, 1981)을 보라.

몸짓이었다. 이 환상적인 희망은 플라톤, 소쉬르, 레비스트로스, 후설 (Husserl)의 사고에서 동일하게 발견되는 실현 불가능한 희망이다.[149] 이 환상적인 희망은 살아있는 현재에 살아있는 언어의 부재로 해석되는 글쓰기를 무조건적으로 선호하는 서구의 편견에서 가장 분명하게 노출된다. 여기서 살아있는 언어는 자기 현존적인 언어를 의미한다. 그러나 데리다가 보기에, 근대 문법학자들(소쉬르주의자들, 형식주의자들, 기호학자들, 직관 현상학자들, 구조주의자들)은 자신들의 억압된 통찰을 부인할 수 없었다. 그들은 모든 기호, 모든 구조, 모든 체계가 항상 이미 철저하게 차별적인 특성을 갖고 있다는 사실을 인정하지 않았고 의식 안에 비언어적으로 나타나는 순수한 자기 현존에 대한 모든 암시적 주장들(레비스트로스)이나 명시적 주장들(데카르트, 후설)이 하나의 환상이라는 사실을 깨닫지 못했다. 데리다가 우리에게 가르쳐 주었듯이, 우리는 기표와 기의 사이의 연결고리를 끊을 필요가 있다. 근대 구조주의 문법학자들은 이 마지막 연결고리를 수단으로 하여 자신들의 담론 안에 확산적이고 불화하고 흩뿌려지고 차별적이고 해체적인 차이들의 놀이를 붙들어둘 수 있었다.

데리다는 구조주의자들의 진영에서 트로이의 목마가 되었다. 그러나 그는 매우 비(非)그리스적인 목마이다. 왜냐하면 데리다의 주장에 의하면,

---

149) 플라톤이 이와 같이 순수한 현존의 입장을 견지했다는 데리다의 주장은 나에게 사실이 아닌 것처럼 보인다. 혹은 이 데리다의 주장은 (신화사용에 의해 발생하는 모든 순수한 자기 현존의 관념들에 대해 반대 주장을 펼치는 것처럼 보이는 『티마이오스』와 같은 후기 대화편뿐만 아니라 『파이드로스』와 『국가』도 포함하여) 오로지 이러한 플라톤의 대화편들의 난해함을 무시함으로써만 나에게 사실인 것처럼 보인다. Edmund Husserl에 대해서는, Jacques Derrida가 저술한 *Speech and Phenomena, and Other Essays on Husserl's Theory of Signs* (Evanston, IL: Northwestern University Press, 1973)를 보라.

우리 서구 사고의 문제는 우리 그리스 선조들의 로고스 중심적, 음성 중심적, 남성 중심적 편견들로부터 시작되었기 때문이다.[150] 데리다가 생각하기에, 그리스인들은 의식이 담화의 모든 현존하는 계기들에서 스스로에게 현존할 수 있다고 믿었다. 그들은 플라톤의 '파르마콘'(*pharmakon*)[151]을

---

150) "그리스인들"과 "그리스도교인들" ── 이 양자는 Susan Handelman의 초상화에서 자신들을 거의 알아보지 못할 것이다 ── 에게 도전하는 랍비적인 실천을 데리다가 사용하는 것에 대한 시사적인 분석을 위해서는, Susan Handelman이 저술한 *The Slayers of Moses: The Emergence of Rabbinic Interpretation in Modern Literary Theory* (Albany, NY: State University of New York Press, 1982)를 보라. 그럼에도 불구하고, 전통적인 유대─그리스 논쟁이 어떻게 새로운 방식으로 재등장할 수 있는지에 대한 그녀의 제안은 조명적인 것이다; 그리고 문학 이론의 갈등에 대한 Harold Bloom의 명시적인 연구(*Kabbalah and Criticism* [New York: Seabury, 1975]을 보라)에서뿐만 아니라 데리다에게서도 이러한 논의를 찾아볼 수 있다. 특히, 데리다가 *Writing and Difference*, p.153의 "Violence and Metaphysics"에서 (조이스에 대해) 다음과 같이 글을 쓸 때처럼 말이다: "그리고 합법성은 무엇인가? 근대 소설가들 가운데서 아마 가장 헤겔적인 소설가로부터 나온 이 명제에서 계사의 의미는 무엇인가?; Jewgreek is greekjew. 극단들은 서로 만나는가?" 또한 Mark Krupnick이 편집한 *Displacement: Derrida and After* (Bloomington, IN: Indiana University Press, 1983)에서 여러 논평들을 보라.

151) (역자주) 자크 데리다(Jacques Derrida)는 『산종』(*dissemination*)이란 자신의 작품에서 플라톤의 텍스트에서 나타나는 "파르마콘(*pharmakon*)"이란 단어에 대한 해체적 읽기를 수행한다. 플라톤은 『파이드로스』에서 '문자'가 도덕과 진리의 본질을 위협하는 도구가 되는 이유를 설명하기 위해 이집트 신화를 끌어들인다. 어느 날 이집트 왕 타무스에게 기하학, 수학, 천문학, 문자를 발명한 토트 신이 찾아와서 '문자'를 선물로 주겠다고 제안했다. 그러나 타무스 왕은 문자의 미덕과 악덕을 세밀하게 평가해본 후에 인간은 문자 없이 살아가는 것이 더 낫겠다고 판단하여 그 제안을 거절했다. 이 거절의 이유는 타무스 왕의 사려 깊은 답변 속에 구체적으로 제시되어 있다. 타무스 왕은 '문자'의 체계 안에는 낯설고, 임의적이고, 생명 없는 기호가 음성 언어의 살아있는 진정한 '현존'을 대신하기 때문에, 문자는 매우 위험한 선물이라고 토트 신에게 응답한다. 문자를 활용하게 되면 인간은 더 이상 아무것도 '기억'해야 할 필요가 없기 때문에 인간의 참된 기억력은 급속히 쇠퇴할 것이며 필요에 따라 기록된 자료들을 보기만하면 될 것이다. 더욱이, 이런 구체적인 악덕으로부터 더욱 중대하고 광범위한 악덕이 뒤따르게 된다. 타무스 왕은 토트 신에게 다음과 같이 응답한다: "당신의 발명품 덕분에, 학생들은 선생의 가르침과 같은 은혜가 없이도 많은 분야에 대해 읽고 이해할 수 있습니다." 따라서 문자의 효과는 아버지 세대에서 아들 세대로, 혹은 선생 세대에서 학생 세대로 내려오는 진리의 전달이라는 특별한 유대 관계를 깨트리고 위협한다. 학생에게 유익한 진정한 지혜는 선생에게 부여된 성숙한 지식의 권위를 인정하고 존중할 때에만 획득되는 것이므로 이런 유대 관계의 붕괴는 매우 위험한 것이다. 그러므로 플라톤의 텍스트에서 '문자'는 아버지를 가진 '음성언어'에 비해 훨씬 열등한 것으로서 아버지 없는 서자적인 존재로 정죄된다. 그러나 플라톤은 문자의 효과를 매도하고 자기─현존적인 진리의 권위를 내세울 때조차도, 불가피하게 문자의 효과에 의존하고 있다. 플라톤의 스승

원했지만 그것이 항상 이미 양약이면서 독약이란 사실을 인정하려고 하지 않았다.[152] 데리다의 시나리오에 의하면, 우리는 자기 현존의 소유를 확신하기 위해 거의 무슨 일이든 할 것이다. 비록 지시대상은 오로지 합의에 의해서만 기호와 연관되어 있지만, 우리는 교묘한 책략을 통해 기표와 기의가 해체될 수 없는 통일성을 형성한다고 기만적으로 주장한다. 우리는 모든 이야기, 모든 신화, 모든 문화가 이항대립의 체계와 변형의 규칙으로 환원될 수 있기를 계속해서 희망한다.

소크라테스는 자신의 진리를 '문자'로 기록한 적이 없었지만, 플라톤은 불가피하게 스승의 가르침을 전수하기 위해 '문자'에 의존할 수밖에 없었다. 여기에 모순이 있다. 데리다는 바로 이 '모순'을 추적함으로써 플라톤의 텍스트에서 나타나는 '음성언어'/'문자'와 같은 이항대립을 해체시키고 그 이항대립을 텍스트 의미의 '비결정성'에 종속시킨다. 예를 들어, 데리다는 플라톤의 '모순'을 더욱 적나라하게 폭로하기 위해 "파르마콘"이란 그리스어 단어에 주목한다. 이 그리스어 단어와 이 단어에서 파생된 의미들은 플라톤의 『파이드로스』 대화편 전체에서 나타나고 있다. "파르마콘"은 플라톤의 텍스트에서 단순한 하나의 단어로 기능하는 것이 아니라 다양한 의미를 갖고 있어서 텍스트를 더욱 풍요롭고 섬세하고 복잡하게 만든다. "파르마콘"은 '독약'/치료약과 같은 정반대의 의미를 동시에 함축하고 있는 그리스어 단어로서 플라톤의 텍스트에서 흔적과 균열을 만들고 의미를 흩뿌림으로써 해체의 대상이 된다. 플라톤의 텍스트에서 '문자'는 한편으로는 진정한 음성언어의 살아있는 현존을 위협하는 '독약'으로 기능하지만, 다른 한편으로는 그 살아있는 현존을 기록하여 보존하고 전수하는 필수적인 '치료약'으로 기능한다. 따라서 문제는 어떤 해석자도 플라톤의 텍스트에 나타나는 "파르마콘"이란 단어를 '독약'/치료약 중 어느 한쪽 의미로 결정할 수 없다는 점에 있다. 이와 같은 텍스트적 의미의 비결정성과 이중적 전략은 플라톤의 텍스트에서 계속된다. 소크라테스는 문자로 기록된 '쓰여진 텍스트'에서 얻어지는 지혜보다 더욱 진정한 지혜를 설명해 달라는 파이드로스에게 다음과 같이 대답한다: "그런 지혜는 학습과 함께 이루어지는 것이며 학습자의 영혼 속에 쓰여지는 것입니다." 이 소크라테스의 대답 가운데 '영혼 속에 쓰여지는 지혜'라는 어구는 '문자언어'의 은유에 속한다. 만약 문자언어의 글쓰기와 같은 실제적인 행위가 없었다면, 소크라테스는 영혼 속에 쓰여진 '음성언어'의 우위성을 은유로 표현할 수 있는 수단을 확보하지 못했을 것이다. 여기에 모순이 있다. 소크라테스는 '문자언어'를 '음성언어'보다 열등한 것으로 규정하고 있는 바로 그 순간에도, 여전히 문자언어의 은유에 의존하고 있다. 따라서 플라톤의 『파이드로스』에서 문자언어가 음성언어보다 더욱 열등한 것이라는 규정은 서구 형이상학의 음성 중심적이고 로고스 중심적인 사고에서 나온 결정 불가능한 규정으로서 해체의 대상이 될 수밖에 없다.

152) Jacques Derrida가 저술한 *La Carte postale: de Socrates à Freud et au-delà* (Paris, 1980)를 보라. 그리고 파르마콘(*pharmakon*)에 대해서는, Jacques Derrida가 저술한 *Dissemination*에서 "Plato's Pharmacy"를 보라. 이 문제와 연관하여, 나는 Françoise Meltzer에게 감사하고 싶다.

그러나 구조주의를 향한 데리다의 공격을 그가 소쉬르의 통찰과 구조주의의 통찰로부터 후퇴한 것으로 판단하는 것은 실수일 것이다. 더 나아가, 구조주의를 향한 데리다의 공격을 데리다가 언어와 자기 현존에 대한 인문주의적 해석과 낭만주의적 해석을 변호한 것으로 판단하는 것은 더 큰 실수일 것이다. 이와는 반대로, 데리다는 *차별적* 관계들에 의해 구성된 언어에 대한 소쉬르의 통찰을 더욱 철저화한다. 데리다는 글쓰기에 대한 소쉬르의 혼란스러운 논평과 기표와 기의 사이의 연결고리의 임의성에 대한 소쉬르의 승인을 이용한다. 레비스트로스가 과학에 대한 실증주의적 관념들, 역사에 대한 역사주의적 관념들, 경험에 대한 경험론적 관념들, 상징에 대한 낭만주의적 관념들을 복권시키고 싶어 하지 않는 것처럼, 데리다도 역시 마찬가지이다. 데리다는 후기 구조주의자라는 칭호를 받을 만하다. 무엇보다도, 데리다는 "도구로서의 언어"(language as instrument)를 자기 현존적으로 사용하는 주체로서 자아의 환상적 특성, 즉 실재에 토대를 부여하는 절대자아의 환상적 특성을 폭로하는 일에 레비스트로스를 비롯하여 모든 구조주의자들을 끌어들인다. 왜냐하면 이 절대자아는 데카르트의 확실성에서도 혹은 후설의 초월적 환원에서도 스스로에게 결코 완전하게 현존할 수 없기 때문이다. 참으로, 근대 데카르트의 절대자아는 스스로의 언어 사용과 충돌하게 되었고, 결국 자신이 누구이고 무엇인지에 대해 자각은 하지만 인식하지는 못하는 상태에 이르렀다.[153] 이 절대자아

---

153) 이것은 또한 의사소통에 대한 초월적 분석을 옹호하는 (하버마스와 같은) 사상가들이 초월적 의식철학이 아니라 담론 분석을 토대로 하여 자신들의 철학적 사례를 구성하는 이유가 된다. 물론, 데리다의 입장과 하버마스의 입장 사이에는 여전히 중요한 차이점들이 존재한다; 그러나 이 차이점들은 마치 그것들이 전통적 의식철학과 현대의 언어철학 사이의 논쟁들과 같은 것으로

는 이제 분산되었다. 완전한 현존에 대한 꿈은 더 이상 존재하지 않는다. 공시적인 관점에서 볼 때, 우리의 언어는 실현될 수 없는 차이들의 체계로 판명되었다. 더욱이 언어를 사용할 때, 우리는 항상 완전한 의미에 대한 모든 주장을 연기시켜야 한다. 왜냐하면 차이들은 증가되고 부재한 의미들의 흔적들은 흩뿌려져 있기 때문이다. 우리는 의미가 생겨나도록 차이를 만들고 연기시켜야 한다. 이와 같은 데리다의 비전과 시나리오에서, 단어들은 자신들의 기표들 안으로 용해되기 시작하며 기표들은 모든 의미들을 흩뿌린다. 모든 것은 차이이며 모든 차이는 항상 이미 완전한 의미의 연기이다. 차이는 '차연'(différance)154)이 되었다.155)

엘리자베스 시대의 한 드라마에 나오는 베네치아 대사의 경우처럼,

판단될 수 없다. Jürgen Habermas가 저술한 *Der philosophische Discurs der Moderne* (Frankfurt am Main: Suhrkamp Verlag, 1985), (데리다에 대해서는) pp.191−248과 (푸코에 대해서는) pp.279−313을 보라; 다른 한편으로, pp.158−191에서 하이데거에 대한 논평은 다소 이상한 느낌을 준다; 하버마스에 대한 "새로운 프랑스식" 분석을 위해서는, Jean-François Lyotard가 저술한 *The Post-Modern Condition: A Report on Knowledge* (Minneapolis: University of Minnesota Press, 1984), pp.60−73을 보라.

154) (역자주) "차연"(différance)은 '공간적인 차이'와 '시간적인 연기'를 동시에 의미하는 데리다의 전문용어이다. 데리다는 '존재'(Sein)와 '존재자'(Seiendes) 사이에 놓여있는 존재론적 '차이'(Differenz)를 지칭하는 하이데거의 '공간적인 차이'의 개념과 소쉬르의 "언어 체계 안에는 오로지 차이들만이 있다"라는 소쉬르의 언어학 모토에서 '공시적인 차이'의 개념에 자신의 '시간적인 차이'의 개념을 덧붙임으로써 "차연"이란 용어를 만들어냈다. 'différer'이란 프랑스어 동사는 '차이가 있다'와 '연기하다'를 동시에 의미하는 동사인데, 이 동사의 명사형은 '차이'를 의미하는 'différence'이다. '차연'을 의미하는 프랑스어 'différance' — 이 용어는 물론 데리다가 만들어낸 신조어이지만 — 에서 'a'는 '차이'를 의미하는 프랑스어 'différence'에서 'e'와 구별되는 문자로서 '의미의 차이'를 정확하게 규정할 수 없다는 점에서 의미의 '비결정성'을 강조한다. 데리다에게 있어 '의미'는 소쉬르의 기호론에서와 같이 언어의 '공간적인 차이' 안에 정확하게 현존하는 것이 아니라 '시간적인 차이'에 의해 계속해서 연기된다. 따라서 언어 사용자나 텍스트 해석자는 확실하고 완전한 '의미의 순간'을 포착할 수 없다. 이와 같이, 데리다의 "차연"은 텍스트 전체에 흩뿌려져 있는 의미의 비결정성과 불확정성을 강조한다.

155) Jacques Derrida가 저술한 *Writing and Difference*, pp.278−290에서 "Structure, Sign and Play in the Discourse of the Human Sciences"를 보라.

자크 데리다가 등장할 때 대화는 멈추게 된다. 빛나는 로코코 양식의 이론을 갖고서 그는 모든 대화에 슬그머니 들어오는 것처럼 보인다. 베네치아 대사가 등장한 후에, 아무도 대화의 내용이 무엇이었는지 혹은 심지어 대화가 있었는지 어떤지조차도 완전하게 확신하지 못한다. 그러나 베네치아는 자신의 목적을 갖고 있었다. 데리다도 역시 그렇다. 그의 해상정책은 '급진적 불안정화의 수사학'(rhetoric of radical destabilization)을 산출하는 것이다. 자크 데리다의 '급진적 불안정화의 수사학'은 완전한 자기 현존에 대한 모든 가상(假象)을 폭로하고 서구의 의식철학이 자축하는 평온하고 비언어적이고 자기 현존적이고 스스로에게 토대를 부여하는 절대자아의 허구성을 폭로한다.

실재에 대한 우리의 인식은 불가피하게 우리의 언어 사용과 연결되어 있다. 우리의 언어 사용은 특정한 언어 안에서 단어들을 구성하고 있는 차별적 관계들 때문에 가능한 것이다. 완전한 현존에 대한 모든 주장들, 특히 의식적 사고 안에 나타나는 '완전한 자기 현존'에 대한 모든 주장들은 '차별적 관계들의 체계로서의 언어'에 대한 연구를 감당해낼 수 없는 근거 없는 환상들이다. 데리다는 선불교의 수도승처럼 어떤 환상을 근거 없는 것으로 폭로했다. 그는 우리와 같이 언어에 깊이 뿌리박힌 존재들이 우리 스스로에게 완전히 현존할 수 있다는 환상과 모든 다른 실재들이 우리에게 완전히 현존할 수 있다는 환상을 근거 없는 것으로 폭로했다.[156] 문법과

---

156) 데리다와 나가르주나(Nargarjuna)의 흥미로운 비교에 대해서는, Robert Magliola가 저술한 *Derrida on the Mend* (West Lafayett, IN: Purdue University Press, 1984)를 보라. 데리다와 비트겐슈타인의 유사성과 차이성에 대한 조명적인 연구를 위해서는, Henry Staten이 저술한 *Wittgenstein and Derrida* (Lincoln: University of Nebraska Press, 1984)를 보라.

논리의 내부에서 풀려난 이와 같은 급진적 수사학이 출현할 때, 모든 문법들과 논리들은 불안정해지고 다원적이 되는 것처럼 보인다. 심지어 해석학조차도 내부로부터 완전히 소멸한 것처럼 보일 수 있다.157) 만약 모든 것이 차이라면, 어떻게 진정한 대화나 심지어 논증이 가능할 수 있는가? 데리다에게 있어서 모든 논증은 수사학적으로 결정된다. 그가 수사학을 언급할 때, 그것은 '화제들의 수사학'이 아니라 신비로운 '수사어구들의 수사학'을 의미한다. 이 시합에서 도대체 어떤 논증이 승리할 수 있는가? 소쉬르로부터 데리다에 이르는 언어학적 궤도의 중단 후에, 대화와 논증을 향한 희망은 허망한 것처럼 보일 수도 있다. 그러나 과연 그런가?

데리다에 대항하여 "당신도 역시 마찬가지야!"(tu quoque)란 식의 초월적 논쟁을 벌이는 것은 부적절한 것이 아니라 충분치 못한 것이다.158) 왜냐하면 데리다는 자신도 역시 모든 음성 중심적 서구 언어들 안에 포함되어 있는, 그래서 언어, 의식, 인식, 실재에 대한 우리의 모든 해석들 안에 포함되어 있는 불확정적인 다원성과 차이성에 붙들려있음을 알고 있을 뿐만 아니라 심지어 그렇다고 주장하기 때문이다. 데리다의 수사학은 유토피아적인 어조와 반어적인 궁극성의 기묘한 음색을 갖고 있다. 그에

---

157) 데리다에 대한 첫 번째 해석학적 반응에 대해서는, Paul Ricoeur가 저술한 *The Rule of Metaphor* (Toronto: University of Toronto Press, 1977)의 8 번째 연구를 보라. 두 번째 반응에 대해서는, David Hoy가 *London Review of Books* 4, 3 (Feb. 1982)에 기고한 "Decoding Derrida"; Quentin Skinner가 편집한 *The Return of Grand Theory in the Human Sciences* (Cambridge: Cambridge University Press, 1985)에서 "Jacques Derrida"를 보라.

158) 예를 들어, 각주 153에서 볼 수 있듯이, 이 논쟁은 근본적으로 데리다에 대한 하버마스의 공격인 것처럼 보인다. 이 논쟁은 중요하지만 데리다가 이와 같은 모든 분석들에 대해 일으키는 철저하게 수사학적이고 언어학적인 문제들을 명시적으로 다뤄야 한다. 수사학적 토대 위에서, 이 갈등은 점점 합리적인 "화제"의 수사학과 급진적으로 불안정하게 하는 "수사어구"의 수사학 사이의 갈등으로 수렴되는 것처럼 보인다.

따르면, 우리의 상황은 "불확정성의 심연"이며 텍스트 밖에는 어떤 것도 존재하지 않는다.159) 자유로운 언어놀이 안에서 나타나는 무질서한 쾌락은 끝없는 반어법(irony)을 특성으로 하는 해체주의적 수사학에 널리 퍼져있다. 그 스스로의 자기 기술(self-descriptions)에도 불구하고, 해체주의적 비평은 언어, 인식, 실재에 대한 어떤 일반적 (초월적?) 특성들을 제시해준다.160)

그러나 해체주의적 분석은 어떤 상황에 토대를 부여하기 위해 제시되는 것이 아니라, '언어적 치료책'으로 기능하기 위해 제시된다. 해체주의적 분석은 인식, 실재, 언어에 대한 우리의 친숙한 설명들 안에 어떤 근본적 환상이 있음을 폭로한다. 우리가 '실재를 인식하는 방법'과 '언어'를 분리할 수 있다는 환상은 언어학적 전환의 초기 치료 단계에서 이미 깨어졌다. 그러나 언어학적 전환의 세 번째 대가인 소쉬르의 등장과 함께, 어떤 사람들에게는 '사용으로서의 언어'로부터 '체계로서의 언어'로 전환하는 것이

---

159) (역자주) 기표의 체계에서 풀려난 의미의 자유로운 놀이는 차이의 놀이로서 텍스트 안에서 벌어진다. 자유로운 언어놀이 안에서 무질서한 쾌락은 텍스트 안에 끝없는 아이러니를 흩뿌려 놓는다. 따라서 텍스트 안에는 오로지 "불확정성의 심연"만이 있으며, "텍스트 밖에는 어떤 것도 존재하지 않는다."(Il n'y a pas de hors-texte) 이 데리다의 유명한 선언은 텍스트 밖에는 '지시대상'이 없다는 것을 의미하는 것이 아니라 텍스트 밖에는 스스로 현존하는 '저자의 삶이 없다는 것을 의미한다. 저자는 오로지 글쓰기(écriture)를 통해서만 자신의 삶을 후대에 남겨서 보존할 수 있고 후대의 해석자는 저자의 글쓰기를 통해서만 저자의 삶을 해석할 수 있다. 텍스트 안에는 오로지 저자의 삶이 아니라 저자의 글쓰기가 있으며 불확정적인 의미의 연기를 통한 자유롭고 다양한 해석의 공간들만이 있다. 이와 같이, 데리다는 텍스트 안에서 벌어지는 의미의 자유로운 놀이를 통하여 해석자의 다양한 해석을 긍정하며 언제나 새로운 해석의 공간을 열어 놓는다.
160) 이것은 특히 Jonathan Culler가 영향력 있는 조사 분석 방법에 의해 저술한 *On Deconstruction: Theory and Criticism after Structuralism* (Ithaca, NY: Cornell University Press, 1982)과 같은 이차 연구들의 사례에 해당되는 것처럼 보인다. 더욱 흥미로운 철학적인 사례는 Christopher Norris가 저술한 *Contest of Faculties: Philosophy and Theory after Deconstruction* (London: Methuen, 1985)에서 발견될 수 있다.

점점 증대하는 다원성을 안정시킬 수 있는 것처럼 보였다. 그러나 여기서 데리다의 공헌은 도움이 된다. 왜냐하면 구조주의와 후기 구조주의에서 언어 연구의 발전은 현실적 언어 사용에 대한 해석학적 분석을 통하여 이미 잃어버린 '완전하게 현존하는 의미의 통일성'이 '전체 체계에 영향을 미치는 대상으로서의 언어'를 연구함으로써 회복될 수 있을 것이라는 희망을 환상적인 것으로 폭로했기 때문이다. 언어 사용의 다원성에 대한 비트겐슈타인의 분석과 모든 언어 담론들 안에 나타나는 다원성에 대한 하이데거의 해석은 이제 '차별적 관계들의 대상으로서의 언어' 안에 나타나는 다원성에 대한 데리다의 분석과 결합하게 되었다. 언어가 데리다 자신에게 있어 담론이 되는지 어떤지는 하나의 기묘한 수수께끼이다. 글쓰기와 텍스트성에 대한 그의 글쓰기에도 불구하고, 그리고 루소(Rousseau)의 고전 텍스트에 대한 그의 해체주의적 분석에도 불구하고, 텍스트에 대한 데리다의 실제적 관심은 무엇인가? 그의 전형적인 전략과 공헌은 텍스트보다는 텍스트 내부에 있는 '슈프레멍'(*supplément*)[161]과 같은 개별적 단어에로 더 직접

---

161) (역자주) 자크 데리다는 『그라마톨로지에 대하여』(*De la Grammatologie*)에서 루소의 '대리보충'에 대한 문제를 광범위하게 다루고 있다. 여기서 "*supplément*"이란 프랑스어 단어는 바로 "대리보충"을 의미한다. 루소는 '문자'의 악덕을 자연 상태에서 타락한 것으로 정죄했지만, 자신의 사상을 후대에 전달하기 위해 '문자'에 의존할 수밖에 없는 상황을 안타깝게 여겼다. 이와 같은 루소의 이중적 태도는 루소의 작품들 전체를 관통하여 나타나고 있다. 루소에게 있어서, '문자'는 살아있는 목소리의 현존을 파괴하는 위험한 '대리보충'이었고 자연 공동체를 보존하는 음성언어의 '부가물'이었으며 자연 상태를 위협하는 문화적 도구였던 반면, '음성언어'는 이웃과 더불어 살아가는 자연 공동체의 살아있는 현존이었으며 자연 공동체에서 얼굴과 얼굴을 맞대고 생생한 대화를 가능하게 하는 자연의 은총이었다. 여기서 루소가 상상하는 자연 공동체는, 데리다가 보기에, 부수적인 '문자언어'를 본래적인 '음성언어'에 종속시킬 것을 요구하는 현존의 형이상학과 동일한 것이다. 자연 상태에서 타락한 근대의 사회와 문화는 자연을 억압하는 필요악이며, 또한 사람들로 하여금 가장 폭력적이고 타락하고 비인간적인 관계 속으로 들어가게 만든다. 그러나 루소가 위협적이고 압제적인 '문자'의 도래 이전에 전원적인 자연 상태를 상상하는 바로 그 순간조차도, 문자는 이미 루소의 상상 속에 존재하고 있는 것이다. 데리다는 이와 같은 현상을 '원문

자'(archi-écriture)라는 용어로 표현한다. 루소는 『고백록』에서 문자가 가져온 악영향, 문자로 기록된 책들을 너무 많이 읽었을 때 나타나는 역효과, 문자의 이득 위에 세워진 문명의 악덕 등에 대해 신랄한 비판을 가했다. 왜냐하면 '문자'는 건강한 자연 상태로부터의 타락을 표상하며, '말'이 갖고 있는 자연의 은총을 왜곡시키는 "대리보충"이기 때문이다. 그러나 루소는 문자라는 위험한 대리보충을 통하지 않고서는 자신의 경험을 진정하게 표현하는 것이 불가능함을 발견했다. 이점과 관련하여, 루소는 『고백록』에서 "내가 글을 써서 나 자신을 숨기려고 한 결단은 최상의 결단이었다, 만약 내가 현존해 있었다면 사람들은 나의 가치를 결코 알지 못했을 것이다"라고 진술한다. 이와 같이, 데리다가 루소에 대해서 사용하는 "대리보충"이란 단어는 한편으로는 자족적이고 완전한 것에 덧붙여진 '부가물'을 의미하고, 다른 한편으로는 자족적이고 완전한 것 속에 나타나는 결함을 보충하기 위해 '절대적으로 필요한 어떤 것'을 의미한다. 루소에게 있어, 문자는 자연적으로 자족적이고 완전한 말에 덧붙여진 부가물인 반면, 루소가 자신의 경험을 보존하고 후대에 전달하기 위해 반드시 필요로 하는 어떤 것이다. 데리다는 루소의 이러한 이중적 태도를 주목한 후에 그것을 해체적 읽기의 대상으로 삼는다. 또한 "대리보충"이 갖는 이러한 이중적 의미는 '자연'과 '문화'를 이원론적으로 대립시키는 루소의 태도에서도 나타난다. 루소는 『에밀』에서 '자연으로 돌아가라!'는 구호와 함께 자연의 자족성과 완전성을 찬양하고 문화의 이차적인 보충성을 지적한다. 그러나 루소는 곧 바로 자연이 교육에 의해 보충되어야 할 어떤 것이라고 역설한다. 그렇다면 자연은 그 자체로 자족적이고 완전한 것이 아니라 교육과 문화에 의해 반드시 보충되어야 할 어떤 것, 즉 불완전한 어떤 것이 된다. 여기에 모순이 있다. 이러한 모순은 루소가 '자연적인 성관계'와 '비정상적인 수음'을 이원론적으로 대립시킬 때도 나타난다. 루소는 이성과의 자연스러운 성관계를 혼자서 즐기는 비정상적인 수음으로 "대리보충"하는 습관을 갖고 있었다. 루소는 이러한 습관에 대해 다음과 같이 진술한다. "자위행위를 통한 대리보충은 자연을 속이고 나와 같이 감수성이 예민한 젊은이로 하여금 건강, 원기, 생명을 해치는 많은 무절제에 빠지도록 한다." 이 대리보충이 해로운 이유는 부재하는 미녀를 상상하는 사람이 현명하고 자기 규제적인 자연의 한계를 넘어서는 경험을 하기 때문이다. 그러나 이러한 대리보충의 현상은 자연으로부터 타락했기 때문에 발생하는 것이 아니라 자연의 기원 속에 이미 스며들어 있는 어떤 것이다. 루소는 『고백록』에서 여성과의 자연적인 성관계가 상상력을 통한 비정상적인 수음의 성취감에 언제나 부응하지 못하는 현상에 대해 다음과 같이 슬퍼했다. "아! 만약 내가 내 인생에 단 한번만이라도 사랑의 쾌락을 충만하게 맛볼 수 있다면! 추측하건대 내 연약한 존재는 그런 즐거움을 느끼기에 충분하지 못할 것이다." 여기에 모순이 있다. 루소는 부자연스러운 수음에 빠져있는 자신의 모습에 대해 개탄스러워 했지만, 이성과의 자연스러운 성관계조차도 또한 대리보충적인 행위라는 사실을 미처 깨닫지 못했던 것이다. 데리다의 해체적 읽기는 루소의 작품들 속에 나타나는 이러한 모순을 끝까지 추적해 들어간다. 루소는 『고백록』을 읽는 독자들이 자신의 성적 탐닉에 대한 원인을 가정교육의 결핍, 어머니에 대한 병적인 집착, 진정한 체험 대신 글쓰기로 보충하려는 충동 등과 같은 이유들 때문이라고 해석해주기를 바랐을 것이다. 그러나 루소는 무의식중에 자신의 작품들 속에서 다음과 같은 모순적인 사실을 드러내고 있다. 즉 인간의 자연적인 성관계는 언제 어디서나 일종의 "대리보충"적인 경험이며 순수한 자연적 경험의 순간에도 자연의 기원으로 결코 소급해 들어갈 수 없다는 사실을 말이다. 따라서 '말/문자,' '자연/문화,' '자연적인 성관계/부자연스러운 수음'과 같은 루소의 이항대립들은 해체되어야 한다. 데리다의 관점에서, 루소의 이항대립들은 어느 한쪽으로 가치를 결정할 수 없는 "비결정성" 사이에 놓여있다고 할 수 있다. 이와 같이, 데리다에게 있어서 *supplément*은 루소의 이중적인

적으로 향해있는 것처럼 보인다.162)

그러나 텍스트는 사전이 아니다. 텍스트에서 단어들은 스스로 의미를 갖지 않는다. 텍스트 안에는 문장들, 단락들, 장들, 책들이 있다. 그리고 텍스트들이 있다. 텍스트에서 의미를 산출하는 전략들로서 구성, 장르, 문체가 있다. 오로지 단어들에서만 이런 것들이 없다. 심지어 단어와 소리의 물질성을 연구한 서구의 대가들인 랍비들과 카발라주의자들조차도 개별 단어들뿐만 아니라 또한 텍스트 ─ 특히, 구약성서 텍스트 ─ 까지도 해명하기 위해 개별 단어들을 해석했다. 야베스(Jabès)에 대한 그의 논평이 암시해주듯이, 데리다는 텍스트의 해석자인 랍비가 되고 싶어 하기보다는 차라리 "웃고 있는 랍비," 즉 시인이 되고 싶어 할 수도 있다.163) 그러나

태도를 보여주는 중요한 단어로서 루소의 텍스트를 해체하는데 가장 핵심적인 역할을 한다. 따라서 데리다의 해체주의는 텍스트 해석에서 텍스트보다는 "*supplément*"과 같은 단어에 더욱 주목하는 것처럼 보인다. 그러나 이러한 평가는 데리다의 해체주의에 대한 매우 부분적인 평가라고 할 수 있다.

162) 물론, 여기서 자크 데리다의 핵심주장은, *Essay on the Origins of Language*에서 루소의 *supplément*이란 단어 사용의 비결정성에서와 같이, 어떤 단어들이 텍스트 안에 내재하는 통일성의 요구를 파멸시킬 수 있다는 점이다. 루소─데리다에 대한 Paul de Man의 분석은 여기서 흥미롭다; 그의 *Allegories of Reading*에서 루소의 부분을 보라. 또한 Barbara Johnson이 저술한 *The Critical Difference: Essays in the Contemporary Rhetoric of Reading* (Baltimore: Johns Hopkins Press, 1980)의 "The Frame of Reference: Poe, Lacan, Derrida"에서 데리다─라캉─포우에 대한 바바라 존슨의 해석뿐만 아니라 또한 포우의 *A Purloined Letter*에 대한 라캉의 해석에 대한 데리다의 해석을 보라. 데리다의 주요 관심은 텍스트성에 있는 것처럼 보인다; 그의 전략들 가운데 오로지 한 전략만이 텍스트성의 흩뿌리는 힘을 풀어주면서 텍스트에서 통일성 요구를 의문스럽게 만드는 (*supplément*과 같은) 불확정적인 단어들과 (니체의 "나는 나의 우산을 잃어버렸다"와 같은) 어구들의 위치를 찾는 것과 연관되어 있다. 텍스트성에 대한 미국에서 벌어지는 논의에 대해서는, William V. Spanos와 Paul A. Boyé와 Daniel O'Hara가 공동으로 편집한 *The Question of Textuality: Strategies of Reading* (Bloomington, IN: Indiana University Press, 1982)을 보라.

163) Jacques Derrida가 저술한 *Writing and Difference* pp.64-78에서 "Edmund Jabès and the Question of the Books"를 보라. 또한 유대인 대학살 이후의 유대문학, 유대철학, 유대신학을 수사학적이고 신학적으로 연구한 Susan Shapiro의 막 출간될 책에서 그녀의 야베스에 대한 연구를 보라.

그가 웃으면서 모든 텍스트 안에 흩뿌려진 단어들로 돌진하는 행위는 결국 그로 하여금 단어들의 반향실—아이러니컬하게도, 거기에 있는 모든 단어들은 "텍스트 밖에" 있다— 안에 홀로 남겨지도록 강요할 수도 있다.

언어 분석이 단어에서 문장으로 문장에서 텍스트로 움직인다고 주장하는 것은 언어란 단순히 체계나 사용만이 아니라 담론이라고 주장하는 것이다.[164] 담론 안에서, "어떤 사람은 어떤 사람에게 어떤 것에 관하여 어떤 것을 말한다."(someone says something about something to someone) 여기서 "어떤 사람"은 상식적 의미의 어떤 사람일 수도 있다. 혹은 우리가 앞에서 우리의 주의를 요구하는 텍스트에 대해 말했을 때처럼, 이 '어떤 사람'은 하나의 확장된 의미의 어떤 사람일 수도 있다. 이 '어떤 사람'은 비본래적 언어를 소유한 하이데거의 "일반인"(das Man)일 수도 있다. 이 '어떤 사람'은 심지어 라캉의 "욕망의 주체"(ça parle)일 수도 있다. 여기서 "어떤 것에 관하여"는 교통신호에서 녹색등에 의해 발생하는 메시지와 같이 상대적으로 직접적인 메시지일 수도 있다. 이 '어떤 것에 관하여'는 도스토예프스키(Dostoevsky)의 『백치』[165]란 작품만큼 다중 음성적 텍스트에서 발견될 수도 있고, 혹은 헨리 제임스(Henry James)의 『나사의 회전』(The Turn of Screw)이란 작품만큼 미로와 같은 "어떤 것"에 대한 묘사에서 발견될 수도 있다.

---

164) 예를 들어, Paul Ricoeur의 *Interpretation Theory*를 보라.
165) Mikhail Bakhtin이 저술하고 Caryl Emerson이 편집한 *Problems of Dostoevsky's Poetics* (Minneapolis: University of Minnesota Press, 1984)를 보라. 또한 *The Dialogical Imagination: Four Essays by M. M. Bakhtin* (Austin, TX: University of Texas Press, 1981)에서 "담론"이라고 불려질 수 있는 것에서 "대화"와 "이데올로기"의 관계에 대한 Mikhail Bakhtin의 유익한 연구를 보라.

'어떤 사람들,' '어떤 것들,' '어떤 것들에 관하여'와 같은 요소들의 전체 스펙트럼을 가로질러, 우리는 단어, 문장, 단락, 텍스트를 발견한다. 그리고 우리는 담론을 발견한다.

담론을 발견하는 것은 언어를 사전의 개별 단어들을 넘어서 있는 실재로 탐구하는 것이며, 공시적 암호들(*langue*)과 개별적 단어 사용(*parole*)을 넘어서 있는 실재로 탐구하는 것이다. 그것은 사회와 역사를 재발견하는 것이다. 말을 하거나 글을 쓰는 사람이 알든 모르든, 모든 담론은 의식적이고 무의식적인 이데올로기를 표현하기 마련이다. 예를 들어, 이 책에서 나 자신의 담론은 내가 알고 있을 수도 있고 모르고 있을 수도 있는 이데올로기를 표현하고 있다. 그러나 어떤 유능한 이데올로기 분석가는 그것(내 책 속의 이데올로기)의 정확한 지점을 찾아낼 수 있다. 우리는 이 장(章)에서 '사용으로서의 언어'에 대한 해석으로부터 '체계로서의 언어'로, '체계로서의 언어'로부터 '차별적 비체계로서의 언어'로, '차별적 비체계로서의 언어'로부터 지금의 '담론으로서의 언어'로 움직여왔다. 언어가 담론임을 인정하는 것은 우리가 모든 텍스트 안에, 담론으로서의 모든 언어 안에, 그리고 무엇보다도 모든 해석 안에 억압된 상태로 숨어있는 사회 역사적 이데올로기를 윤리 정치적으로 비평할 필요가 있음을 인정하는 것이다.

확실성과 명증적 지식에 대한 모든 주장과 순수한 자기 현존에 대한 모든 믿음을 상실하는 것은 인식 자체의 가능성을 부인하는 것이 아니다. 우리는 '상대적 적절성'을 통하여 우리가 인식하는 내용을 알게 된다. 우리는 우리의 인식이 불가피하게 언어, 사회, 역사와 같은 실재들에 묶여있음을 알고 있다. 어떤 특정한 문제에 대하여 우리는 언제 우리에게 더 이상의 적절한 질문이 없게 되는지를 알 수 있다. 그러므로 우리는 언제 우리가 충분하게 알게 되는지도 알 수 있다.

만약 그 이상을 원한다면, 우리는 어떤 환상을 믿도록 유혹받을 것이다. 즉, 우리는 우리의 '총체적이고 즉각적인 자기 현존'이 모든 실재의 토대라는 환상을 믿도록 유혹받을 것이다. 물론 여기서의 실재는 불행하게도 언어, 사회, 역사를 상실해버린 실재를 의미하지만 말이다. 그러나 우리가 언어를 잘 사용할 때마다, 우리는 상대적으로 적절한 지식, 보다 훌륭한 해석, 입증된 가능성, 그리고 분별 있는 담론 등을 획득할 수 있다. 그리고 이 모든 것은 언어학적 전환이 모든 변환들 속에서 성취해 온 여러 가지 '궁극성의 수사학들'(rhetorics of ultimacy)에 의해 형식을 얻을 수 있다. 참으로, '수사어구들의 비결정성과 다원성의 수사학'(rhetoric of the indeterminacy and plurality of the tropes)은 모든 화제논증의 수사학과 모든 대화의 해석학에 형식을 부여할 수 있고, 많은 경우에 그것들을 변형시킬 수 있다. 그러나 이 수사학(수사어구들의 비결정성과 다원성의 수사학)도 역시 엄밀하게 말해서 하나의 수사학으로서 우리를 설득하여 진리에 이르도록 시도한다. 그러나 절대명령에 이르지 못하는 '수사어구들의 수사학'(rhetoric of the tropes)은 단순히 설득 논증과 대화를 대신할 수는 없다. 해체주의 비평은 또한 수사어구들의 수사학을 사용하고 이 수사학의 이론과 실천에 형식을 부여해주는 좋고 나쁜 논증을 사용함으로써, 그리고 이 수사학적 읽기에서 나타나는 이론과 실천을 적절하고 부적절하게 사용함으로써 생존해 나간다. 만약 우리가 언어학적 전환의 초기 단계에서 배운 것 — 즉, 모든 언어 안에 나타나는 역사적이고 사회적인 실재들의 불가피성 — 으로부터 후퇴하지 않으려면, 우리는 어떤 시점에서 다시 '대상으로서의 언어'에 대한 해석으로부터 '사용으로서의 언어'에 대한 해석으로 전환해야 한다. 우리는 '단어들의 해체'로부터 '텍스트의 정제된 해석'으로 전환해야 한다. 참으로, 전성기에 있는 해체주의 비평은 또한 담론이기도 하다.

해체주의 작가들은 결국 사전을 저술하는 일에 종사하지 않는다. 그들은 텍스트를 쓴다. '의미'(meaning)는 우리의 모든 단어의 기표들을 통하여 끝없이 분산될 수도 있다. 그러나 의미는 또한 문장, 단락, 장, 텍스트 — 해체주의 텍스트를 포함하여 — 에 의해 유의미한 담론으로 결정(結晶)화된다. 모든 텍스트는, 그들의 것이든 나의 것이든, 특정한 사회의 이데올로기, 특정한 전통의 모호한 영향사, 무의식의 숨겨진 협의사항 등으로 깊이 물들어 있다.

해체주의 사상가들이 빠지기 쉬운 환상은 자신들이 역사와 사회로부터 자유롭게 되었기 때문에 자신들만이 스스로를 해체하는 언어의 활동적 경험을 향유할 수 있다는 오만에서 가장 잘 발견된다. 그러나 이것은 적어도 '완전한 자기 현존'에 대한 모든 주장만큼 잘 알려진 서구 지성인들의 환상이다. 이것은 바로 구조주의적 문법에 대한 그들 자신의 수사화에 의해 도전받는 환상이다. 이것은 우리가 기표들의 파도타기를 즐기고 있는 동안 역사와 사회가 만에 정박되어 고정될 수 있다는 환상이다. 그러나 역사와 사회는 우리를 기다려주지 않는다. 역사와 사회는 우리가 말을 하고 글을 쓸 때조차도 우리를 삼켜버린다. 우리가 주목하든 그렇지 않든 사회와 역사는 항상 이미 거기에 있다. 역사와 사회는 "어떤 사람이 어떤 사람에게 어떤 것에 관하여 어떤 것을 말할" 때마다 항상 이미 거기에 있다. 역사와 사회는 어떤 해체주의 사상가들이 어떤 사람에게 기표들에 대해 어떤 것을 말하거나 글을 쓸 때마다 항상 이미 거기에 있다. 역사와 사회는 서구 사고의 또 다른 아포리아(aporia)가 포착될 때마다 항상 이미 거기에 있다. '쾌락주의,' '회의주의,' '에피쿠로스주의'는 모두 어떤 역사의 계기들에서 특정한 사회에 대한 서구 지성인들의 친숙하고 존경할만한 반응들이었다. 그러나 모든 다른 윤리 정치적 선택들과 마찬가지로, 세네카(Seneca)가 그랬듯이 그들도 역시 자신들의 사례에 대해 논증해야 한다.

차별적 관계들의 '체계로서의 언어'는 모든 현실적인 언어 사용을 가능하게 하고, 따라서 실재에 대한 모든 인식을 가능하게 한다. '담론으로서의 언어'는 구조주의와 후기 구조주의 사고에 의해 성과를 얻은 지식을 사용해야 한다. 그러므로 언어학적 전환의 세 번째 궤도는 명시적인 담론 분석을 통하여 더욱 명시적인 해석학적 방향으로 움직여 나간다. 전문용어로 표현하면, 이것은 '사용으로서의 언어'(첫 번째 단계)로부터 '대상으로서의 언어'로, '대상으로서의 언어'(두 번째 단계)로부터 '담론으로서의 언어'(세 번째 단계)로 움직여 온 것으로 기술될 수 있다. 이 마지막 단계(담론으로서의 언어)의 실천가들 가운데는 미셸 푸코(Michel Foucault), 자크 라캉(Jacques Lacan), 미셸 드 세르토(Michel de Certeau), 줄리아 크리스테바(Julia Kristeva), 프레드릭 제임슨(Frederic Jameson), 에드워드 사이드(Edward Said), 에밀 벤베니스트(Emile Benveniste), 폴 리쾨르(Paul Ricoeur)와 같이 서로 의견이 나뉘고 서로 상충하는 사상가들이 포함되어 있다.166) 이러한 의미에서

---

166) 내가 분명하게 믿고 있듯이, 여기서 담론 분석가들로 열거된 각각의 서로 다른 사상가들 가운데서 우리는 어떤 공통점도 찾을 수 없다. 예를 들어, "익명의 담론"에 대한 푸코의 분석과 리쾨르, 벤베니스트, 바흐친(Bakhtin), 부스(Booth)의 입장들 사이의 차이, 또는 그들 가운데 어떤 한

'담론'이란 단어를 사용하는 것은 우리가 소쉬르 이전의 입장으로 단순히 되돌아갈 필요가 없음을 시사해주는 것이다. 차라리, 우리가 위에서 보았듯이, 구조주의와 후기 구조주의의 언어 연구들을 통하여 중단적인 우회로를 취해야 할 충분한 이유들이 있다. 모든 논증들처럼, 그리고 건전한 논증들에 기초한 모든 설명 이론들처럼, 이 '담론'에 대한 연구들은 과거의 해석 형식들에 도전했다. 이 연구들은 하이데거의 존재론으로의 "지름길"과 전통과의 대화를 통한 가다머의 해석학으로의 "지름길"과 같은 해석학적 언어 해석들에 도전했다. 이 연구들은 또한 '체계로서의 언어'와 '사용으로서의 언어' 안에 나타나는 '수사어구들의 수사학'을 재고함으로써 영미 언어 분석의 몇몇 검증되지 않은 주장들에 이의를 제기했다.[167] 그러므로 우리의 선택 가능성은 현실적 언어 사용에 대한 언어학적이고 해석학적인

사람과 하버마스 혹은 아펠과의 차이, 또는 하버마스 및 아펠과 툴민 및 쿤과의 차이를 생각해보라. 요컨대, 중요한 것은 어떤 입장의 통일성을 요구하는 것이 아니라, 매우 다르고 때때로 상호 모순되는 "담론 분석가들"의 다양한 방법들과 다양한 결론들에 스며들어 있는 기본적으로 해석학적인 관심들의 통일성을 요구하는 것과 일련의 문제점들의 통일성을 요구하는 것이다. 이미 인용된 푸코, 라캉, 벤베니스트, 리쾨르의 작품들을 제외하고, 또한 Julia Kristeva가 저술한 *Desire in Language* (New York: Columbia University press, 1980)와 *Powers of Horror* (New York: Columbia University press, 1982)를 보라; 또한 Frederic Jameson이 저술한 *The Political Unconscious: Narrative as a Socially Symbolic Act* (Ithaca, NY: Cornell University Press, 1980)와 *The Prison House of Language* (Princeton, NJ: Princeton University Press, 1972)를 보라; 또한 Terry Eagleton이 저술한 *Against the Grain* (London: Verso, 1986)을 보라; 또한 Edward W. Said가 저술한 *The World, the Text and the Critic* (Cambridge, MA: Harvard University Press, 1983)을 보라; 또한 Michel de Certeau가 저술한 *Heterologies: Discourse on the Other* (Minneapolis: University of Minnesota Press, 1986)를 보라. 담론 사용에서 "담론"이란 일반적인 용어에 대해서는, Diane Macdonell이 저술한 *Theories of Discourse*, Antony Easthope가 저술한 *Poetry as Discourse* (London: Methuen, 1983); John Rajchaan과 Cornel West가 공동으로 편집한 *Post-Analytic Philosophy* (New York: Columbia University press, 1985)를 보라.
167) 이러한 종류의 분석에 대한 좋은 실례를 위해서는, Richard Rorty가 저술한 *Philosophy and the Mirror of Nature* (Princeton, NJ: Princeton University Press, 1979)에서 수사학적으로 명시적인 방향에서 Quine-Sellars통전적 "입장들"을 철저화하는 그의 연구를 보라.

분석들 혹은 차별적 관계들의 체계로서의 언어에 대한 구조주의적, 기호학적, 후기 구조주의적 분석들에 제한되지 않는다. 오히려, 언어, 인식, 실재의 모든 해석자들이 단어의 수준에서 텍스트의 수준으로 움직이듯이, 현실적 언어 사용에 대한 관심사는 새로운 방식으로 되돌아온다.

담론 분석은 증대하는 언어학적 복잡성의 각 수준들(단어, 문장, 텍스트)에 대한 설명적 연구를 통하여 단어에서 문장으로, 문장에서 텍스트로의 움직임에 대한 연구를 요구한다. 예를 들어, 폴 리쾨르가 이야기에서 플롯(줄거리)의 역할을 연구한 것과 단순히 단어 수준이 아니라 문장 수준에서 은유를 연구한 것을 주목해보라.[168] 언어학의 설명이론을 통하여 기꺼이 사유 여행에 착수하는 모든 분석은 담론 분석에 속한다. 예를 들어, 미셸 푸코가 심지어 익명의 담론에 대한 자신의 초기 연구에까지도 "구조주의적"이란 명칭을 붙이는 것에 저항한 것은 올바른 일이었다.[169] 만약 "해석학자"라는 칭호가 때때로 그러하듯이 반(反)설명적인 입장을 함축하고 있다면, 그가 또한 "해석학자"라는 칭호에 저항한 것은 올바른 일이었다. 푸코는 진정한 담론 분석가였다. 더 정확하게 말해서, 푸코는 깊숙이 침투해있지만 여전히 익명적인 담론들의 권력과 특히 모든 담론들 안에 교묘하게 숨어있는 권력과 진리 사이의 복잡한 관계들을 폭로한 후기

168) Paul Ricoeur가 저술한 *The Rule of Metaphor* (Toronto: University of Toronto Press, 1977)와 *Time and Narrative*, 3 vols를 보라.
169) Michel Foucault가 저술한 *The Order of Things: An Archaeology of the Human Sciences* (New York: Vintage, 1970)를 보라. 또한 푸코의 연구 방법들에 대해서는, Hubert Dreyfus와 Paul Rabinow가 공동으로 저술한 *Michel Foucault: Beyond Structuralism and Hermeneutics* (Chicago: University of Chicago Press, 1982); Mark Cousins와 Athar Hussain이 공동으로 저술한 *Michel Foucault* (New York: St. Martin's Press, 1984)를 보라.

구조주의 해석자였다. 자크 라캉이 다음과 같이 간편하고 왜곡된 해석에 저항한 것은 올바른 일이었다: 라캉의 철학은 소쉬르 언어학을 프로이드 텍스트에 단순히 적용시킨 것에 불과하다는 해석. 더욱 정확하게 말해서, 라캉은 프로이드 텍스트를 담론으로 읽음으로써 프로이드가 발견한 무의식의 신비스러운 타자성을 해석학적으로 회복시켰다. 이러한 읽기를 통하여, 라캉은 "무의식은 언어와 비슷한 방식으로 구성되어 있다"고 주장할 수 있는 지점까지 프로이드에게로 되돌아가서 그를 재고한다. 라캉의 주장에 의하면, 이때 오로지 이렇게 할 수 있을 때에만 우리는 무의식 안에서 펼쳐지는 기표들의 놀이가 많은 수정주의 프로이드 이론들의 절대자아를 분산시킨다는 점을 깨달을 수 있다.

　복잡하게 얽힌 산문 형식으로 구성된 라캉 자신의 담론은 많은 프로이드 글쓰기들의 환상적 명료성에 저항하는 방향으로 잘 맞추어져 있다.170) 푸코, 라캉, 리쾨르의 담론 분석들이 아무리 엄밀하게 기술적(descriptive)이고 설명적이라고 하더라도, 특정한 윤리 정치적 어조가 그들의 텍스트들 속에 깊숙이 스며들어 있다. 사실상, 그들은 몽테뉴(Montaigne)로부터 파스칼을 거쳐 카뮈에 이르는 고전적인 프랑스 도덕주의 전통의 현대적 상속자들로 간주될 수 있다. 이러한 윤리 정치적 목소리는 또한 많은 다른 후기

---

170) Jacques Lacan이 저술한 *Ecrits* (Paris: Seuil, 1966)를 보라. 영어 번역본은 프랑스어 원본만큼 어렵고, 당연히 그렇겠지만, 매우 저항적이다. 라캉에 대해서는, Shoshana Felman이 *Poetics Today* 2, 16 (1980-1981): pp.45-57에 기고한 "The Originality of Jacques Lacan"을 보라; 또한 Joseph H. Smith와 William Kerrigan이 공동으로 편집한 *Interpreting Lacan* (New Haven, CT: Yale University Press, 1983)을 보라; 또한 John P. Muller와 William J. Richardson이 공동으로 저술한 *Lacan and Language: A Reader's Guide to Ecrits* (New York: International Universities Press, 1982)를 보라; 또한 Jane Gallop이 저술한 *Reading Lacan* (Ithaca, NY: Cornell University Press, 1985)을 보라.

구조주의 작가들 가운데서 더욱 침묵하는 형식으로 들려질 수도 있다. 만약 우리의 상황이 폴 드 만(Paul de Man)이 제시하는 것만큼 철저하게 반어적이라면, 이것을 우리 모두의 윤리 정치적 선택사항으로 명시하고 논증해 보라.171) 롤랑 바르트(Roland Barthes)가 제시하듯이, 만약 우리가 어떤 "읽기의 즐거움"(erotics of reading)에 빠지기 위해 너무 진지해서 의무에 묶여버린 해석학의 과제를 혹시라도 포기한다면, 이것도 역시 수사학적으로 설득력을 가질 수 있다. 만약 명시적 논증이 너무 진지하고 부르주아적이라면, 롤랑 바르트는 마음대로 사용할 수 있는 설득하는 수단들을 소유한 셈이 된다. 롤랑 바르트의 『텍스트의 즐거움』(*The Pleasure of Text*)이란 작품만큼 '저항할 수 없는 매력'과 '유혹적 인식의 기재'를 기묘하게 결합시킬 수 있는 텍스트가 과연 존재하는가?172) 심지어 철저한 불확정성의 심연 — 불교의 공(空) — 에 대한 데리다의 선불교 같은 수사학까지도 포함하여, 모든 궁극성의 수사학은 우리가 어떻게 행동해야 할지에 대한 동기 부여에 영향을 미친다. 일단 우리가 순수한 형식적 분석을 중단하게 되면, 모든 담론 분석은 우리가 항상 이미 그렇게 하고 있다는 사실을 보여주고 있지만, 우리는 역사와 사회 속에서 우리 자신을 재발견하게 될 것이다.173) 우리가 후기 구조주의 사고에 매력을 느끼는 많은 이유들이

---

171) Frank Lentricchia가 저술한 *After the New Criticism* (Chicago: University of Chicago Press, 1980), pp. 282–318에서 Frank Lentricchia가 Paul de Man과 벌인 논쟁들을 보라.

172) Roland Barthes가 저술한 *The Pleasure of the Text* (New York: Hill and Wang, 1974)를 보라.

173) Frank Lentricchia가 저술한 *Criticism and Social Change* (Chicago: University of Chicago Press, 1983)에서 Frank Lentricchia가 어떻게 Kenneth Burke의 '상징적 행동으로서의 언어'란 개념을 회복시키는지를 보라. 현재 논의되고 있는 장(章)의 견지에서 볼 때, Frank Lentricchia의 요구는, Kenneth Burke의 요구처럼, "담론"에 대한 것이다. Kenneth Burke에 대해서는, William H.

있다. 나는 위에서 이러한 이유들 가운데 몇 가지를 지적하려고 했다. 내가 또한 지적했듯이, 우리가 근대의 해석학적 담론 분석을 이용해야 할 훨씬 더 유익한 이유들이 있다.[174] 결국, 이 해석학적 담론 분석은 단지 고대 수사학과 초기 해석학으로의 근대적 회기와 재고에 불과한 것이다.

우리는 '동일한 것'[175]을 더 이상 필요로 하지 않는다. 우리는 새로운 일원론을 요구하지 않는다. 푸코와 함께 우리는 모든 "말할 필요가 없는 것"을 시험하는 일에 착수할 필요가 있다. 푸코가 제시하는 것 이상으로, 우리는 새로운 저항 전략들을 배워야 한다. 우리는 차이성과 다원성을 변호해야 한다. 우리는 모든 가능성들을 순수 형식논증에 희생시키지 않으면서 그것들을 탐구해야 한다. 논증으로 전향할 때, 우리는 무엇보다도 화제적 특성과 실체적 특성을 진지하게 받아들이는 논증을 필요로 한다. 우리는 언어와 실재에 대한 모든 분석이 함축하고 있는 윤리 정치적 의미에 대해 서로 더불어 대화할 필요가 있다. 우리는 다시 역사 속으로 들어갈 필요가 있다. 그러나 우리는 이 언어 연구들이 우리에게 가르쳐 주는 모든 것에 주의하면서 역사 속으로 들어가야 한다.

'담론으로서의 언어'를 연구하는 것은 다원성을 발견하는 것이다. 그것

Ruechert가 저술한 *Kenneth Burke and the Dream of Human Relations* (Berkeley and Los Angeles: University of California Press, 1982)를 보라.

174) (역자주) 여기서 '근대의 해석학적 담론 분석'은 하이데거의 해석학적 철학과 소쉬르와 비트겐슈타인의 언어 철학, 그리고 레비스트로스의 구조주의를 의미한다.

175) (역자주) 헤겔의 동일성 철학에서 의식하는 자아와 의식되는 자아 사이의 '차이성'은 결국 변증법적 종합에 의해 '동일성'으로 지양된다. 탈근대의 철학에서 이와 같은 근대의 동일성 철학은 해체될 운명에 놓인다.

은 또한 역사와 사회의 우발성과 모호성을 재발견하는 것이다. 문법과 수사학을 연구하는 것은 다원성을 발견하는 것이고, 또한 윤리적인 것과 정치적인 것이 하나라는 사실을 고대인들과 함께 재발견하는 것이다. 훌륭한 삶에 대한 경쟁적 비전들 가운데서, 우리는 어떻게 책임적 행동을 위한 '상대적으로 가장 적절한 비전'을 결정할 수 있는가? 우리는 '동일한 것'의 지배에 대항하여 투쟁하고 차이성의 실재를 긍정하기 위한 더 유익한 방법을 발견함으로써 다원성을 변호할 수 있다. 그러나 만약 우리가 "깨어나기를 몹시 고대하는 악몽," 즉 역사 자체에 직접 대면하지 않는다면, 이러한 긍정이 지탱될 수 있겠는가?

CHAPTER 4

급진적 모호성: 역사의 문제

Radical Ambiguity: The Question of History

언어를 해석한다는 것은 역사라 불려지는 우발적인 실재 안에서 자신을 발견한다는 것을 의미한다. 역사 속에 실존한다는 것은 어떤 특정한 성, 인종, 계급, 교육에 묶인 상태로 태어나서 살고 죽는다는 것을 의미한다. 모국어를 습득한다는 것은 어떤 특정한 역사에 고유한 방식으로 사고와 느낌을 분절하는 수단을 습득한다는 것을 의미한다. 모든 언어는 모국어 사용자가 어떤 단어를 들을 때 전(前)의식적으로 기능하는 일련의 가치들, 희망들, 편견들을 담지하고 있다. 마틴 루터 킹의 연설문에 나오는 "life, liberty, and the pursuit of happiness"와 같은 어구가 영어를 모국어로 사용하는 모든 미국인들에게 강한 공명(共鳴)을 갖고 있듯이, "*Liberté, égalité, fraternité*"와 같은 프랑스 혁명의 구호는 프랑스어를 모국어로 사용하는 모든 사람들에게 강한 영향사를 담고 있다. 우리는 불가피하게 우리가 그 안에서 태어났던 바로 그 역사에 의해 형성된다. 비판적 사고와 책임적 행동, 그리고 어느 정도의 행운 때문에, 우리는 역사를 어느 정도(비록 작은 부분이지만) 변화시키는 일에 도움을 줄 수 있다. 우리의 역사는 어떤 자연적 필연성 때문에 현재의 상태로 존재하는 것이 아니라, 우리와 같은 역사적 개인들이 우리보다 앞서 투쟁했기 때문에 현재의 상태로 존재하는 것이다.

언어와 역사는 서로 뗄 수 없이 결합되어 있다. 영어를 말하는 사람들은 이제 *man* 혹은 *mankind*와 같은 단어들이 모든 인류를 포괄하기에 적절하지 않은 단어들이란 사실을 알고 있다. 한때 유성 언어였던 단어들은 수천 번의 수정을 겪으면서 역사의 무대에서 사라질 수도 있다. 단어들은 심지어 역사적 폭력에 의해 희생될 수도 있다. 18세기에 살았던 우리의 선조들이 *sentiment, the sublime, virtue*와 같은 단어들을 얼마나 다양하게 사용했던가! 그리고 *literature* 혹은 *culture*와 같이 상대적으로 최근에 생겨난 단어들을 생각해보라. 또한 *right* 혹은 *left*와 같이 정치적으로 영향력 있는 단어들을 생각해보라.176) 오늘날 이 마지막 두 단어들은, 공포시대에 혁명 의회 정당들이 단두대로 가는 도중에 우익에서 좌익으로 끊임없이 자신들의 입장을 바꾸었던 것처럼, 신속하게 그 의미를 바꾸고 있다.

비록 언어와 역사가 우리에게 귀속되어 있는 것보다 더욱 더 우리가 언어와 역사에 귀속되어있는 것이 사실이지만, 우리는 *belong* 혹은 *participate*와 같은 단어들을 너무 쉽게 사용하는 것을 경계해야 한다.177) 우리는

---

176) Raymond Williams가 저술한 *Keywords: A Vocabulary of Culture and Society* (New York: Oxford University Press, 1976)를 보라.

177) 내가 보기에, 이것은 우리가 속해 있는 전통에 대한 가다머식 접근으로부터 생겨나는 주된 어려움인 것 같다. 우리는 이러한 전통의 현실성을 부인할 필요가 없다. 또는 우리는 단순한 *tradita*(이미 형성된 전통)로서가 아니라 *traditio*(지금도 형성되고 있는 전통)로서 우리 전통의 부인할 수 없는 유익한 것들과 진리들을 전유해야 한다는 끝없는 필요성에 저항할 필요가 없다. 그러나 우리는 또한 지적으로나 실천적으로 전통을 비판하고 의심하기 위한 더 정밀한 전략들 — 이러한 의미에서 계몽주의의 유산은, 한편으로는 비판적으로, 다른 한편으로는 전통의 다른

우리의 역사 속에 깊숙이 뿌리내리고 있는 여러 가지 중단들에 직면해야 한다. 왜냐하면 아무리 역설적이라고 하더라도 우리는 또한 이러한 중단들에 귀속되어 있기 때문이다. 다미앵 신부(Damien)의 루이 15세(Louis XV) 암살 시도에 대한 볼테르(Voltaire)의 반응은 이 문제와 관련하여 강한 흥미를 유발시킨다. "이렇게 계몽된 시대에 어떻게 그런 일이 발생할 수 있는가? 우리의 피가 얼어붙는다!"[178] 우리가 볼테르의 편지를 더 상세하게 읽어보면, 우리는 볼테르에게 강한 충격을 주었던 것이 그 실패한 암살자를 고문하고 처형시키는 공개적인 광경이 아니라 바로 국왕 암살시도에 대한 생각이었음을 깨닫게 된다. 이와 같이, 실패한 암살자의 공개 처형 광경은 심지어 인문주의자였던 볼테르에게까지도 자연스럽고 필연적인

계기들 못지않게 진정으로 변호되고 전유되어야 한다— 을 참으로 필요로 한다. 무엇보다도, 우리는 전통에 참여해야 하는지 혹은 그렇게 하지 말아야 하는지에 대한 우리의 선택들이 "계몽주의는 과학주의가 되었다"나 혹은 "전통에 대한 존경심은 낭만주의나 신보수주의가 되었다"와 같은 주장들에 의해 완전히 소진될 수 없는 것처럼 "자유주의" 혹은 "낭만주의"와 같은 현실화된 범주들에 의해 완전히 소진될 수 없다는 사실을 깨달을 필요가 있다. 우리가 귀속되어 있는 역사의 실재는 이렇게 친숙한 선택들이 시사해주는 것보다 훨씬 더 복잡하고 모호하다: 우리가 "귀속되어 있는" 모든 전통을 전유하고 비판하기 위한 지적이고 실천적인 전략도 역시 그러함에 틀림없다. 내가 믿기에, 나 자신의 작품은 어떤 "수정주의"적 제안에 대한 반응이 일으킬 수 있는 동일한 종류의 어려움에 "참여해 왔다": *Blessed Rage for Order*란 제목의 책은 텍스트 자체의 수정주의 모델보다 더욱 순수하게 자유주의적인 것으로 종종 "받아들여졌던" 반면에, 수정주의 모델 안에서 고전과 전통에 대한 *The Analogical Imagination*의 변호는 때때로 신보수주의적인 것으로 받아들여졌다. 확실히 나의 각각의 텍스트들 안에는 문제가 있다; 그러나 나 자신의 작품들을 주의 깊게 읽어보면, 누구든지 "수정주의 모델들"을 근본적이고 조직적인 신학 — 이 신학은 자주 순수한 자유주의적 계몽주의 혹은 순수한 전통적 계몽주의로 제시된다— 으로 해석하는 것이 부적절한 처사임을 알게 될 것이다. 아마도 이러한 어려움은 지배적이지만 결코 배타적이지는 않은 다원주의에 대한 나의 작품들의 관심에 의해 부분적으로 발생하는 반면, 다원성과 모호성을 시험해야 할 필요성은 우리의 "상황"과 그리스도교 전통을 문화적이고 신학적으로 이해하기 위한 더 큰 필요성이다. 나는 이 연구와 짝을 이루는 다른 책에서 그리스도교 전통과 연관하여 이 문제를 재검토할 수 있기를 희망한다.

178) 이 표현은 Nancy Mitford가 저술한 *Madame de Pompadour* (New York: Harper & Row, 1970), p.249에 인용되어 있다.

것처럼 보였다!

다른 한편으로, 우리는 '충격적'이란 말이 무색할 정도로 많은 성공적인 암살 시도들과 성공하지 못한 암살 시도들을 목격했던 혁명의 세기에 다미앵의 국왕 암살 시도가 특별히 주목할 만한 사례라고 생각하지 않는다.[179] 그러나 우리는 편지를 다시 거슬러 올라가서 다미앵의 고문과 처형의 공개적인 광경에 대한 내용을 읽게 되면, 심지어 매우 인간적이었던 볼테르조차도 이 광경에 자기만족적 침묵을 지켰다는 사실에 충격을 받을 수도 있다. 그러나 우리는 우리의 충격에 대한 권리를 갖고 있는가?

어린 굴뚝청소부의 끔찍한 운명을 눈앞에 두고서도 자기안일에 빠져 있던 19세기 초반의 영국의 실상을 생각할 때 우리는 소름이 끼치는 것을 느낀다. 이러한 현실은 윌리엄 블레이크(William Blake)로 하여금 위대한 시를 쓰도록 자극했다.[180] 우리 자신의 세기에 우리는 무엇을 깊이 생각해

---

179) Michel Foucault가 저술한 *Discipline and Punish* (London: Allen Lane, 1977)에서 미셀 푸코는 규율과 처벌의 양식들이 다미앵의 처형으로부터 시간의 흐름에 따라 신체에서 정신으로 옮겨가는 과정에서 얼마나 더 충격적일 수 있는지를 보여주고 있다.

180) William Blake가 저술한 *The Complete Poetry and Prose of William Blake* (Berkeley and Los Angeles: University of California Press, 1982)에서 *Songs of Innocence*의 "The Chimney Sweeper"를 보라. (역자주) 윌리엄 블레이크(William Blake: 1757-1827)는 영국의 낭만주의 문학 시대를 연 시인이다. 런던에서 출생하여 왕립미술학교에 잠시 다니다가 14세 때부터 판화를 배웠고 문학서적을 탐독하면서 시를 쓰기 시작하였다. 26세에 내놓은 첫 시집인 『시적 스케치』 (*Poetical Sketches*)는 당대의 신고전주의적 경향에 강한 불만을 담고 있었다. 블레이크의 대표작들로 손꼽히는 1789년에 나온 『순수의 노래』 (*Songs of Innocence*)와 1794년에 나온 『경험의 노래』 (*Songs of Experience*)는 어린이의 관점에서 쓴 문명 비판적인 시들로서 오늘날까지 많은 독자들에게 사랑을 받고 있다. 블레이크는 또한 어릴 적에 창문 밖으로 천사를 보았다고 주장할 만큼 종교적 환상에 사로잡힌 신비주의자이기도 했다. 따라서 그는 종교적 명상이 담긴 『셀의 책』 (*The Book of Thel*, 1789), 『천국과 지옥의 결혼』 (*The Marriage of Heaven and Hell*, 1790), 『밀턴』 (*Milton*, 1804-08), 『예루살렘』 (*Jerusalem*, 1804-20) 과 같은 예언서들을 저술했다. 블레이크는 이와 같은 작품들에서 그 당시 이성을 억압하는 세력에 대항하여 사랑과 상상력의 승리를 노래하였다. 블레이크가 『굴뚝 청소부』 (*The Chimney Sweeper*)란 시를 쓸 무렵, 영국에서는 굴뚝 청소부에 대한 대우를 개선하려는 운동이 활발하게 일어나고 있었다. 이 시도

볼 수 있는가? 마찬가지로 그와 동일한 현실이다. 나치당원들에 의한 600만 유대인의 대학살은 도대체 무엇인가? *shocking*이란 단어는 이러한 엄청난 사건에 적용되기에는 완전히 부적절한 형용사인 듯이 보인다. 그렇다면 이 사건은 무엇이었는가? 광기였는가? 정신착란이었는가? 종교적 죄악이었는가? 아니면 이 모든 것이었는가? 아니면 우리가 상상할 수 있는 것보다 더욱 악마적인 어떤 사건이었는가? 아니면 우리가 상상할 수 있는 것보다 우리 역사를 더욱 철저하게 중단시키는 어떤 사건이었는가? 홀로코스트(Holocaust)는 서구 문화의 모든 전통들을 중단시키는 사건이다. 우리 가운데 심지어 이 사건을 적절하게 명명하는 방법조차도 제대로 알고 있는 사람이 아무도 없다. 그러나 이것만큼은 분명하다. 만약 우리가 이 무시무시한(*tremendum*) 사건이 일어나지 않은 것처럼 우리 역사에 대해

그 운동에 참여하려는 하나의 일환이라고 할 수 있다. 당시 영국에서는 좁은 굴뚝을 청소하기 위해 몸집이 작은 8세 전후의 아이들이 고용되었지만 경우에 따라서는 4살짜리 어린 아이가 고용되기도 했다. 이들은 주로 사설 구빈원에 수용되어 있는 아이들인데 이들의 생활은 실로 인간 이하의 비참한 생활이었다. 이와 같이, 이 시는 당시 영국사회의 모순을 비판하고 권력층만을 위한 국법과 제도에 희생당할 수밖에 없는 소외계층과 빈민층들이 겪어야만 하는 비참한 생활상을 신랄하게 묘사하고 있다. 이 시의 영어 원문은 다음과 같다: I wander through each chartered street, Near where the chartered Thames does flow. And in every face I meet, Marks of weakness, marks of woe. In every cry of every Man, In every Infant's cry of fear, In every voice, in every ban, The mind-forged manacles I hear. How the Chimney-sweepers cry, Every blackening Church appalls, And the hapless Soldiers sigh, Runs in blood down Palace walls, But most through midnight streets I hear, How the youthful Harlots curse, Blasts the new-born Infants tear, And blights with plagues the Marriage hearse. 이 시의 한국어 번역은 다음과 같다: 나는 그 주변으로 고귀한 템스 강이 흐르는 특혜 받은 런던의 거리를 헤매고 있다. 나는 거리 곳곳마다 마주치는 모든 얼굴 얼굴에서 나약함의 흔적과 슬픔의 자국을 볼 수 있다. 사람들의 비명소리와 어린아이들의 겁에 질린 울음소리 속에서, 또한 모든 목소리와 모든 금지된 것들 속에서 마음을 억눌러서 만든 쇠고랑 소리를 나는 듣는다. 굴뚝을 청소하는 어린아이의 울음소리가 음험한 교회를 어떻게 간담 서늘하게 하는지를.... 불행한 병사의 한숨이 어떻게 피가 되어 궁궐 벽으로 흐르는지를.... 그러나 나는 주로 한밤중에 거리거리에서 어떻게 젊은 창녀의 저주가 갓난아이의 눈물을 말려버리고 결혼의 꽃상여를 전염병으로 시들게 하는지를 볼 수 있다.

계속해서 이야기한다면, 우리는 아마도 우리 역사를 진실하게 이야기하고 있는 것이 아닐 것이다.[181] 그리고 우리 세기는 이 사건 뿐만 아니라 이보다 더 비극적인 사건들도 포함하고 있다. 아르메니아 대학살, 구소련의 강제노동 수용소, 히로시마의 핵폭발, 우간다, 캄보디아 등과 같은 무시무시한 사건들의 목록을 주목해보라. 우리는 서구 인문주의의 역사가 "여가 시간" 중에 괴테(Goethe)를 읽고 바흐(Bach)와 모차르트(Mozart)를 들었던 아우슈비츠의 보초병들을 포함하고 있다는 사실을 인정해야 한다.[182] 이러한 행동은 서구 계몽주의의 진보적 역사에 딱 들어맞는 또 다른 사실일 리가 없다.

역사는 단순히 우발적이기만 한 것이 아니다. 역사는 또한 중단적이기도 하다.[183] 서구의 역사는 어떤 단일한 주제도 혹은 어떤 지배적인 플롯(줄거리)도 담고 있지 않은 철저하게 중단적인 이야기이다. 예를 들어,

---

181) 여기서 가장 유익한 연구를 위해서는, 그리고 이 사건의 특성을 규정하는 *tremendum*과 같은 새로운 신학적 언어의 필요성에 대한 유익하고 설득력 있는 분석을 위해서는, Arthur Cohen이 저술한 *The Tremendum: A Theological Interpretation of the Holocaust* (New York: Crossroads, 1981)를 보라.

182) George Steiner가 저술한 *Language and Silence* (New York: Atheneum, 1977), pp.3-95를 보라.

183) Walter Benjamin이 저술한 *Illuminations* (New York: Schocken, 1986)의 "Theses on the Philosophy of History"와 Johann Baptist Metz가 저술한 *Faith in History and Society* (New York: Crossroads, 1980)에서 이 범주의 사용을 보라. 홀로코스트와 같은 무시무시한 사건 (*tremendum*)에 직면한 유대교 신학과 그리스도교 신학을 위한 이 범주의 적절성에 대한 연구는 Elizabeth Schüssler Fiorenza와 David Tracy가 공동으로 *Concilium* 175 (1984)에 기고한 *The Holocaust as Event of Interruption*에서 발견될 수도 있다. 나는 Irving Greenberg와 Alvin Rosenfeld가 공동으로 편집한 해당 문제에 관한 책 (Indiana University Press, forthcoming)의 한 논평에서 *tremendum*이란 단어의 해석학적이고 그리스도교 신학적인 의미를 다루려고 했다. 여기서 Harold Bloom과 Irving Greenberg와 Emil Fackenheim의 중요한 기여들과 유대교의 반응에 대한 해석학적이고 신학적인 Susan Shapiro의 연구를 보라. 나는 Susan Shapiro와 Steven Kepnes와 Joseph Edelheit에게 이 문제에 대한 나의 성찰에 도움을 준 것에 대해 감사한다.

미국인이 된다는 것은 자유와 다원성의 귀중한 실험에 참여함으로써 자존감을 갖고 살아간다는 것을 의미한다. 그러나 미국의 백인이 된다는 것은 한 민족(북 아메리카 인디안들)의 파괴와 다른 민족(흑인들)의 노예화를 포괄하는 역사에 귀속되어 있다는 것을 의미한다. 고대 그리스인들을 우리의 조상으로 존경하지 않는 것은 진정한 위대함에 대한 의식을 결핍한 사람들에게만 가능한 일이다. 그러나 그리스인들을 존경하고 그들에게 귀속된다는 것은 또한 그들의 역사에서, 즉 우리의 역사에서 다음과 같은 여러 가지 중단들을 인식한다는 것을 의미한다: 타자들에게 야만인의 역할을 부여함; 멜로스 섬(Melos)과 다른 식민지들을 향한 아테네의 제국주의적 보복정책; 폴리스에서 여자들과 노예들의 시험되지 않은 역할; 시러큐스(Syracuse)의 채석장에서 아테네인들의 울부짖음 등.184)

참으로, 우리가 우리의 가장 위대한 서구의 고전들— 히브리 성서와 그리스도교 성서, 그리스인들과 로마인들의 고전들, 그리고 그들의 모든 후손들의 고전들— 을 더 많이 읽고 사랑하면 사랑할수록, 그만큼 더 이 고전들의 주의 요구는 그리스 비극 자체의 주의 요구와 동일한 것이 된다.185) 그리스 비극은 부인할 수 없는 힘과 웅대함으로 우리의 주의를 집중시킨다. 그리스 비극은 우리에게 사고와 행동의 고귀함을 요구하면서

---

184) '아테네의 오만(the hybris of Athens)에 대한 고전적 연구를 위해서는, 아테네의 위대한 역사가 투키디데스(Thucydides)가 저술한 *The Peloponnesian war* (New York: Penguin, 1954)을 보라. 특히, 멜로스 섬과 시러큐스에서의 패배에 대한 그의 논의를 보라. 최근의 학술적 연구를 위해서는, Alvin W. Gouldner가 저술한 *Enter Plato: Classical Greece and the Origins of Social Theory* (New York: Basic Books, 1965)를 보라.
185) 탁월한 연구를 위해서는, David Grene이 저술한 *Reality and the Heroic Pattern* (Chicago: University of Chicago Press, 1967)을 보라.

동시에 우리의 양심을 뒤흔든다. 그리스 비극은 우리의 현재의 비본래성과 자기만족을 폭로한다. 동시에, 그리스 비극은 우리로 하여금 그 자체 안에 절반 정도 은폐된 비극적 결함들에 저항하도록 강요한다.

우리가 위험을 무릅쓰고 고전들과의 진실한 대화를 감행할 때, 우리는 이 대화에서 서구에서만 통용되는 은폐된 비밀목록— 우리를 고통스럽게 하는 어떤 불안을 통하여 우리가 때때로 알게 되고 더욱 자주 의식하게 되는 전체 체계에 영향을 미치는 다양한 "~주의들"(isms): 성차별주의, 인종 차별주의, 계급차별주의, 엘리트주의, 문화지엽주의 — 을 일사천리로 암송할 수 있을 만큼 너무나 손쉽게 이러한 "~주의들"을 발견할 수 있다.[186] 고대 이스라엘 사람들을 우리의 선조라고 주장하는 것은 하나의 영예이다. 그러나 이 주장은 또한 고대 이스라엘 사회의 가부장적 특성에 직면하도록 우리를 강요한다.[187] 우리는 이스라엘 사람들이 가나안 사람들에게 저지른 만행을 잊을 수 없으며 그들이 적들의 자녀들에 대항해서 행한 기도의 의미를 잊을 수 없다. 그리스도교 성서를 해방의 헌장문서로 간직하는 것은 전적으로 올바른 행위이다. 그러나 동시에 우리는 그리스도교 성서의 반유대주의적 요소들, 즉 유대인들을 향한 그리스도교의 "경멸의 가르침"

---

186) 이러한 "~주의들"(isms)을 명시적이고 체계적으로 연관시키는 방법을 찾는 문제에 대해서는, Rosemary Radford Ruether가 저술한 *Sexism and God-Talk: Toward a Feminist Theology* (Boston: Beacon, 1983)를 보라.

187) Elizabeth Schüssler Fiorenza가 저술하고 L. Dale Richesin과 Brian Mahan이 공동으로 편집한 *The Challenge of Liberation Theology: A First-World Response* (Maryknoll, NY: Orbis, 1981)에서 "A Feminist Biblical Hermeneutics: Biblical Interpretation and Liberation Theology"를 보라; 또한 Letty M. Russell이 편집한 *Feminist Interpretation of the Bible* (Philadelphia: Westminster, 1985); Phyllis Trible이 저술한 *God and the Rhetoric of Sexuality* (Philadelphia: Fortress, 1978)를 보라.

을 통하여 수세기 동안 우리에게 영향을 미쳐 왔던 요소들에 직면해야 한다.[188] 그리고 우리는 그리스도교 역사— 참으로, 모든 서구 역사— 에서 수세기 동안 여성들을 종속시켰던 사건들에 막 직면하기 시작했다.

그러나 우리 역사가 얼마나 모호했던가를 살펴보는 것은 단순히 더욱 불가사의한 자기만족의 양식으로, 즉 보편적이고 비효과적인 죄책감의 양식으로 후퇴하는 것이 아니다. 차라리, 아브라함 요수아 헤셸(Abraham Joshua Heschel)이 주장했듯이, "모든 사람이 죄를 범한 것은 아니지만 모든 사람에게 책임이 있다." 여기서 '책임 있는'(responsible)이란 단어는 '응답할 수 있음'을 의미한다. 이 단어는 우리 역사에서 발생한 여러 가지 중단들에 직면할 수 있음을 의미한다. 이 단어는, 항상 그러하듯이, 승리자들에 의해 씌어진 결백한 승리의 모든 시나리오를 폐기할 수 있음을 의미한다. 이 단어는 우리가 이름조차도 알지 못하는 개인들과 민족들의 끔찍한 기억들을 잊어버릴 수 없음을 의미한다. 만약 우리가 이러한 응답들을 시도한다면, 우리는 역사적 책임을 떠맡는 일에 있어 어떤 시작— 그리고 단순히 어떤 시작만— 을 하는 셈이 된다.

우리가 위험을 무릅쓰고 우리의 고전 텍스트들과 대화를 감행한다는 것은 우리가 고전들을 단순히 이데올로기의 본보기로 생각한다기보다는 차라리 고전들 안에서 아모스, 이사야, 룻, 미가, 예레미야, 오이디푸스(Oedipus), 안티고네(Antigone), 메데이아(Medea), 헤라클레스(Herakles)와 같은 인물들을 만난다는 것을 의미한다. '이데올로기의 현존(presence)을 의심하

---

188) Rosemary Radford Ruether가 저술한 *Faith and Fratricide: The Theological Roots of Anti-Semitism* (Minneapolis, MN: Winston Press, 1974); Charlotte Klein이 저술한 *Anti-Judaism in Christian Theology* (Philadelphia: Fortress, 1975)를 보라.

는 일과 '우리 자신 안에, 심지어 우리가 가장 사랑하는 고전들 안에 나타나는 이데올로기의 현실성(actuality)과 직접 대면하는 일'은 완전히 다른 별개의 문제이다. 이러한 읽기에서, 우리의 가장 유익한 이론들은 언제나 우리의 고전 읽기에 형식을 부여해주지만 대화 자체를 대신할 수는 없다. 만약 고전 텍스트가 단순히 일반 이론을 예증해주는 기회에 불과하다면, 우리는 우리 자신을 위해 사태를 너무 단순하게 만드는 것이다. 우리는 욥의 위로자들이나 그의 비방자들과 대화할 필요가 없다. 우리는 본질적으로 그들을 너무 잘 알고 있다. 우리는 욥과 직접 대면할 필요가 있다. 고전에 저항하는 행위는 또한 고전의 위대성을 인정하는 행위만큼 고전과의 대화에서 필요한 반응일 수 있다. 어떤 방법이든, 어떤 해석이든, 어떤 논증이든 이러한 대화에 도움을 줄 수 있다. 그러나 어떤 것도 대화를 대신할 수는 없다.

어떤 고전 텍스트도 그 자체의 생산과정과 수용과정의 다원적이고 모호한 영향사들 없이 우리에게 전해지지 않는다.[189] 또한 르네상스이든 종교개혁이든 계몽주의이든 어떤 고전 사건도 이러한 현상들 없이 우리에게 오지 않는다. 발터 벤야민(Walter Benjamin)이 주장했듯이, "문명이 낳은 모든 위대한 작품은 동시에 야만이 낳은 작품이다." '다원성'(plurality)이란 단어는 모든 언어 연구와 모든 고전 문서들의 연구가 보여주는 '놀라운 다양성'(extraordinary variety)을 제시해주는데 적절한 단어인 것처럼 보인다.

---

189) 이 연구의 핵심적 강조점은 '반응의 다원성과 모호성'에 대한 것이다; 생산적 측면에 대해서는, Janet Wolff가 저술한 *The Social Production of Art* (London: Macmillan, 1981); Ernst Bloch가 저술한 *Aesthetics and Politics* (New York: Schocken, 1977); Janett Wolff가 저술한 *Aesthetics and the Sociology of Art* (London: George Allen and Unwin, 1983)를 보라.

'모호성'(ambiguity)이란 단어는 우리 역사가 열어 밝혀주는 '위대한 선'과 '놀라운 악'의 괴상한 혼합물을 묘사하기에는 너무 온건한 단어일 수 있다. 그러나 적어도 더 적절하고 새로운 단어가 만들어질 때까지, '모호성'이란 단어는 만족스러운 단어임에 틀림없다.190)

'역사적 모호성'(historical ambiguity)은 다음과 같은 당혹스러운 사실, 즉 과거엔 진보적 서구의 계몽과 해방을 표현했던 명백한 역사 이야기가 이젠 고전과 새로운 이야기를 모호하게 혼합한 몽타주, 놀라운 아름다움과 매스꺼운 잔인성을 모호하게 혼합한 몽타주, 부분적 해방과 교묘한 덫을 모호하게 혼합한 몽타주가 되어버렸다는 사실을 의미한다. '모호한'(ambig-uous)이란 단어는 확실히 우리 역사를 기술하는데 적절한 한 가지 방식이 될 수 있다. 한때 우리는 서구의 승리를 기록하여 보관하는 사실주의적 이야기들과 자연주의적 이야기들을 순진하게 믿었을 수도 있다.191) 그러나 이제 이러한 서구의 전통적 이야기들은 근대주의 이야기들— 역사적 혼합물 안에 때때로 나타나는 근대주의 이야기들의 현현물(epiphanies)을 포함하여— 을 자체 안에 풍부하게 담고 있을 뿐만 아니라, 또한 이 모든 근대주의 이야기들에 안녕을 고하는 탈근대주의의 '반(反)이야기들'(an-ti-narratives)도 풍부하게 담고 있다.192)

---

190) 여기서 '모호성'(ambiguity)은 인식적으로는 참과 거짓을 의미할 수 있다; 도덕적으로는 선과 악을 의미할 수 있다; 종교적으로는 성스러운 것과 악마적인 것을 의미할 수 있다.
191) Richard Johnson이 편집한 *Making Histories: Studies in History Writing and Politics* (Minneapolis: University of Minnesota Press, 1982)와 Paul Veyne가 저술한 *Writing History* (Middletown, CT: Wesleyan University Press, 1984)에서 흥미로운 사례 연구들을 보라.
192) 이 문제에 대해서는, Allen Thiher가 저술한 *Words in Reflection* (Chicago: University of Chicago Press, 1985), pp.156-227을 보라.

역사적 글쓰기를 성찰하기 위한 많은 학술적 방법들이 있다.[193] 우리는 역사편찬의 인식론을 분석할 수 있다. 우리는 19세기 역사의식의 관념들과 20세기 역사성의 개념들을 비교할 수 있다. 우리는 다양한 사변철학들과 다양한 역사 신학들의 상대적인 강점들과 약점들을 비교 분석할 수 있다. 마지막으로, 우리는 역사 자체가 사건으로서 가장 잘 이해되는지 혹은 구조로서 가장 잘 이해되는지를 분석할 수 있다.

그러나 우리가 또한 필요로 하는 것 — 다행스럽게도 우리가 이미 소유하고 있는 것 — 은 다음과 같은 역사 연구들을 산출해내는 현대의 역사가들이다: 우리가 현재와 미래의 가능성들과 협상을 벌일 때, 우리가 우리의 다양한 과거들을 이해할 필요가 있음을 강력하게 피력하는 역사 연구들. 현대 역사가들의 연구 범위는 단일한 시대나 단일한 인물에 대한 상세한 분석들로부터 망각된 사건들이나 망각된 개인들이나 망각된 민족들의 회복을 거쳐서 전체 시대에 대한 재해석에 이르기까지 모든 것을 망라한다. 훌륭한 역사가는 삶이라는 것이 일반 관념들을 통하여 성찰되기도 하지만 항상 세부사항들 속에서 체험된다는 관찰의 진리를 어떤 다른

---

193) 여기에 제시된 몇 가지 방법들에 대한 실례들은 다음과 같다: W. B. Gallie가 저술한 *Philosophy and the Historical Understanding* (New York: Schocken, 1964); Raymond Aron이 저술한 *Introduction to the Philosophy of History: An Essay on the Limits of Historical Objectivity* (London: Weidenfeld and Nicolson, 1961); Marc Bloch가 저술한 *The Historian's Craft* (New York: Random, 1953); Jacques Le Goff와 Pierre Norc가 공동으로 편집한 *Faire de l'histoire* (Paris, 1974); Patrick Gardiner가 저술한 *The Nature of Historical Explanation* (Oxford: Oxford University Press, 1952); W. H. Dray가 저술한 *Laws and Explanations in History* (Westport, CN: Greenword, 1957); Alfred Schmidt가 저술한 *History and Structure: An Essay on Hegelian-Marxist and Structuralist Theories of History* (Cambridge, MA: MIT Press, 1981); 여기에 더하여, Paul Ricoeur의 조명적인 작품인 Time and Narrative, 1: 91−231; David Carr가 저술한 *Phenomenology and the Problem of History* (Evanston, IL: Northwestern University Press, 1984).

사상가나 예술가보다 더욱 분명하게 실증할 수 있다. 중세 프랑스의 어떤 호젓한 마을에서 펼쳐지는 일상의 삶에 대한 엠마누엘 라뒤리(Emmanuel Ladurie)의 매혹적인 연구를 주목해보라. 또는 삶의 다원적이고 모호한 세부사항에까지 삶의 기술(art)과 상식에 정통해 있었던 영국문학의 천재, 사무엘 존슨 박사(Doctor Samuel Johnson)를 다룬 월터 잭슨 베이트(Walter Jackson Bate)의 탁월한 전기(biography)를 주목해보라.194)

다른 역사가들은 우리 역사와 우리 자신 안에 나타나는 다양한 중단들과 타자성에 우리가 잘 직면할 수 있도록 돕는 능력을 통하여 우리의 주의를 요구한다. 특히, 페미니스트 역사가들은 우리의 모든 남성 지배적인 역사들 속에서 가장 체계적으로 억압된 "타자들"인 여성들의 역사를 새로운 글쓰기를 통하여 회복시키고 있다.195) 더욱이, 또 다른 역사가들은 지금까지 자주 무시되었던 숙명을 고통스럽게 경험했던 민족들에 대한 연구들을 개척함으로써 "타자"의 고고학에 대한 역사적 관심에 공헌했다.196) 유진 제노비스는 그의 『롤 조던 롤: 노예들이 만든 세계』197)에서,

---

194) Emmanuel Le Roy Ladurie가 저술한 *The Peasants of Languedoc* (Urbana, IL: University of Illinois Press, 1974); W. Jackson Bate가 저술한 *Samuel Johnson* (New York: Harcourt, Brace, Jovanovich, 1975)을 보라.

195) 예를 들어, Elizabeth Schüssler Fiorenza가 저술한 *In Memory of Her: A Feminist Theological Reconstruction of Christian Origins* (New York: Crossroads, 1983); M. Z. Rosaldo와 L. Lamphere가 공동으로 편집한 *Women, Culture and Society* (Stanford, CA: Stanford University Press, 1974); S. McConnell-Ginet, R. Barker, N. Furman이 공동으로 편집한 *Women and Language in Literature and Society* (New York: Praeger, 1980); Elaine Marks와 Isabelle de Courtwren이 공동으로 편집한 *New French Feminisms* (Amherst, MA: Schocken, 1979); *Critical Inquiry*, vol 8, 2 (1981)에 기고된 "Writing and Sexual Difference"를 보라.

196) Michel de Certeau가 저술한 *Heterologies: Discourse on the Other* (Minneapolis: University of Minnesota Press, 1986)를 보라. 또한 Tzvetan Todorov가 저술한 *The Conquest of America* (New York: Harper & Row, 1984)를 보라. 이 작품에서 볼 수 있듯이, 어떤 의미에서, 아날 (*Annales*) 학파는 궁극적인 비인간적 타자들, 풍토, 지리학 등의 중요성에 대한 집중적인 연구를

존 보스웰은 그의 『기독교, 사회적 관용, 그리고 동성애』에서, 그리고 프랜시스 예이츠는 그의 『장미십자회의 계몽』에서 예전에 무시되었던 인물들의 역사 가운데서 어떤 측면들을 성공적으로 회복시켰다. 원주민들과 유럽 정착민들의 역사가 어떻게 하나의 독특한 민족 문화, 즉 오스트레일리아의 문화가 되어 가는지를 훌륭하게 묘사한 마닝 클라크(Manning Clark)의 작품에서와 같이, 때때로 우리는 일반적으로 '동일한 것'으로 여겨졌던 한 민족과 한 사회가 매우 다르다는 점을 발견하고 놀라게 된다.

어떤 역사가들은 과거에 사회 중심부에서 소외된 사람들과 민족들에 대한 이러한 역사들 외에도, 비록 보다 덜 특정한 범주이지만, 또 다른 범주의 역사를 발견했다. 조지 루드(George Rudé)와 리처드 콥(Richard Cobb)의 프랑스 혁명에 대한 연구는 대혁명의 관념이나 대혁명의 단일 등장인물이나 대혁명의 단일 사건에 초점을 맞춘 것이 아니라, 모든 역사적 의미의 담지체로서 대혁명의 의미의 궁극적 담지체인 '민족'에 초점을 맞추었다.[198]

다행스럽게도, 부르크하르트(Burckhardt)와 토크빌(Tocqueville)의 고전들

수행함으로써 이러한 타자의 고고학을 철저화한다고 할 수 있다. 또한 Ferdinand Braudel의 위대한 작품인 *The Mediterranean and the Mediterranean World in the Age of Philip II*, 2 vols. (New York: Harper & Row, 1972–1973)를 보라.

197) (역자주) 유진 제노비스(Eugene Genovese)는 이 작품에서 아프리카계 미국인들이 자신들만의 가족 생활, 사회 전통, 종교 양식을 발전시킬 수 있는 거대한 문화공간을 만들기 위해 노예제도의 기저에 깔려있는 가부장적 정신구조를 어떻게 교묘하게 조작했는지를 보여주고 있다.

198) George Rudé가 저술한 *The Crowd in the French Revolution* (Oxford: Oxford University Press, 1939); Eugene Genovese가 저술한 *Roll Jordan Roll: The World the Slaves Made* (New York: Random, 1976); John Boswell이 저술한 *Christianity, Social Tolerance, and Homosexuality* (Chicago: University of Chicago Press, 1980); Frances Yates가 저술한 *The Rosicrucian Enlightenment* (Boston: Routledge and Kegan Paul, 1972)를 보라.

이 속해 있는 역사적 글쓰기의 위대한 전통은 고대 세계에 대한 뛰어난 연구로 유명한 아르날도 모미글리아노(Arnaldo Momigliano) 및 근대성에 대한 권위 있는 연구로 유명한 한스 블루멘베르크(Hans Blumenberg)와 같은 역사가들의 작품들 속에 여전히 살아있다.199) 헤로도토스(Herodotus), 투키디데스(Thucydides), 플루타르크(Plutarch), 리비(Livy), 타키투스(Tacitus), 수에토니우스(Suetonius)의 고전적 역사들 속에 깊숙이 뿌리내리고 있는 이 전통은 특히 새로운 읽기와 평가를 통하여 우리 자신의 시대에 대한 새로운 관점들을 우리에게 계속 제공해준다. 사무엘 존슨 박사의 런던에 대한 유명한 논평을 빌려오면, 이와 같은 역사 연구들에 싫증을 내는 사람은 누구든지 "삶에 싫증을 내는 것이다."

선(善), 진(眞), 미(美), 성(聖)은 우리 역사 속에 현존하고 있다. 내가 이 책 전체에 걸쳐 주장해 왔듯이, 이러한 실재들은 모든 위대한 고전들과 꾸준하게 대화함으로써 지속적인 회복을 필요로 한다.200) 그러나 우리는 역사에서 발생하는 근본적인 악의 중단들과 직접 대면하기 위해 새로운 전략들을 절실히 필요로 한다. 여기서 어떤 종류의 대화가 우리에게 도움을 줄 수 있는가? 어떤 종류의 논증이 도움이 될 것인가?

앞에서와 같이 여기서도 역시, 연구는 앞으로 진행하기 위한 유일한 방법에 대한 것이 아니다. 차라리, 우리는 지금까지 변호되었던 다원주의적 전략과 보조를 맞추어, 켄네스 버크(Kenneth Burke)와 함께 "이용할 수

---

199) 특히, Arnaldo Momigliano가 저술한 *Alien Wisdom: The Limits of Hellenization* (Cambridge: Cambridge University Press, 1975); Hans Blumenberg가 저술한 *The Legitimacy of the Modern Age* (Cambridge, MA: MIT Press, 1983)를 보라.
200) 이 연구는 "전통"이란 개념을 회복해야 할 필요성을 포함하고 있다; Edward Shils의 권위 있는 작품인 *Tradition* (Chicago: University of Chicago Press, 1981)을 보라.

있는 모든 것을 이용하라"고 다시 말할 수 있다. 여기서도 역시 우리는 해방과 계몽을 위한 투쟁을 진척시키는데 필요한 새로운 전략들을 발견해 내거나 창안해낼 수 있다. 우리는 어떤 특정한 개인들과 민족들 — 이들의 이야기들은 파우스트적 승리자들의 강압적인 이야기들에 의해 왜곡되었다 — 의 파괴적인 기억들을 이끌어내는 새롭고 더욱 복잡한 이야기들을 발전시킬 수 있다. 비록 잠재적인 방식으로라고 하더라도, 우리는 보쉬에 (Bossuet)의 낙관주의나 슈펭글러(Spengler)의 염세주의와 같은 새로운 해석들에 의해 권력을 부여받은 모든 이야기들을 포기해야 한다. 낙관주의와 염세주의는 우리가 우리 역사의 다원성과 모호성에 대한 진정한 이해에 이르는데 별로 도움이 되지 못한다.

저항, 주의, 희망은 더욱 그럴듯한 전략들이다. 예를 들어, 우리는 신화와 우주 자체의 원형을 밝혀내기 위해 엘리아데(Eliade)와 융(Jung), 울프(Woolf)와 포크너(Faulkner), 슈트라빈스키(Stravinsky)와 샤갈(Chagall)과 같은 위대한 근대 사상가들에 대한 연구를 계속할 수 있다. 이 근대의 전략들은 오로지 역사 안에서만 모든 의미를 발견하려고 하는 우리의 서구식 강박관념에 도전한다. 양자택일적으로, 탈근대의 작가들, 영화 제작자들, 록 음악가들과 함께, 우리는 혼란(chaos) — 이것은 우리의 역사적 상황을 그대로 표현해주는 단어이다 — 을 불러일으키는 새로운 '반(反)이야기들'을 고안해낼 수 있다. 고대 고전들의 가장 훌륭한 해석자들과 함께, 우리는 또한 위험을 무릅쓰고 우리에게 토대를 부여해주는 모든 텍스트들의 놀라운 주장들과 계속해서 대화할 수 있다. 우리는 상대적으로 최근에 나온 발자크, 디킨스, 브론테(Brontë), 멜빌(Melville)의 위대한 사실주의 이야기들 속에 숨어있는 유토피아적 충동을 연구함으로써 게오르그 루카치 (Georg Lukacs)[201]의 전략들과 계속 대화할 수 있다. 무엇보다도, 우리는 타자들의 이야기에 귀를 기울이는 법을 배워야 한다. 특히, 이 "타자들"은 자신들의 역사와 고전에 대한 해석들 위에 강압적으로 부과된 우리의 '타자성'을 고통스럽게 감수해야 했다. 이 모든 갈등을 일으키는 전략들을 통하여, 우리는 적어도 서구 절대자아의 해체가 또한 우리의 유럽 중심적인 역사의 해체를 발생시킬 수 있다는 점을 인식해야 한다. 그리고 우리 자신에 대한 이러한 저항은 또한 희망이기도 하다.

우리는 종종 우리의 근대 이론들을 부끄럽게 할 만큼 강한 힘을 가진 고전들 속에서 이와 똑같은 종류의 통찰을 재발견할 수 있다. 결국 아이스킬로스와 소포클레스는 모호성의 전문가들이고 에우리피데스는 다원성의 전문가이다. 이사야와 예레미야는 위기의 시대에 어떻게 저항해야 하는지를 우리에게 가르쳐줄 수 있다. 욥기, 룻기, 전도서는 절망적인 시대에 희망의 의미를 우리에게 가르쳐줄 수 있다. 우리는 해석을 통하여 여류시인 사포(Sappho)의 놀라운 은유들, 플라톤의 소크라테스 대화편, 아리스토텔레스의 논증들, 그리고 예수의 비유들 속으로 들어갈 수 있다.

또 다른 전략은 우리의 의혹을 어느 정도 풀어줄 수 있는 자아와 사회에 대한 근대의 모든 비판이론을 연구하는 것이다. 참으로, 역사 자체가 닥치는 대로의 사건들을 나열한 목록 — 꼬리에 꼬리를 무는 저주스러운 사건들의 목록— 이나 지식층을 위한 오락형식이 되지 않으려면, 우리는 또한

---

201) 사실주의 소설에 대해서는, Georg Lukacs가 저술한 *Studies in European Realism* (New York: Grosset and Dunlap, 1964)과 *The Meaning of Contemporary Realism* (London: Merlin Press, 1963)을 보라.

우리의 사회와 역사를 적절하게 분석하기 위해 근대 사회과학의 비판적 분석들을 충분하게 이용할 필요가 있다.202) 우리는 근대성 안에서 모든 실재의 합리화와 관료화에 대한 막스 베버의 분석으로부터 무엇인가를 배우기 위해 베버식 염세주의자가 될 필요는 없다. 우리는 모든 문화 속의 물질적 실재들에 대한 마르크스의 분석으로부터 무엇인가를 배우기 위해 마르크스의 경제이론에 무조건 굴복할 필요는 없다.203) 우리는 우리의 후기 산업시대의 과학기술을 포함하여 근대의 과학기술적 변화들이 얼마나 깊숙이 모든 역사에 영향을 미치는지를 배우기 위해 루이스 멈퍼드 (Lewis Mumford)의 과학기술주의를 승인할 필요는 없다.204)

---

202) 반복해서 말하면, 현재의 연구는 마르크스, 베버, 뒤르켐, 하버마스의 사회 비판이론에 의해 보충될 수도 있고 수정될 수도 있다. 예를 들어, Jürgen Habermas가 저술한 영어 번역본 *The Theory of Communicative Action*, vol. 1 (Boston: MIT Press, 1984)과 독일어 원본 *Theorie des kommunikativen Handelns* 2 (Frankfurt, 1981); Anthony Giddens가 저술한 *Central Problems in Social Theory: Action, Structure and Contradiction in Social Analysis* (Berkeley and Los Angeles: University of California Press, 1979)와 *The Constitution of Society* (Cambridge: Cambridge University Press, 1984); Edward Shils가 저술한 *Center and Periphery: Essays in Microsociology* (Chicago: University of Chicago Press, 1975)를 보라.

203) *Theory of Communicative Action*, vol. 1에서 마르크스의 유물론적 변증법 개념의 공헌과 한계가 무엇이고 베버의 합리성 분석의 공헌과 한계가 무엇인지에 대한 하버마스의 분석을 보라. 앞에서 인용된 작품들을 제외하고 하버마스에 대한 논의를 위해서는, 또한 Garbis Kortian이 저술한 *Metacritique* (Cambridge: Cambridge University Press, 1980); Richard J. Bernstein이 저술한 *The restructuring of Social and Political Theory* (New York: Harcourt, Brace, Jovanovich, 1976); John B. Thompson과 David Held가 공동으로 편집한 *Habermas: Critical Debates* (Cambridge, MA: MIT Press, 1982)를 보라.

204) 특히, Lewis Mumford가 저술한 *Art and Technics* (New York: Columbia University Press, 1964)와 *The Myth of the Machine* (New York: Harcourt, Brace, Jovanovich, 1967)을 보라. 또한 Teresa de Lauretis, Andreas Huyssen, Kathleen Woodward가 공동으로 편집한 *The Technological Imagination: Theories and Fictions* (Madison, WI: Coda Press, 1980); Kathleen Woodward가 편집한 *The Myths of Information: Technology and Post-industrial Culture* (Madison, WI: Coda Press, 1980)를 보라. 여기서 나는 '새로운 과학기술 혁명'이란 주제로 개최된 1984년 세미나에 나의 참석을 허용해준 아스펜(Aspen) 연구소와 이 주제에 대한 유익한 성찰로 나에게 도움을 준 James Buchanan에게 감사하고 싶다.

이러한 중단들은 우리의 역사와 사회에서 무엇인가가 근본적이고 체계적으로 왜곡되어 있다고 믿도록 우리를 유도하는가? 우리의 유일한 문제가 단순한 '실수'(error)일 때, 우리는 대화와 논증으로 이 문제를 해결할 수 있다. 그러나 만약 우리가 '실수'보다 더 파악하기 어렵고 심원한 어떤 것에 직면하게 된다면, 만약 우리가 '전체 체계에 영향을 미치는 왜곡'에 직면하게 된다면, 또 다른 지성적 전략이 요구된다. 우리는 이 다른 전략을 "의혹의 해석학"(hermeneutics of suspicion)이라고 부른다.[205]

'실수'와 '전체 체계에 영향을 미치는 왜곡'의 차이를 이해하는 것은 '근대성'과 '탈근대성'의 중심적 차이를 이해하는 것이다. 근대의 의식은 모든 희망을 합리적 의식에 고정시킨다는 점에서 근대적이라고 할 수 있다. 아테네에서 처음으로 시작된 소크라테스적이고 소피스트적인 지성적 혁명으로부터 17세기 과학혁명과 18세기 계몽주의를 거쳐서 19세기와 20세기 이성의 여러 가지 전략들에 이르기까지, 고대의 이성과 근대의 합리성은 무의식적 낙관주의에 의해 촉진되어 왔다. 오로지 생각 없는 사람들만이 우리 문화에서 서구 이성의 해방적 발견들을 제거하고 싶어 할 것이다. 그러나 니체가 이성에 대한 소크라테스의 믿음 속에 들어있는 모호성과 투쟁함으로써, 그리고 키에르케고르가 헤겔주의자들의 우스꽝스러운 딜레마를 폭로함으로써, 근대성에서 처음으로 표현되었던 '탈근대적 의식'은 이제 서구의 이성 관념들 안에 숨어있는 낙관주의를 깊이 의심하게 되었다.

---

205) 이 용어에 대해서는, Paul Ricoeur가 저술한 *Freud and Philosophy* (New Haven, CT: Yale University press, 1970), pp.32-36을 보라.

'합리적 의식'은 우리 역사의 최고의 업적에 속한다: 예를 들어, 많은 전통 인문주의의 문화적 분석들; 관념들의 역사를 분석하기 위한 일부 역사가들의 방법들; 많은 소설가들의 사실주의 이야기들과 자연주의 이야기들; 많은 근대 철학자들의 개념적 분석들; 근대성에 대한 많은 이해들 속에 살아있는 계몽주의 모델; 많은 근대 심리학 속에 넓게 확산되어 있는 계몽주의 모델 등등.206) 합리적 의식의 승리에 대한 낙관주의적 믿음은 이 모든 사례들 속에 계속해서 살아있다. 물론, '실수'(error)는 합리적 의식의 유일한 문제이다. 참으로, '실수'는 이성에 대한 낙관주의적 설명에 있어서 유일한 문제이다. 왜냐하면 자율성, 성숙, 일관성을 소유한 근대의 자아는 더 높은 계몽으로 불가피하게 진보해 나가기 때문에 더 훌륭한 합리적 논증이나 더 이치에 맞는 대화를 발견함으로써 '실수'를 확실하게 처리할 수 있다고 생각하기 때문이다.

최상의 상태에 있는 종교들은 실수, 합리적 의식, 자아에 대한 낙관적 해석들에 저항함으로써 근대성에 저항한다. 예를 들어, 그리스도교의 경우에 죄는 단순한 실수가 아니다. 죄는 존재의 상태와 인격적 책임성을 근본적으로 왜곡시키는 비본래적 실존으로 이해된다. 죄는 스스로를 정립시킨다. 죄는 교활하든 잔학하든 자아의 내면으로 깊숙이 침투하여 자아를

---

206) 예를 들어, 인식발달을 다루고 있는 Jean Piaget의 작품인 *Psychology and Epistemology: Towards a Theory of Knowledge* (New York: Orion Press, 1971)를 보라; 또한 도덕발달을 다루고 있는 Lawrence Kohlberg의 작품인 *The Psychology of Moral Development* (New York: Harper & Row, 1983)를 주목해보라. 그러나 또한 Carol Gilligan이 저술한 *In a Different Voice* (Cambridge, MA: Harvard University Press, 1982)와 James Fowler가 저술한 *Becoming Adult, Becoming Christian: Adult Development and Christian Faith* (San Francisco: Harper & Row, 1984)에서 Kohlberg에 대한 중요한 수정을 주목해보라.

분산시킨다. 자아는 자기 망상의 더욱 교묘한 변증법을 통하여 자아 자신에게로 계속해서 돌아선다(curvatus in se). 모든 것을 소진시키는 자아를 통하여 모든 실재의 지배를 요구하는 것은 단순한 실수가 아니라, 자아 속에 깊이 침투해 있는 치명적인 어떤 것이다. 자아의 관점에서 볼 때, 이것은 '근본적인 소외' 혹은 '전체 체계에 영향을 미치는 왜곡'이라고 불려진다.[207] 궁극적 실재의 관점에서 볼 때, 이것은 '죄'라고 불려진다. 여기서 죄는 자아가 자신의 유한성을 제멋대로 부인하는 행동이나 궁극적 실재에 대한 자신의 의존을 제멋대로 거부하는 행동을 의미한다. 이러한 부인과 거부를 통하여 자아는 자연과 역사와 타자들로부터 자신을 소외시키고 결국에는 자신으로부터 자신을 소외시킨다. 죄의 불가피성에 대한 이러한 강조는 너무 자주 모든 이성에 대한 무절제한 공격을 수반하게 되었다. 그럼에도 불구하고 우리가 이것을 죄라고 부르든 혹은 소외라고 부르든, 이러한 전체 체계에 영향을 미치는 왜곡은 아우구스티누스로부터 루터, 칼빈, 파스칼, 키에르케고르를 거쳐서 20세기 초의 신정통주의 신학자들에 이르기까지 서구 그리스도교의 위대한 고전들을 읽는 모든 독자들에게 주목받지 않을 수 없다.[208]

---

207) 물론, 여러 종교들에서 '자아'라는 개념은 위대한 유일신 종교들에서 '자아의 책임성'에 대한 분석(H. R. Niebuhr가 저술한 *Radical Monotheism and Western Culture* [New York: Harper & Row, 1960]를 보라)으로부터 많은 동양적 사고들 가운데 특히 힌두교와 불교의 사고에서 '환상으로서의 자아'에 대한 분석에 이르기까지 다양하고 광범위하게 나타난다. 방대한 저술들 가운데서도, 특히 Charles A. Moore가 편집한 *The Japanese Mind* (Honolulu, HI: University of Hawaii press, 1967)에서 "The Status of the Individual in Mahayana Buddhist Philosophy"를 보라. 서구의 유일신론적 관념들의 공헌과 모호성에 대한 최근의 신학적 분석을 위해서는, Claude Geffré와 Jean-Pierre Jossua가 공동으로 *Concilium* 177 (1985)에 기고한 *Monotheism*을 보라.

208) 서구 그리스도교의 경우에, 여기서 고전 작품은 여전히 아우구스티누스의 것이다. 특히, 『고백

우리는 오로지 그리스도교의 은총의 의미를 파악함으로써만 그리스도교의 죄의 의미를 이해할 수 있다. 『카라마조프가의 형제들』에서 도스토예프스키와 같은 급진적 그리스도교인의 경우와 같이, 우리의 은총의 교리가 급진적인 한 우리는 우리가 원하는 만큼 급진적 죄의 교리를 가질 수 있다. 참으로 자아의 변증법에 대한 키에르케고르의 분석이 명백하게 보여주듯이, 우리는 오로지 하나님의 은총의 능력에 직면함으로써만 죄가 무엇인지를 이해할 수 있다. 은총은 양극적으로 '선물'과 '위협'으로 다가온다. 선물로서의 은총은 우리를 변화된 자유의 삶으로 완전히 돌아서게 할 수 있다(conversio). 그러나 은총은 또한 우리가 우리 자신에게 행했던 행동과 모든 실재를 파괴하려는 우리의 성향에 가혹한 빛을 던짐으로써 위협으로서 다가온다. 더 나아가, 만약 우리가 궁극적 실재를 지배할 수 없다면, 은총은 심지어 궁극적 실재까지도 파괴하려는 우리의 성향에 가혹한 빛을 던짐으로써 위협으로서 다가온다. 은총은 다음과 같은 놀라운

록』에서 그의 자아의 변증법과 후기 반펠라기우스적 연구들에서 인간의 죄에 대한 그의 보다 더 철저한 묘사를 보라. 근대에 파스칼과 키에르케고르는 여전히 그리스도교 고전 텍스트들의 위대한 저자들이다. 도스토예프스키가 동방정교 그리스도교를 대표하는 고전 작가로 이해될 수 있는 한, 동일한 종류의 아우구스티누스적인 의미가 '역사 속의 자아'라는 서구식 변증법에 대한 분석 보다는 차라리 인간과 우주의 관계에 대한 심원한 분석과 함께 동방 그리스도교 속에 침투해 있다. 비록 동방 그리스도교의 천재 도스토예프스키는 종종 반아우구스티누스적인 특성을 갖고 있었지만 말이다. 이러한 의미에서, 우리가 희망할 수 있듯이, 동방정교는 자아에 대한 서구 그리스도교의 아우구스티누스적 관심사와 자아에 대한 불교와 힌두교의 우주론적 관심사가 어떤 새로운 변증법 — 예를 들어, Mircea Eliade의 권위 있는 작품인 *Cosmos and History: The Myth of the Eternal Return* (Princeton, NJ: Princeton University Press, 1954)에서와 같이 — 을 발견할 수 있는 공동의 장소를 제공해줄 수 있을 것이다. 아우구스티누스 전통에 대한 근대 서구의 분석과 발전에 대해서는, Paul Ricoeur가 저술한 *The Symbolism of Evil* (Boston: Beacon, 1967); Rangdon Gilkey가 저술한 *Reaping the Whirlwind: A Christian Interpretation of History* (New York: Crossroads, 1976)를 보라. 근대 문학에서 "자아"의 딜레마에 대한 분석을 위해서는, Robert Jones가 *Commonweal* 112 (1985): pp.305-307에 기고한 "Confessing Our Selves"를 보라.

과정을 명명하기 위해 그리스도교인들이 사용하는 단어이다. 은총은 궁극적 실재가 순수하고 무한한 사랑의 하나님으로 신뢰받을 수 있다는 사실을 계시해주는 선물로서 우리의 삶에 용솟음치는 능력이다. 은총은 어떤 의식적인 실수보다 더욱 근본적인 수준에서 우리 자신을 속이고 싶어 하는 우리의 끊임없는 유혹들을 중단시키는 능력이다. 은총은 점차적이지만 실질적으로 옛 습관들을 변화시키는 능력이다.209) 어떤 해석자도 '능력'이란 단어를 사용하지 않고 그리스도교인들이 의미하는 내용을 이해할 수 없다. 이것은 근본적으로 도덕적인 위반, 죄, 실수, 잘못을 심판하고 치유하기 위해서가 아니라, '전체 체계에 영향을 미치는 궁극적 왜곡인 죄 자체'를 심판하고 치유하기 위해 선물과 위협으로 다가오는 능력이다. 이것이 바로 '이반 카라마조프'는 이해했지만 '대심문관'은 이해하지 못했던 그 능력이다.210)

---

209) 여기서 나는 "의인화"와 "성화"에 대한 고전적인 신학적 논의들을 언급하고 있다. 내가 인정하듯이, 내가 여기서 제시하는 읽기는, 아마도 슐라이어마허의 읽기와 웨슬리의 읽기가 프로테스탄트 전통에 제시되었던 것처럼, 가톨릭적인 읽기이다!

210) (역자주) 데이비드 트레이시의 이 진술은 상세한 설명을 요구한다. 도스토예프스키의 『카라마조프가의 형제들』에서 무신론자인 이반 카라마조프(Ivan Karamazov)는 독실한 그리스도교 신자이자 동생인 알료사에게 자신이 무신론자가 된 이유를 "대심문관"이란 이야기를 통하여 설명하고 있다. 이반은 16세기 스페인 가톨릭교회의 추기경인 대심문관의 입술을 통하여 예수 그리스도를 '정의'의 법정에 세우고 심문한다. 이 심문에서 대심문관은 예수에게는 유죄를 선고하고 인간들에게는 무죄를 선언한다. 대심문관은 결국 종교적인 죄 때문에 인간들에게 유죄를 선고한 신의 판결이 부당하다고 생각했다. 여기서 이반이 부정하는 것은 '신'이 아니라 신이 창조한 '세계'이다. 그렇다면, 이반이 부정하는 이 세계는 도대체 어떤 세계인가? 어느 날, 2천명의 농노들을 거느린 장군 출신의 어떤 지주가 자신이 사랑하는 개가 한쪽 다리를 절룩거리고 있는 것을 목격한다. 이때 그 지주는 누가 자신의 사랑스러운 개의 다리를 저렇게 만들었느냐고 하인들에게 물었다. 그러자 어떤 하인이 여덟 살 된 어떤 농노의 자식이 돌로 장난을 치다가 개의 다리를 저렇게 만들었다고 대답했다. 그 대답을 들은 지주는 화를 벌컥 내면서 그 어린아이를 잡아 헛간에 가두도록 하고 다음날 아침 날이 밝자 모든 농노들과 하인들과 관리인들을 불러 모으도록 했다. 거기에는 그 어린아이의 어머니도 있었다. 이 모든 사람들이 다 모이자 지주는 사냥개들을 풀도록 명하여 모든 사람들과 그 어머니가 보는 앞에서 그 어린아이를 물어뜯어 죽게 했다.

그렇다면, 신은 왜 이 죄 없는 어린아이의 죽음을 허용하는 것일까? 이 죄 없는 어린아이의 죽음도 신의 섭리와 세계의 조화를 위한 것인가? 이 무고한 어린아이의 죽음에 대한 보상은 어디에서 얻어질 수 있는가? 이런 부조리한 세계에서 일어나는 악과 고통이 저 세상의 구원과 보상으로 완전히 충족될 수 있는가? 이반은 이런 질문들에 응답하기 위해 '사랑의 왕국'을 '정의의 왕국'으로 변화시킨다. 왜냐하면 사랑의 원리는 어린아이들이 겪고 있는 부당한 고통과 죽음을 부당하게 허용하는 이념이기 때문이다. 이반에 의하면, "어린아이들의 고통으로 진리를 구입하는 데 필요한 고통의 금액을 보충해야 한다면, 나는 미리 단언해 두는 바이지만, 그리스도교의 진리 자체도 그만한 대가를 치를 가치가 없는 것이다." 이반은 섭리와 조화라는 이름으로 그리스도교가 어린아이들의 고통과 진리 사이에 만들어 놓은 깊은 상보 관계를 거부한다. 더 나아가, 이반은 어린아이들의 고통에 대한 보상을 이 세계에서 확인하지 못하는 한, 이 세계의 입장권까지도 거부하고 보상받지 못한 고통과 함께 남는 쪽을 선택한다. 이반에 의하면, "난 조화를 원치 않아. 난 차라리 보상받지 못한 고통과 함께 남고 싶어. 설령 내 생각이 틀렸다 하더라도, 차라리 보상받지 못한 고통과 해소되지 못한 분노를 품은 채 남을 거야.... 난 이 세계의 입장권을 정중히 반납하겠어." 여기서 이반의 가장 처절한 절규 밑에서 들려오는 가장 무서운 역설은 '설령 ~라고 할지라도(même si)'이다. 이 역설은, 설령 신이 존재한다 할지라도, 설령 세계의 신비가 진리를 품고 있다 할지라도, 설령 알료사가 옳다 할지라도, 죄 없는 어린 아이들에게 부당하게 가해지는 고통과 죽음이 그 진리의 대가로 치러지는 상황을 이반은 받아들일 수 없다는 것을 의미한다. 여기서 이반은 예수 그리스도를 통한 구원을 거부한다. 이반이 보기에, 신앙은 영생으로 가는 길이지만 동시에 악을 받아들이고 불의를 감수하는 길이기도 하기 때문이다. 그렇다면, 이반의 결론은 무엇인가? 영생과 진리와 구원을 거부한다면 이반에게 남는 것은 도대체 무엇인가? 그것은 바로 태초의 힘을 사랑하는 삶이다. 삶의 의미가 사라져도, '태초의 힘을 사랑하는 삶'은 여전히 남는 것이다. 이반은 이제 신 없이 살아가기를 원한다. 이반은 푸른 대지에서 이성과 논리가 아니라 속 깊은 원초적 사랑으로 신 없이 계속 살아갈 것이다. 영생, 진리, 구원이 없다면 상도 벌도 없고 선도 악도 없다. 이러한 상태에서 살아간다는 것은 무엇을 의미하는가? 여기서도 삶은 행동을 요구한다. 그러나 신이 없다면 행동의 법도 있을 수 없다. 행동의 법이 없으므로, 이반에게는 "모든 것이 허용된다." 이 유명한 이반의 명제는 니체와 카뮈의 무신론으로 유입된 후 서구 역사의 허무주의로 확대될 운명에 놓인다. 어린아이들의 고통을 보고 정의의 이름으로 신을 심문했던 이 무신론자가 신을 거부하고 자신이 신이 되려고 하는 바로 그 순간, 그는 살인의 정당성을 인정하는 셈이다. 모든 것이 허용된다면, 그는 아버지를 죽일 수도 있고, 적어도 아버지가 살해되는 것을 이념적으로 지원할 수도 있다. 이반은 바로 후자를 선택함으로써 그의 형 드미트리 카라마조프가 자기 아버지 파블로비치 카라마조프를 살해하는데 정신적 지주의 역할을 한다. 도스토예프스키는 이반 카라마조프란 등장인물을 통하여 그리스도의 통칭인 '신-인간'이 아니라 인간 스스로가 신이 되는 '인간-신'을 만들어냈다. 그렇다면 인간은 신을 세계 밖으로 추방하고 자기 스스로가 '인간-신'이 되어 반항 속에서 살아갈 수 있으며, 또한 반항 속에서 버틸 수 있는가? 신을 자신의 세계에서 몰아낸 후, 이반은 "모든 것이 허용된다"라는 허무주의적 명제를 인식하고 아버지의 살해를 부추기고 방관한다. 그러나 이반은 더 이상 버티지 못하고 자기모순에 빠져 미친 후 죽음에 이른다. 자신의 가까운 이웃을 어떻게 사랑할 수 있는지를 이해하지 못했던 이 무신론자는 또한 그 이웃을 어떻게 죽일 수 있는지도 이해할 수 없었던 것이다. 그렇다면, 무신론자 이반은 어떻게 대심문관의 입술을 통하여 예수를 심문하는가? 도스토예프스키의 "대심문관" 이야기는 16세기 스페인 세비야에서 종교재판이 거행되는 시기로 거슬

그리스도교 이외의 다른 종교들 가운데 특히 불교의 많은 형식들은

러 올라간다. 이 이야기에 등장하는 예수 그리스도는 영광의 재림 예수가 아니라 남루한 옷차림을 한 약 15세기 전의 역사적 예수이며, 이반의 입술을 통하여 예수 그리스도를 심문하는 대심문관은 어떤 스페인 가톨릭교회의 추기경이다. 그의 심문내용은 마태복음 4장 1—11절에 나오는 마귀의 시험 이야기와 연관되어 있다. 여기서 도스토예프스키는 대심문관의 입술을 통하여 미래에 히틀러와 무솔리니를 통하여 실현될 국가 사회주의와 레닌과 스탈린을 통하여 실현될 사회주의의 비극을 예언한다. 이제 이 역사의 비극은 히틀러의 아우슈비츠와 구소련의 강제노동 수용소를 만들어낼 참이다. 대심문관은 약 15세기 전에 나사렛 예수가 받은 마귀의 시험을 언급하면서 심문을 시작한다. 그러나 예수는 이 이야기가 끝날 때까지 대심문관의 심문에 어떤 응답도 하지 않고 오로지 침묵으로만 일관한다. 여기서 대심문관은 예수가 마귀의 시험에 올바르게 대처하지 못했다고 불평하면서 마귀가 전적으로 옳았다고 판결을 내린다. 민중을 행복하게 해줄 수 있는 유일한 길을 제시한 쪽이 예수가 아니라 마귀였다는 것이다. 대심문관은 민중들의 보편적 행복이 선과 악 사이를 선택하는 신앙적 자유에 의해서가 아니라 세계의 지배와 통일에 의해 얻어질 수 있다고 예수에게 말한다. 세계의 지배와 통일은 마귀의 시험 중에 예수가 제시한 '하나님의 말씀'이나 '신앙의 자유'를 통해서가 아니라, 마귀가 제시한 물질적인 '빵'이나 '기적'을 통하여 민중들에 의해 성취될 것이다. 왜냐하면 민중들은 하나님의 말씀이 아니라 빵을 원하며, 신앙의 자유가 아니라 기적을 원하기 때문이다. 결국 민중들은 자유를 성직자들에게 반납하면서, '우리를 노예로 삼되 우리에게 빵을 주시는 편이 더 낫습니다'라고 고백할 것이다. 민중들을 주인으로 세우는 천상의 왕국이 실제로 지상에 도래할 때까지 우선 지배하고 정복해야 한다. 세계의 지배와 통일은 모든 수단과 방법을 가리지 않고 무차별적으로 수행될 것이다. 왜냐하면 "모든 것이 허용되어 있기 때문이다." 이와 같이, 대심문관은 민중들이 예수에 의해 제시된 신앙의 자유를 감당할 수 없음을 너무나 잘 알고 있었다. 그는 끊임없이 역사의 모호성에 속아 실망하는 이 '죄수(예수)'에게 차가운 연민을 느낀다. 그는 이 침묵하는 죄수가 역사에서 로마의 카이사르들과 지배자들의 제국 건설이 옳았음을 인정하도록 압박한다. 그러나 죄수는 아무 말이 없다. 따라서 제국 건설이란 역사적 과제는 침묵하는 죄수를 배제한 채로 계속 수행될 것이다. 결국 민중들은 이 죄수를 죽일 것이다. 그러나 제국 건설과 죄수의 처형은 역사의 종말에 이르러서야 비로소 정당화될 것이다. 그러나 죄수는 결국 대심문관이 제시하는 세계적 과업에 동의하지 않아서 세계 역사로부터 추방된다. 이제 대심문관, 카이사르들, 지배자들은 신 없는 세계에서 "모든 것이 허용된다"란 무신론적 명제를 내걸고 역사 위에 군림할 것이다. 그들은 천상의 빵과 신앙의 자유를 거부하면서, 거만하게도 민중들에게 지상의 빵과 기적을 제공할 것이다. 민중들은 '추방된 신'처럼 그들을 숭배하며 따를 것이다. 민중들은 '십자가에서 내려오라! 그러면 우리가 믿겠노라!' 라고 이미 골고다 언덕에서 외쳤지만, 그는 '기적'에 의한 신앙이 아니라 '자유'에 의한 신앙을 민중들에게 주고 싶었기 때문에 내려오지 않았다. 그러나 이것은 착각이었다. 이제 더 이상 증거는 없다. 그리스도가 제시하는 자유로운 신앙은 단지 수도사에게만 어울리는 환상일 뿐이다. 이제 그리스도는 역사로부터 추방되었다. 이제 "모든 것이 허용되었고," 로마 제국 시대로부터 스탈린에 이르기까지 발생했던 수세기에 걸친 엄청난 비극적 사건들이 정당화될 참이다. 이제 지배자들과 민중들은 신과 함께 완수하지 못했던 세계의 통일을 신과 맞서면서 완수하게 될 것이다. 이와 같이, 이반은 죄의 왜곡이 얼마나 인간 사회를 병들게 하는지를 이해하고 있었지만, 대심문관은 그렇지 못했다. 그래서 대심문관은 신을 세계로부터 추방한 후 이 땅 위에 인간의 제국을 건설하려고 했던 것이다.

일상적 의식이 '무명'(無明)[211])에 근거한 환상이라고 가르침으로써 인간 조건을 보는 방식에 있어 그리스도교와 유사한 통찰을 예증해준다.[212]) 처음에, 우리는 단순히 환상을 경험하지나 않을까하며 의혹한다. 오로지 더 높은 의식에 이르는 깨달음의 여행을 통해서만 그리고 오로지 공(空)이나 진여(眞如)[213])와 같은 궁극적 실재의 계시를 통해서만, 우리는 가장 근본적인 전체 체계에 영향을 미치는 환상— 즉, 일상적 의식의 힘과 합리성의 힘을 믿도록 끊임없이 우리를 유혹하는 제일의 무명(無明)— 의 완전한 범위를 올바르게 해석할 수 있다. 오로지 이때에만 우리는 우주와 우리의 근본적인 관계맺음을 경험함으로써 우리가 가장 소중하게 간직하고 있는 환상, 즉 실질적인 자아에 집착하는 행위를 중단하게 된다. 이 깨달음의 선물은 또한 자아에 대한 우리의 일상적 이해를 공격하기 때문에 하나의 위협이 된다. 결국, 이 깨달음과 함께 변화된 자아는 윤회와 열반이 하나임을 깨달을 수 있다. 최상의 상태의 종교들은 고전적인 종교적 텍스

---

211) (역자주) "무명"(無明)은 불교의 가르침 가운데 십이인연(十二因緣)의 하나로서 현상계의 사물이 무상함을 모르고 욕망을 일으켜 윤회의 원인이 되는 것을 의미한다. 불교의 궁극적 목적은 인간의 윤회적인 생존을 끊고 인간의 가장 근본적인 번뇌인 무명을 소멸함으로써 해탈을 얻는 것이다. 인간은 윤회의 원인이 되는 무명을 소멸함으로써 고통과 번뇌로부터 자유로워질 수 있다.

212) 이 문제에 대한 방대한 저작들 가운데서, 특히 Stephen Beyer가 저술한 *The Buddhist Experience: Sources and Interpretations* (Encino, CA: Dickenson, 1974); Edward Conze가 저술한 *Buddhist Thought in India* (Ann Arbor, MI: University of Michigan press, 1962); Kenneth Ch'en이 저술한 *The Chinese Transformation of Buddhism* (Princeton, NJ: Princeton University Press, 1973); Mircea Eliade가 저술한 *Yoga: Immortality and Freedom* (Princeton, NJ: Princeton University Press, 1958); Wendy Doniger O'Flaherty가 저술한 *The Origins of Evil in Hindu Mythology* (Berkeley and Los Angeles: University of California Press, 1976)와 *Dreams, Illusions and Other Realities* (Chicago: University of Chicago Press, 1984)를 보라.

213) (역자주) "진여"(眞如)는 불교의 가르침 가운데 하나로서 어떤 특수한 원리에 근거한 진리를 배척하고 제법(諸法)의 실상을 나타내는 '있는 그대로'의 존재 양식을 진리로 생각한다는 것을 의미한다.

트들을 해석하려는 모든 근대의 정신들에게 모든 것이 근대의 합리적 의식과 조화를 이루는 것은 아니라는 사실을 상기시킨다.[214] 근대의 자아는 해변의 모래사장 위에 세워졌다. 단순한 실수보다 훨씬 더 심각한 어떤 것이 위태로운 상태에 빠져있다. 낙관주의나 염세주의보다 훨씬 더 끈덕진 어떤 것이 요구된다. 어떤 것은 심지어 프로이드나 마르크스가 우리의 전체 체계에 영향을 미치는 왜곡들에 대한 그들의 차별적인 분석들을 통하여 제시한 것보다 훨씬 더 철저하게 왜곡되어 있을 수도 있다. 우리는 이 철저하게 왜곡된 어떤 것을 그리스도교의 죄와 불교의 무명(無明)이라고 명명할 수 있다.

그러나 종교들은 또한 죄 혹은 무명(無明)과 같은 범주들의 영향사를 포함하여 자신들의 모호한 영향사를 갖고 있다. 이 책의 끝 부분에 가서야 우리는 종교들이 탈근대적 의식으로 되돌아간 현상에 대해 더 충분하게 연구할 것이다. 현재의 목적을 위해, 우리는 단순히 종교들 안에 이해할 가치가 있는 자원들이 있음을 주목하는 것에 만족할 것이다. 그러나 근대성은 비종교적이고 가끔 반종교적인 선구자들에게로 방향을 전환함으로써 서구인들이 *계몽주의*라고 부르는 것 안에서 구현된 합리성 모델의 한계와 결함으로부터 어떤 교훈을 배웠다. 세속문화의 위대한 "탈신학자들"(posttheologians) —— 다윈, 마르크스, 프로이드, 니체, 페미니스트 사상가들—— 은 여러 가지 상충하는 색다른 이야기들을 통하여 단 하나의 교훈을 가르쳐주었다. 그것은 근대의 합리적 의식의 부서지기 쉬운 특성에 관한

---

214) 여기서 "합리성," "근대성," "탈근대성"과 같은 개념들은 논의의 중심 주제들이다; Martin Hollis와 Steven Lukes가 공동으로 편집한 *Rationality and Relativism* (Cambridge, MA: MIT Press, 1982) 뿐만 아니라 또한 위에서 언급된 리오타르–하버마스의 논쟁을 상기해보라.

것이었다. 그리고 이러한 '부서지기 쉬운 특성'은 단순히 의식적인 실수들이 아니라 우리의 개인적이고 공동체적인 삶에서 무의식적으로 '전체 체계에 영향을 미치는 왜곡들'의 현존에 대한 일련의 서로 상충하는 의혹들을 산출해냈다.

이 교훈은 언어와 인식의 관계에 대한 최근의 연구들에 의해 강화되었다. 모든 탈신학자들은 그들의 언어 연구들을 통하여 새롭게 해석되었다. 참으로, 우리 시대의 가장 급진적인 많은 세속 사상들의 발전은 대개 "언어," "실재," "진리"에 대한 니체의 급진적 수사화를 회복시키는 활동들과 연관되어 있다. 예를 들어, 해체의 모든 다원주의적 전략들의 중심주제는 다음과 같은 니체의 고전 텍스트에서 발견될 수도 있다.

> 그렇다면, 진리란 무엇인가? 진리는 은유, 환유, 신인동형론이 기동하고 있는 군대이다. 요컨대, 시적이고 수사학적으로 강화되고 변형되고 장식된 인간관계들의 총체이며 오랜 사용 후에 한 민족에게 확고해져서 정경화되고 구속력을 갖게 된 인간관계들의 총체이다. 진리는 진리 자신이 환상이라는 사실을 망각한 환상이다. 닳아빠져서 감각적 힘을 상실한 은유들....[215]

언어— 이 라캉의 언어에서는 기의가 아니라 기표가 영향력을 행사한다— 와 비슷한 방식으로 구성된 무의식의 무시무시한 타자성이 재등장하여 의식 자체 안에서 어떤 균열을 탈은폐하고 은폐했다. 이 균열로부터

---

215) 이것은 Friedrich Nietzsche가 저술하고 Malcomb Palsey가 편집한 *Nietzsche: Imagery and Thought* (Berkeley and Los Angeles: University of California Press, 1978), p.70에서 "Nietzsche and the Idea of Metaphor"란 논평에서 인용되었다.

일련의 불화들이 자아 속에 나타났다. 어떤 단순한 논증이나 대화도, 심지어 전이와 역전이의 과정에 이르는 정신분석 의사와 정신분석 환자 사이에서 이루어지는 생소한 '반(反)대화'(anti-conversation)조차도 이 자아를 원상태로 되돌릴 수 없다. 매우 놀랍게도, 낙관적인 인문주의적 읽기와 과학주의, 경제주의, 레닌-스탈린주의의 전체주의적 읽기 양자 모두로부터 해방된 마르크스 텍스트들은 다시 한번 이데올로기가 엄밀하게 무엇을 의미하는지를 우리에게 보여주었다.216) 이데올로기는 시대정신을 분석하는 모든 분석가들에게 잘 알려져 있는 그런 의식적인 믿음과 가치에 제한되지 않는다. 이데올로기는 모든 언어 사용, 모든 진리 분석, 모든 인식 주장이 내포하고 있는 물질적 조건들에 '의해서' 그리고 이러한 물질적 조건들 '안에서' 생산되는 무의식적이지만 전체 체계에 영향을 미치는 태도와 가치와 믿음을 의미한다.217) 어떤 다른 사상가들보다도 더욱, 페미니스트 사상

---

216) 이 텍스트에서 의도된 모호성에 대해서는, Bill Schwarz가 편집한 *On Ideology* (London, 1977)에서 마르크스적 이데올로기 비평의 긍정적 기여에 대한 분석을 보라. 유익한 분석을 위해서는, Alvin Gouldner가 저술한 *The Dialectic of Ideology and Technology: The Origins, Grammar and Future of Ideology* (New York: Seabury, 1976)를 보라. 마르크스 전통들과 그것들의 "어려운" 문제들에 대한 중요한 대안적 분석을 위해서는, Leszek Kolakowski가 저술한 *Main Currents of Marxism*, 3 vols, (Oxford: Oxford University Press, 1978)에서 특히 제3권인 *The Breakdown*을 보라; 또한 Shlomo Avineri가 편집한 *Varieties of Marxism* (The Hague: Martinus Nijhoff, 1977)을 보라. 반마르크스적 읽기에 대해서는, Dante Germino가 저술한 *Beyond Ideology* (Chicago: University of Chicago Press, 1967)를 보라.

217) "유물론적 변증법"의 완전한 이론이나 양자택일적으로 자연주의적 실용주의의 완전한 이론이 허용해야 하고 심지어는 요구해야 하듯이, 이러한 "물질적" 조건들은 물론 경제적 실재들뿐만 아니라 물리적(예들 들어, 풍토적), 생물학적, 인구통계학적, 사회적 실재들도 포함해야 한다. 이러한 읽기에 근거하여, 듀이와 마르크스는, 그들의 중대한 차이점들에도 불구하고, 양자 모두 완전한 (즉, 변증법적 유물론 혹은 실용주의–자연주의적 유물론의) 입장들을 시도하는 것으로 읽혀질 수 있다. "유물론"에 대한 소중한 그리스도교 신학적 읽기를 위해서는, Nicholas Lash가 저술한 *A Matter of Hope: A Theologian's Reflection on the Thought of Karl Marx* (Notre Dame, IN: University of Notre Dame Press, 1982)를 보라.

가들은 언어, 특히 "이성적인 남성"(the man of reason)과 같은 남성 중심적 언어가 결코 순수하지 않다는 사실을 증명해냈다.[218]

고통은 아무리 억압되어 있더라도 결국 분출하여 우리의 가장 기본적인 근대식 믿음, 즉 우리가 어떻게든 다시 한 번 우리의 길을 충분히 생각할 수 있다는 믿음을 전복시킨다. 탈근대성의 분열된 자아는 '의식적 활동'과 '우리 주변뿐만 아니라 우리 내부에도 존재하는 급진적 타자성에 대한 점차적 깨달음' 사이에 붙잡혀있다. 결국 우리는 이 타자성을 '전의식' 혹은 '잠재의식'이라고 부르지 않고 '무의식'이라고 부른다. 이데올로기는 우리가 어떤 실재를 알기 위해 사용하는 바로 그 언어 속에 담겨 있으며, 그 언어를 통해 전달된다. 이데올로기 비평은 모든 문화와 모든 고전에 대한 모든 해석이 그 문화와 고전의 생산과 반응 아래에 깔려있는 물질적 조건들에 대한 분석을 포함해야 한다고 주장한다.

모든 탈근대의 태도는 이러한 성찰 전체를 통하여 우리를 인도해 온 중심 통찰의 정도를 강화시킨다: 모든 경험과 모든 이해는 해석학적이다. 잘 해석한다는 것은 이제 우리가 "회복의 해석학"과 "의혹의 해석학"에 주의를 기울이고 이것들을 잘 활용한다는 것을 의미한다. 근대인들은 인식과 언어 사이의 해체할 수 없는 관계를 반성하는데 상대적으로 문제가 없었다. 근대인들은 실수를 제거하고 의식을 '반투명하게' ─ '투명하게'가 아니라 ─ 만들기 위해 반성의 능력을 상대적으로 확신했다. 근대 말기에

---

218) Genevieve Lloyd가 저술한 *The Man of Reason: "Male" and "Female" in Western Philosophy* (Minneapolis: University of Minnesota Press, 1984); 또한 Jean B. Elshtain이 저술한 *Public Man, Private Woman: Women in Social and Political Thought* (Princeton NJ: Princeton University Press, 1981)를 보라.

모든 근대 의식의 초월적 "주체로의 전환"에도 불구하고, 근대 의식은 여전히 상대적으로 안정되고 다루기 쉬운 관심사로 남아 있었다.[219]

상상력의 부재를 느낄 만큼 이상하게도, 우리가 우리 시대를 표현하기 위해 갖고 있는 유일한 명칭은 막연하고 모호한 "탈근대성"과 같은 표현이다. 그러나 우리는 이미 탈근대성에 도달해 있다. 우리가 근대성을 뒤에 남기고 떠난 것은 사실이다.[220] 우리는 의식의 자기 투명성에 대한 모든 믿음을 버렸다. 실재와 인식은 이제 언어와 연관되어 있다. 언어에 대한 우리의 의식이 고양됨에 따라, 역사와 사회의 중단적 실재들은 의식 안으로 새롭게 들어오게 되었다.[221]

탈근대성은 해석 자체를 위해 다양한 담론들을 요구한다. 탈근대의 작가들과 사상가들은 우리가 '상호 텍스트성' 안에 살고 있음을 우리에게

---

219) 이것은 내가 *Blessed Rage for Order* (New York: Seabury, 1975), pp.43-64에서 수행한 현상학적-초월적 분석의 성과들에 대한 나의 초기 공식들에서 나 자신에게 중요한 문제이다. 이러한 낙관적 평가를 포기하는 것은 하버마스와 하트숀이 수행한 초월적 분석 — 하버마스의 담론 분석과 같이 언어학적으로나 사회학적으로나 유비적으로 정교하게 구성된 담론 분석이든 혹은 하트숀의 분석과 같이 신학적 주장들에 대한 필연적으로 형이상학적인 분석이든 — 에 대한 요구를 포기하는 것이 아니다. 요컨대, 의식철학에 근거한 초기의 모든 초월적 분석들을 재공식화할 필요성은 분명하지만 어려운 듯이 보인다. 그러나 모든 우리의 담론들에서 암시적 타당성 주장을 위해, 그리고 더욱 더 엄격하게 필연적으로 개인이신 하나님에 대한 논리적으로 독특한 신학적 주장을 위해 이러한 종류의 분석에 대한 요구는 마찬가지로 분명한 듯이 보인다. "초월적 방법"이 신칸트주의적 방법으로가 아니라 "일반화된 경험적 방법"으로 해석되어야 한다는 로너간의 주장은 또한 여기서 적절하다.
220) 나는 여기서 "근대성" 및 "탈근대성"과 같은 개념들을 문화적 기술로서 사용하고 있다. 탈근대성에 대한 나의 평가는, 나의 텍스트가 명시하듯이, "탈근대성"의 또 다른 번역어인 "신보수주의"란 개념에 적합하지 않다. 후자와 같은 현상에 대해서는, Peter Steinfels가 저술한 *The New-Conservatives* (New York: Simon and Schuster, 1979)를 보라. 탈근대 프랑스 사고의 신보수주의적 특성에 대해서는, Jürgen Habermas가 저술한 *Der philosophische Diskurs der Moderne* (Frankfurt: Suhrkamp Verlag, 1985), pp.65-191을 보라.
221) 언어에 대한 급진적 성찰이 우리로 하여금 우리 입장의 윤리 정치적 결과에 대한 분석을 꺼려하도록 할 때마다, 데리다에 대한 앞선 논의에서 시사되었듯이, 이것은 여전히 사실이다.

상기시킨다.[222] 텍스트들과 해석의 방법들은 가끔 갈등을 일으킨다. 그것들은 심지어 서로를 파멸시키려고 할 수도 있다. 텍스트들은 때때로 헤겔 변증법의 "지양"(*Aufhebung*)의 방식으로 서로를 완성시킨다. 방법들은 때때로 서로를 보충한다. '상호 텍스트성'에 대한 의식이 강화된다면, 우리는 무엇을 말하게 되는가? 어떤 텍스트도 자기 스스로에게 완전히 고립된 섬이 될 수 없는 것 아닌가? 우리는 이제 『텍스트들이여 안녕』(*A Farewell to Texts*)이란 제목의 새로운 '반(反)소설'(antinovel)이 불가피하게 도래하기를 기대할 수밖에 없는가? 실제로 우리는 스탠리 피쉬(Stanley Fish)와 같은 비평가로부터 이미 『이 계급에는 텍스트가 존재하는가?』란 제목의 책을 받았다.[223]

우리는 의식 자체가 근본적으로 상호 텍스트적인 것은 아닌지 의혹하기 시작한다. 아마도 이것은 단지 그렇게 보일 뿐이다. 왜냐하면 우리는 "진리에의 의지"로 교묘하게 위장된 자아의 "지배에의 의지"를 빼앗아버린 모든 다원적이고 모호한 텍스트들에 의해 절대자아의 소유권을 박탈하는 현상에 직면하려고 하지 않을 것이기 때문이다.[224] 이성은 허약한 낙관주의에 의해 추동될 가능성이 크기 때문에 역사의 급진적 중단들이나 자아와 문화의 무의식적 왜곡들 안에 오래 머무르지 못할 것이다. 왜냐하면 이성

---

222) 이 범주에 대해서는, 특히 Roland Barthes가 저술한 *Image, Music, Text* (New York: Hill and Wang, 1979)를 보라.

223) Stanley Fish가 저술한 *Is There A Text in This Class?* (Cambridge, MA: Harvard University Press, 1980)를 보라.

224) Michel Foucault가 저술하고 Meaghan Morris와 Paul Patton이 공동으로 편집한 *Power, Truth, Strategy* (Sydney: Feral Publications, 1979)와 C. Gordon이 편집한 *Power/Knowledge* (New York: Panteon, 1972)를 보라.

은 때때로 어떤 대답을 위해 머물러있지 못할 뿐만 아니라 심지어 어떤 질문을 기다리지도 못할 것이기 때문이다.

플라톤 못지않게, 우리의 희망도 역시 대화에 근거를 두고 있다. 그러나 우리가 이러한 희망에 참여하고 있다고 미리 가정하기 전에, 우리는 모든 참여의 개념이 내포할 수밖에 없는 '억압된 공모'에 정면으로 대면할 필요가 있다. 타자성이 들어왔다. 그리고 이 타자성은 더 이상 "타자들" 가운데서 살아가는 우리 자신 밖에 있지 않다. 가장 급진적인 타자성은 우리 내부에 있다. 만약 이 사실을 인정하지 않는다면, 우리는 우리 역사에 책임적으로 참여할 수 없을 것이며, 또한 우리 역사에 유의미하게 귀속될 수도 없을 것이다.

'동일한 것'으로의 회귀는 이제 과거 모습 그대로, 즉 배타와 억압의 정책들로 회귀하는 행위로 이해될 수 있다. 동일성의 잔여물은 타자성과 불확정성의 연결망 안에 갇혀있다. 모든 가능한 유사성은 이제 "차이성-속의-유사성"으로 나타나야 한다. 우리는 모든 것 — 우리 자신과 우리 텍스트와 대화 자체— 이 모든 탈근대인들과 접촉하는 "다원성과 모호성"에 의해 깊이 영향받고 있다는 점을 인정하면서 우리 자신을 고전과의 대화에 내맡길 수 있다. 참으로, 회복은 이제 비판과 의혹을 요구한다. 그리고 회복은 심지어 스스로 들어올 때조차도 더 이상 모호하지 않은 상태로 우리에게 다가올 수 없다. 이젠 어떤 순수한 해석도, 어떤 순수한 해석자도, 어떤 순수한 텍스트도 더 이상 존재할 수 없다.

예를 들어, 우리 역사에서 나타난 다양한 담론들에 대한 미셸 푸코의 분석들을 생각해보라:[225] 교도소 관리학의 담론, 의학의 담론, 법학의 담론, 성의 담론, 광기의 담론, 이성의 담론, 그리고 무엇보다도 학문분과들과 전문지식들의 근대적 발전에서 나타나는 담론 자체에 대한 담론 등. 이러한 분석들이 보여주는 것은 모든 담론이 권력과 지식 사이의 교묘한 협정에 의해 발생하는 익명적이고 억압된 현실성을 자체 안에 담고 있다는 사실이다. 모든 담론은 어떤 가정들(assumptions) 아래 작용함으로써 다른 가정들을 필연적으로 배제시킨다. 무엇보다도, 우리 담론은 확립된 계층질서를 분열시키거나 지배권력에 도전하는 모든 타자들을 배제시킨다.

그러나 타자들의 목소리는 점점 높아지고 있다:226) 라캉을 통하여 말하는 히스테리 환자들과 신비주의자들; 푸코에 의해 말하는 것을 허락받은 광인들과 범죄자들; 예전에는 원시인들로 잘못 불려졌지만 이제는 엘리아데에 의해 해석학적으로 변호받는 고대 원시인들; 여전히 승리자들의 발언으로 추정되는 죽은 사람들의 이야기; 현대 매스미디어에 의해 자신들의 경험을 기만당한 사람들의 억압된 고통; 권력자들과 지배자들에 의해 "비인간들"로 대우받았지만 위대한 예언자들에 의해 하나님의 특혜를 누리는 사람들로 선포된 가난한 사람들, 억압받는 사람들, 사회 중심부에서 주변으로 추방된 사람들 등등. 우리 담론의 모든 희생자들과 우리 역사의 모든 희생자들은 우리 담론이 듣기 어려울 뿐만 아니라 귀를 기울이기는 더욱

---

225) 이미 인용된 작품들 외에도, Michel Foucault가 저술한 *Madness and Civilization* (New York: Random House, 1965); *The Birth of the Clinic* (London: Tavistock, 1973); *The Use of Pleasure: The History of Sexuality*, vol. 2 (New York: Pantheon, 1985)를 보라.

226) 여기서 인용되는 입장들의 실례들은 이미 인용된 엘리아데, 푸코, 라캉, 토도로프(Todorov), 드 세르토, 크리스테바의 작품들이다. 또한 Maurice Blanchot가 저술한 *The Writing of the Disaster* (Lincoln: University of Nebraska Press, 1986); Georges Bataille가 저술한 *Visions of Excess* (Minneapolis: University of Minnesota Press, 1985)를 보라.

어렵다는 점을 깨닫고 자신들의 담론을 발견하기 시작했다. 그들의 목소리는 우리의 귀에 거슬리고 무례하게 — 한 마디로, 다르게 — 들릴 수도 있다. 그리고 사실이 또한 그렇다. 우리는 모두 이러한 타자성의 공포를 비로소 느끼기 시작했다. 그러나 오로지 이러한 타자들의 목소리에 귀를 기울임으로써만, 우리는 또한 우리 자신의 담론 안에서, 그리고 우리 자신 안에서 타자성의 목소리를 듣게 될 수도 있다. 우리 자신의 잡담 너머로 들려오기 시작하는 타자들의 목소리는 우리가 꿈에서도 그려본 적이 없는 가능성들이다.

탈근대의 의혹이 대화에 내던진 중단을 분석하는데 적절한 논증이 과연 존재하는가? 이러한 논증은 우리가 더욱 친숙한 논증을 통하여 분석하는데 익숙해진 다양한 실수들을 교정할 수 있어야 할 뿐만 아니라, 또한 우리가 정말로 존재하지 않을까하며 의심하기 시작한 전체 체계에 영향을 미치는 왜곡들을 찾아내어 가능하다면 완화시킬 수 있어야 한다.[227] 탈근대성에서는 심지어 논증조차도 독특한 것으로 입증된다. 탈근대성에서

---

227) 억압으로 해석되는 "전체 체계에 영향을 미치는 왜곡"과 같은 정신분석학적 개념을 명료화하고 사회 문화적 분석의 사용 범주를 발전시키기 위해 프랑크푸르트학파가 정신분석학적 실례를 사용하는 문제에 대한 논의는 여기서 매우 중요하다; Richard J. Bernstein이 편집한 *Habermas and Modernity* (Cambridge, MA: MIT Press, 1985)에서 여러 가지 논의들을 보라. 내가 보기에, 최근에 하버마스가 피아제와 콜베르크의 성장발달 이론들로 전환한 것은, 어떤 명백한 이득에도 불구하고, 초기 프랑크푸르트학파(그리고 초기 하버마스)의 더욱 명시적인 정신분석학 모델로부터 후퇴한 것 같다. 또한 Barnaby B. Barratt가 저술한 *Psychic Reality and Psychoanalytic Knowing* (Hillsdale, NJ: Analytic Press, 1984)을 보라. 나는 여기서 Mary Knutsen에게 이 문제들에 대한 그녀의 연구에 대해 감사하고 싶다; 그녀는 현재 페미니스트 이론의 맥락에서 이 문제들에 대한 논문을 완성 중에 있다. 나는 또한 Francoise Meltzer와 Bernard Rubin과 Charles Elder에게 내가 라캉 — 내가 보기에, 라캉은 특히 미국의 많은 수정주의 프로이드주의에 대한 가장 훌륭한 비평가일 뿐만 아니라 현대의 프랑스 프로이드 해석가들 중 가장 급진적이고 가장 중요한 인물이기도 하다 — 의 중요한 텍스트들을 읽고 이해하는데 도움을 준 것에 대해 감사하고 싶다.

논증은 "비판이론"이라고 불려진다.228) 모든 비판이론은 우리에 의해 사용될 수 있고 마땅히 사용되어야 하는 무너지기 쉽지만 필수적인 도구이다. 모든 이론은 모든 담론의 다원적이고 모호한 실재에 의해 영향받을 수밖에 없는 한 무너지기 쉽다. 모든 이론가는 자신의 이론을 해방과 계몽을 위한 하나의 순수하고 자유로운 희망으로, 즉 탈역사적이고 탈맥락적인 희망으로 만들고 싶은 유혹을 받는다. 과거에는 해방을 위한 비판이론이었던 것이 이제는 '경직된 교리'나 '길들여진 공리'로 퇴보하는 현상은 모든 이론과 모든 담론에 악영향을 미친다. 마르크스주의를 신봉하는 다양한 사회들의 역사가 증명하듯이, 우리의 심리학적 문화가 프로이드 길들이기를 통하여 보여주듯이, 그리고 다윈의 졸렬한 모조품인 사회 다윈주의의 정치적 부활이 보여주듯이 말이다. 그러나 정신분석 이론과 이데올로기 비평과 같은 비판이론들은 '탈근대성'으로 표현되는 우리 시대에도 여전히 유용한 논증 양식들이다.

비판적 반성에 우선권을 부여하는 모든 이론은 비판이론이 되어가는 도중에 있다. 그러나 더욱 충분한 의미에서 비판이론은 인식적 성찰이 어떻게 전체 체계에 영향을 미치는 왜곡들 — 개인적인 왜곡이든 혹은 사회적인 왜곡이든 — 을 조명할 수 있고 이러한 조명을 통하여 어떻게 해방적 행동을 허용할 수 있는지를 명료하게 하는 모든 이론을 의미한다. 이러한 비판이론의 모델 위에서 이성은 계몽과 해방의 이익에 봉사한다.

---

228) 이 범주에 대한 분석학적 분석은 Raymond Geuss가 저술한 *The Idea of Critical Theory* (Cambridge: Cambridge University Press, 1981)에서 발견될 수도 있다; 더욱 명시적으로 해석학적이고 역사적인 설명은 Rick Roderick이 저술한 *Habermas and the Foundations of Critical Theory* (New York: St. Martin's Press, 1986)에서 발견될 수도 있다.

결국 비판이론의 독특성은 참으로 아리스토텔레스의 수사학이나 윤리학이나 정치학을 목표로 삼지 않는다. 프랑크푸르트학파의 비판이론과 같이, 근대 비판이론들의 독특성은 다음과 같은 특성에서 발견될 수 있다: 지금 우리의 상황은 아리스토텔레스의 이론들이 인정할 수 있는 것보다 훨씬 더 역사적으로 조건지어져 있고 다원적이고 모호한 것으로 인정되고 있다.229)

이러한 이론들이 비판이론이라고 불려지든 혹은 어떤 다른 명칭으로 불려지든 상관없다. 아도르노와 같은 가장 훌륭한 비판 이론가들이 주장했듯이, 비판이론이 제공해줄 수 있는 모든 계몽은 그것이 어떤 종류의 계몽이든 필연적으로 부분적인 특성을 띨 수밖에 없다.230) 페미니스트 사상가들이 명시했듯이, 모든 해방은 그것이 어떤 종류의 해방이든 불가피하게

---

229) 많은 사람들이 여전히 그렇게 말하듯이, 이것은 아리스토텔레스가 어떤 역사의식도 갖고 있지 않았다고 말하는 것이 아니다: 이것은 아리스토텔레스 — 그의 가장 전형적인 전략은 먼저 문제가 되는 의견들을 검토한 후에 (특히 그의 자연과학과 정치학에 대한 연구들에서 볼 수 있듯이) 그리스에서 형성된 여러 가지 역사적 구성물들에 대한 경험적이고 암시적으로 역사적인 시험사례적 접근을 시도하는 것이다 — 를 향한 진기한 고발문이다. 물론 아리스토텔레스가 근대의 역사 방법들과 탈근대의 급진적 다원성과 모호성에 대한 의식을 소유하고 있지 않았다는 것은 분명한 사실이다. 그러나 그가 "교조적"이고 "비역사적"인 방법을 소유하고 있었다는 주장은 그의 작품 읽기에서 받아들일 수 없는 허구이다.

230) 확실히 아도르노의 이러한 인정은, 특히 *Negative Dialectics* (New York: Seabury, 1973)에서 그의 순수한 "부정의 변증법"이란 개념에서 볼 수 있듯이, 모든 것 가운데 가장 부분적이고 염세적인 특색을 띠고 있다. 그러나 "내적 비평"과 같은 개념을 (발터 벤야민, 호르크하이머, 마르쿠제와 같이) 아도르노가 사용한다는 사실은 순수한 부정의 변증법의 이용가능성에 대한 그의 더욱 염세적인 분석과 양립하지만 동일한 것은 아니다. 여기서 아도르노에 대한 Geuss의 승인과 하버마스와 아도르노의 차이점을 주목해보라. 그리스도교 신학에서, 그리스도교 이데올로기 비평에 대한 위르겐 몰트만의 연구는 여기서 특히 가치가 있다. 아도르노의 일반적인 연구와 유사하게도, 부정의 변증법에 대한 급진적인 신학적 제안에 대해서는, "Negative Dialectics and Christian Theology" (Chicago, 1986)란 제목의 Joseph Columbo의 출판되지 않은 논문을 보라. 아도르노에 대해서는, Gillian Rose가 저술한 *The Melancholy Science: An Introduction to the Thought of Theodor W. Adorno* (London: Macmillan, 1978); Susan Buck-Morss가 저술한 *The Origin of Negative Dialectics* (Brighton, MA: Harvester Press, 1977)를 보라.

제한적일 수밖에 없다. 아리스토텔레스의 '프로네시스'(phronesis: 실천적 지혜)는 주목할만한 해석 능력을 보유하고 있다. 그러나 프로네시스가 오로지 비판이론과 연결될 때에만, 그것은 주의나 저항이나 희망을 위한 새로운 전략이 될 수 있다.231)

언어와 역사에 대한 20세기의 해석은 "많은 기력을 소진시키는 여행"으로 판명되었다. 비트겐슈타인의 끝없이 펼쳐지는 언어게임으로부터 모든 기의들 안에 나타나는 기표들의 놀이의 타자성을 통과하여 우리의 담론이 분산되어 있을 뿐만 아니라 또한 그 자체 안에 전체적으로 모호한 권력의 영향사를 담고 있음을 발견한 사건에 이르기까지.... 길고 긴 여행! 이 권력의 영향사는 '말할 필요가 없는 것'을 제외한 모든 것을 배제시키기 위해 조용히 그러나 이에 못지않게 효과적으로 작용할 수 있다. 우리는 계속해서 우리의 자율성이나 우리의 순진성이나 우리의 관념론을 확신하려고 시도할 수도 있다. 우리의 이론은 단순한 가능성들을 수동적으로 명상하는 수련행위나 혹은 이미 결정된 모델에 딱 들어맞지 않는 모든 것을 배제시키는 기만적인 수련행위가 될 수 있다. 그러나 우리의 이론과 우리의 대화는 사실상 과거 여느 때 모습 그대로의 이론 — 즉, 언어와 역사에 대한 상대적으로 적절한 인식에 도달하게 될 때 요구되는 제한적이고 무너지기 쉽지만 필수적인 수련행위 — 이 될 수 있다.

어떤 의미에서, 이 길고 긴 여행은 우리가 처음에 출발했던 장소, 즉

---

231) 이 문제에 대한 가장 중요한 연구는 Richard Bernstein이 현대적 맥락에서 조망한 프로네시스의 회복에 대한 것이다; 특히, Richard Bernstein이 저술한 *Beyond Objectivism and Relativism: Science, Hermeneutics, and Praxis* (Philadelphia: University of pennsylvania Press, 1983)를 보라.

우리가 이제 주저하면서 프랑스 혁명이라고 불러야만 하는 사건들, 상징들, 텍스트들, 사회 운동들, 인물들 안에서 근대성의 출발점에 대해 반성했던 장소로 우리를 다시 되돌려 놓았다. 우리는 우리의 최초의 수수께끼였던 프랑스 혁명을 해석하는 방법을 아직 찾지 못했다. 그러나 아마도 바로 이러한 회귀를 통하여, 우리는 이제 처음으로 우리 자신이 이 장소— 우리의 장소— 를 모르고 있다는 사실을 알 수 있다.

CHAPTER 5

저항과 희망: 종교의 문제

Resistance and Hope: The Question of Religion

언어가 절대자아의 도구가 아니라면 주체는 더 이상 언어를 통제할 수 없다는 사실이 밝혀졌을 때, 순수하게 자율적인 절대자아는 치명적인 상처를 입게 되었다. 더 나아가, 급진적 다원성과 모호성은 절대자아의 지배와 통제에 대한 과거의 근거 없는 주장들을 근본부터 뒤흔들어 놓았다.

그러나 나는 이 책을 쓰고 여러분들은 그것을 읽는다. 어떻게 이것이 가능한가? 글을 쓰고 있는 "나"와 글을 읽고 있는 "나"는 도대체 누구인가? 이 자아는 '실존주의의 고독한 절망과 고독한 자유에 빠져있는 자아'나 혹은 '계몽주의의 자율적 자아'나 혹은 '낭만주의의 표현주의적 자아'나 혹은 '실증주의의 가상(假象)에 빠져있는 비(非)자아(no-self)'와 같은 근대의 자아가 될 수 없다. 이 자아는 그 밖의 다른 곳에 있다. 그렇다면 어디인가? 이 자아는 아마도 '불확정성의 심연'에서 아이러니의 쾌락을 경험하는 곳에 있는가? 아니면, 이 자아는 처음에 근대의 자아를 형성했던 모든 역사적 제도들과 담론들의 간극(間隙)의 덫에 빠져있는가? 오히려 이제 담론 자체에 대한 새로운 담론을 통하여 마침내 우리는 해변의 모래

사장에서 이 형상(자아)의 말소를 목격하고 있는 것은 아닌가?[232]

이제 탈근대로 넘어오면서, 사실상 순수하게 자율적인 절대자아는 더이상 없다. 그러나 주체는 아무리 정제되고 변형되었다고 하더라도 말소된 것은 아니다.[233] 주체로서 우리는 위험을 무릅쓰고 모든 고전 기호와 텍스트를 해석함으로써 순수한 자율성에 대한 과거 우리의 환상에 저항할 수 있다. 탈근대의 주체는 실재에 이르는 모든 여정이 다양한 언어의 다원성과 모든 역사의 모호성을 통과해야 한다는 사실을 이제 알고 있다. 이러한 인식 후에, 도대체 어떤 자아를 위해 어떤 동일성과 어떤 일관성이 존재할 수 있는가? 일관성을 다루는 사실주의적이고 자연주의적인 내레이터들이 시도한 일관적인 자아는 이제 사라지고, 우리가 조이스, 프루스트, 울프(Woolf)에게서 발견할 수 있듯이 결국 더욱 부서지기 쉬운 자아 — 여러 가지 현현(顯現)들에 열려있는 자아 — 로 대체되었다. 우리는 지금도 여전히 고전과의 대화에서 참된 현시(顯示)의 순간을 경험할 수도 있다. 그러나 심지어 이러한 인식의 순간은 이제 '동일한 것'의 회기로서 우리에게 다가오는 것이 아니라, '다른 것'과 '차이 나는 것'에 대한 불안정한 승인이 '유사한 것'으로서 '가능한 것'이 될 수 있기 때문에 우리에게 다가온다.

---

232) Michel Foucault가 저술한 *The Order of Things: An Archaeology of the Human Sciences* (New York: Vintage, 1970), p.387을 보라.

233) 우리는 이미 분산되었지만 지금도 여전히 진정한 주체로 남아 있는 탈근대의 주체를 변호할 필요가 있다. 이 변증법에 대한 변호를 위해서는, Paul Ricoeur가 저술한 *Freud and Philosophy: An Essay on Interpretation* (New Haven, CT: Yale University Press, 1970), pp.419-494를 보라. 또한 Hilary Lawson이 저술한 *Reflexivity: The Post-Modern predicament* (LaSalle, IL: Open Court, 1985); Michael E. Zimmerman이 저술한 *Eclipse of the Self: The Development of Heidegger's Concept of Authenticity* (Athens, OH: Ohio University press, 1982)를 보라.

탈근대성에서 저항은 언어와 역사가 독자의 자아를 분열시키도록 하기 위해 전통적인 이야기들의 모든 암호와 단절하는 형식을 취할 수도 있다. 저항은 롤랑 바르트, 폴 드 만, 자크 데리다의 불안정한 아이러니들 속에 살아있는, 또한 보르헤스의 미로와 같은 백과사전 속에 살아있는 다원성 자체에 대한 니체의 즐거운 긍정이 될 수도 있다. 저항은 또한 모든 역사적이고 과학적인 담론들 안에 나타나는 권력과 지식 사이의 거의 침투할 수 없는 암호들과 제도들에 대한 미셸 푸코의 "먼지처럼 바싹 마른" 기록보관 연구의 형식을 취할 수도 있다.

자신이 수행한 연구에서 정치적 의미에 저항하는 폴 드 만, 자신이 구상한 체스판 텍스트의 반성적 표면들 위에서 상징에 대한 모든 탐구를 거부하는 나보코프, 시간 속으로 떨어진 에밀 시오랑(Emile Cioran), 환상으로서의 희망을 포기하는 사무엘 베케트(Samuel Beckett), 자신이 수행한 분석에서 저항의 힘을 승인하려고 하지 않는 미셸 푸코 등에게서 볼 수 있듯이, 확실히 탈근대의 저항 행위들은 종종 탈근대 작가들의 의도에 저항하는 성향을 띤다. 그러나 이러한 사실들에도 불구하고, 모든 탈근대의 작가들은 적어도 자신들의 저항 행위 — 이들의 저항 행위는 글쓰기이다 — 에 힘을 실어주는 '희망의 약속' — '행복의 약속'(promesse de bonheur)은 아니지만 — 을 우리에게 줄 수 있다.

우리 시대에서 모든 지성적 저항들은 루드비히 포이에르바하(Ludwig Feuerbach)의 전통적 인문주의의 "불의 시내"(fiery brook)[234]를 통과해야 하

---

234) (역자주) 여기서 "불의 시내"(fiery brook)는 포이에르바하(Feuerbach)라는 이름에서 파생된 학술용어이다. 독일어에서 'Feuer'는 '불'을 의미하고 'Bach'는 '시내'와 '개울'을 의미한다. 따라서 '불의 시내'는 이 두개의 단어들이 결합되어서 만들어진 학술용어이다. 또한 '불의 시내'는 '근대의

는 것이 아니라, 다양한 학문분과들의 지식을 담은 현대 백과사전의 미로를 통과해야 한다. 아마도 현재 이용할 수 있는 고전들의 모든 '회복'은 깊은 '의혹'의 결과물일 가능성이 크다. 탈근대의 일관성은 기껏해야 '가공되지 않은 일관성'에 불과한 것이다: 중단된 일관성, 불명료한 일관성, 종종 혼란스러운 일관성, 자신의 언어사용에 대해 자기 의식적인 일관성, 그리고 무엇보다도 모든 역사와 전통의 모호성을 알고 있는 일관성 등.

만약 종교가 이러한 갈등의 현장으로 들어가게 되면, 종교는 순수한 자율성이나 손쉬운 일관성과 같은 환상적인 모델들에 저항할 수 있어야 한다. 종교는 자신의 죄와 무지에도 불구하고 최상의 상태에서 항상 놀라운 저항의 능력을 갖고 있다. 종교가 현상(現狀)을 위한 '신성한 닫집'235)으로 길들여지지 않을 때, 혹은 종교가 자기 모순적인 권력의 장악으로 인해 쇠약해지지 않을 때, 종교는 저항함으로써 살아가게 된다. 종교의 주된 저항은 '동일한 것'에 대한 것이다. 죄와 무지에 대한 인식을 통하여, 종교는 자신의 전통을 포함하여, 모든 전통의 급진적 다원성과 모호성에 직면하지 않으려는 일체의 거부 행위에 저항할 수 있다.236) 궁극적 실재에 대한 가장 근본적인 믿음을 통하여, 종교는 우리를 엄습해오는 궁극적

저항'을 상징하는 대표적인 용어이기도 하다. 포이에르바하는 『기독교의 본질』에서 마르크스보다 먼저 헤겔의 『정신현상학』에 대한 비판을 통하여 서구 인문주의 전통과 그리스도교 전통에 저항했던 철학자이다. 그 이후로 '불의 시내'는 근대의 저항을 상징하는 용어가 되었다. 그러나 탈근대로 오면서 이러한 포이에르바하의 저항은 새로운 해석을 요구한다.

235) Peter Berger가 저술한 *The Sacred Canopy: Elements of a Sociological Theory of Religion* (New York: Doubleday, 1967)을 보라.

236) 여기서 Niebuhr 형제의 연구는 좋은 본보기가 된다. 예를 들어, H. R. Niebuhr가 저술한 *The Kingdom of God in America* (New York: Harper & Row, 1959); Reinhold Niebuhr가 저술한 *The Irony of American History* (New York: Scribners, 1962)와 *The Nature and Destiny of Man*, 2 vols. (New York: Scribners, 1964)를 보라.

실재의 (항상 이미 현존하는) 능력에 직면하지 않으려는 절대자아의 강압적인 거부 행위에 저항할 수 있다.237) 종교는 또한 문제를 보고도 행동하지 않으려는 많은 탈근대주의자들의 유혹에 저항한다. 그러나 종교는 또한 '합리성'과 '자아'에 대한 평범하고 일상적인 담론에 만족해하는 초기의 근대주의, 자유주의, 신보수주의에 저항하며, 심지어 이 저항에 세속적인 탈근대성을 끌어들이기까지 한다.

무엇보다도, 종교는 저항 안에서 행동한다. 유토피아적 비전으로 보여지든 혹은 궁극적 실재의 계시로 믿어지든, 종교는 인간의 자유를 위한 여러 가지 가능성들을 계시해준다. 이 가능성들은 우리의 미학적 감수성에서 제2의 본성이 되어버린 진기한 거리두기 행위를 위해 존재하는 것이 아니다.238) 예를 들어, 선불교와 요가는 불안한 자아를 위해 새로운 즐거움의 영역을 제공해주는 일련의 '기술'(techniques)로 환원되어서는 안 된다.239) 선(禪)은 일련의 특수한 '기술'을 사용하여 몸과 마음을 수련함으로써 현존하지 않는 실재에 대한 비전 ─ "말할 필요가 없는 것" ─ 과 현존하는 궁극적 실재에 대한 비전 ─ 불교의 "진여"(眞如)와 "공"(空) ─ 에 이르는 길을 모색하는 영적 수련행위이다.

---

237) James M. Gustafson이 저술한 *Ethics from a Theocentric Perspective*, vol. 1 (Chicago: University of Chicago Press, 1981), pp.115-157, pp.235-281을 보라.

238) "미학"에 대해서는, Hans-Georg Gadamer가 저술한 *Truth and Method* (New York: Crossroads, 1975), pp.5-80을 보라. 중요한 새로운 연구를 위해서는, Jean-Pierre Jossua가 저술한 *Pour une histoire religieuse de l'expérience littéraire* (Paris: du Cerf, 1985)를 보라.

239) Mircea Eliade가 저술한 *Yoga, Immortality and Freedom* (Princeton, NJ: Princeton University Press, 1958); Joseph M. Kitagawa가 저술한 *Religion in Japanese History* (New York, 1966); Ioan P. Culiano가 저술한 *Esperienze dell 'estasi dall 'Ellenismo Al Medioevo* (Roma Bari: Laterza, 1985)를 보라.

종교적 고전을 해석하는 것은 이 고전으로 하여금 우리의 현재의 가능성들에 도전하도록 허용하는 것이다. 종교적 고전을 해석하는 것은 또한 우리 자신으로 하여금 우리가 소유하고 있는 모든 "비판의 해석학," "회복의 해석학," "의혹의 해석학"을 통하여 이 고전에 도전하도록 허용하는 것이다. 종교적 고전을 이해하기 위해 우리는 그것과 대화해야 한다. 그러나 만약 우리가 종교적 고전의 시사물(時事物)을 단지 수동적으로 명상하기만 한다면, 모든 다른 고전들의 경우와 마찬가지로, 우리는 종교적 고전과 대화하는 것이 아니다. 만약 우리가 종교를 이해하고 싶다면, 우리는 종교적 고전의 의미와 진리에 대해 논의하고 종교적 고전이 담고 있는 저항 전략들의 적용가능성 및 적용불가능성에 대해 논의하기 위해 종교적 고전과의 진정한 대화를 허용해야 한다.

신학적 해석은 종교적 고전과의 진정한 대화를 허용하는 한 가지 방식이다.[240] 먼저 궁극적 실재에 대한 반성으로서, 그리고 우리 실존의 '한계 질문들'(limit questions)에 대한 반성으로서, 모든 그러한 해석들처럼 신학적 해석은 항상 매우 불확실한 탐구 양식임에 틀림없다.[241] 신학자는 결코 확실성을 주장할 수 없으며, 기껏해야 매우 시험적인 '상대적 적절성'만을 주장할 수 있다. 신학자는 모든 담론에 영향을 미치는 '다원성과 모호성'을

---

240) 더욱 전문적인 관점에서 보면, 이것은 근본신학, 조직신학, 실천신학과 같은 세 가지 신학 분과들에서 전통 해석들과 상황 해석들 사이의 "상호 비판적 상관관계" 모델로 공식화될 수 있다. 이 모델에 대한 설명을 위해서는, *The Analogical Imagination* (New York: Crossroads, 1981), pp.47-99에서 나의 분석을 보라. 또는 Hans Küng과 David Tracy가 공동으로 저술한 *Theologie -Wohin? Auf den Weg zur einen neuer Paradigma* (Zurich: Benziger Verlag, 1984), pp.76-102에서 나의 더욱 최근의 공식을 보라.
241) "한계 질문들"에 대해서는, David Tracy가 저술한 *Blessed Rage for Order* (New York: Seabury, 1975), pp.91-120을 보라.

회피할 수 없다. 신학자는 '궁극적 희망'에 대한 모든 종교적 주장들을 비판적으로 검증함으로써 '믿을만한 희망'을 구상하려고 한다. 마하트마 간디와 마틴 루터 킹의 생애가 보여주듯이, 신학자는 최상의 상태에서 우리 모두가 새로운 행위 양식들— 이 양식들은 윤리적, 정치적, 종교적으로 현상(現狀)에 저항하는 행위들을 가리킨다— 을 발견하는데 도움을 줄 수 있다. 신학자는 희망이 궁극자로서 '전적 타자'임에 틀림없는 '하나의 실재'(the one Reality) — 비록 이 실재가 공(空), 일자(一者), 하나님, 진여(眞如)와 같은 다양한 명칭들로 불려진다고 하더라도— 에 의해 승인된다고 믿는다.[242]

그러나 많은 탈근대인들은 "신학"이라고 불려지는 이러한 논쟁적인 종교 해석들에 저항한다. 이들의 저항 이유는 매우 다양하다. 어떤 부류의 탈근대인들은 더 이상 신학에 대해 생각하기를 원하지 않는다. 왜냐하면 종교는 힘을 다 소진한 군대처럼 보이기 때문이다. 또 어떤 부류의 탈근대인들은 유한계급(有閑階級, leisured classes)[243]의 훌륭한 대변인인 리처드 로티(Richard Rorty)와 함께 단순히 "주제를 바꾸고" 싶어 할 수도 있다.[244] 다른 부류의 탈근대인들은 종교에 대한 불행한 어린시절의 기억들과 서구의 진보를 특성으로 하는 은밀한 휘그당 역사들의 기묘한 결합을 통하여 종교를 신속하게 처리해버린다.[245] 또 다른 부류의 탈근대인들은 신학과

---

242) 여기서 신학적인 비교분석을 위해서는, John B. Cobb, Jr.이 저술한 *Beyond Dialogue: Toward a Mutual Transformation of Christianity and Buddhism* (Philadelphia: Fortress, 1982)을 보라.
243) (역자주) 여기서 "유한계급"(有閑階級, leisured classes)은 생산적 노동을 멀리하고, 예술, 오락, 정원 가꾸기, 취미생활과 같은 비생산적인 한가한 일에만 관심을 갖는 인간집단을 의미한다.
244) Richard Rorty가 저술한 *Philosophy and the Mirror of Nature* (princeton, NJ: Princeton University Press, 1979), pp.266-267을 보라.
245) 휘그당 역사들은 종종 "사회 진화론"의 형식을 취한다. 콩트의 형식으로든 혹은 듀이의 형식으로

이것의 해석물인 종교가 모두 존재신론적 담론(onto-theo-logical discourse)이나 순수한 관념론적 담론에 빠져있다고 생각한다.[246] 그리고 마지막 부류의 탈근대인들 — 내가 믿기에, 이 부류는 종교들 안에 숨어있는 가장 심각한 죄과들을 폭로한다 — 은 종교의 문화적, 윤리적 업적들은 인정하지만, 신학의 지성적 주장들을 진지하게 고려하려고 하지 않는다. 왜냐하면 종교의 역사는 또한 살인, 종교재판, 성전(聖戰), 반계몽주의, 배타주의와 같은 소름끼치는 장황한 이야기들을 포함하고 있기 때문이다.

이러한 윤리적 죄과들을 진지하게 받아들일 충분한 이유가 있다.[247] 권력의 유리한 입장에 서 있는 현재와 과거의 모든 종교들은 종교적 운동

든 혹은 하버마스의 형식으로든, "사회 진화론은" 사상가들이 과학, 윤리학, 예술을 분석할 때와 똑같은 주의력과 예리함을 갖고 종교와 신학의 현상들을 분석할 많은 필요성으로부터 그들을 자유롭게 해주는 것 같다. 여기서 듀이에 대한 통찰력 있는 연구를 위해서는, William Shea가 저술한 *The Naturalists and the Supernatural: Studies in Horizon and an American Philosophy of Religion* (Macon, GA: Mercer University Press, 1984)을 보라.

246) 설득력 있는 신학적 "유물론"에 대해서는, Nicholas Lash가 저술한 *A Matter of Hope: A Theologian's Reflections on the Thought of Karl Marx* (Notre Dame, IN: University of Notre Dame Press, 1981)를 보라; 하이데거와 신학에 대해서는, John D. Caputo가 저술한 *Heidegger and Aquinas:: An Essay on Overcoming Metaphysics* (New York: Fordham University Press, 1982)를 보라.

247) (여성신학자들, 정치신학자들, 해방신학자들이 올바르게 주장하듯이) "윤리적 주장들의 위기"를 오늘날 신학자들에게 가장 중요한 문제로 인정하는 것은 (윤리 정치적 분석에) 여전히 중요한 "인식적 주장들의 위기"를 대체하는 것과 같은 것이 아니다. 우리 시대의 모호하고 다원주의적인 상황에서 나타나는 윤리 정치적이고 엄격하게 지성적인 복잡성은, 심지어 실천에 의한 이론의 지양에 대한 역설적으로 이론적인 설명에 의해서조차도, 그렇게 손쉬운 대체를 허용하지 않는다. 예를 들어, 신학의 주요한 위기가 윤리 정치적인 것이라고 주장했던 라인홀드 니버는, 그럼에도 불구하고, 지성적 위기를 인정하고 거기에 자신들의 연구를 집중시켰던 화이트헤드 및 틸리히와 같은 사상가들로부터 배울 수 있었다. 이와 유사한 방식으로, 지성적 위기에 더욱 주의를 집중시켰던 신학자들은 분명히 해방신학자들과 정치신학자들의 윤리 정치적 분석으로부터 배울 수 있다. 예를 들어, Schubert Ogden이 저술한 *Faith and Freedom: Toward a Theology of Liberation* (Nashville, TN: Abingdon, 1979); John Cobb이 저술한 *Process Theology as Political Theology* (Philadelphia: Westminster, 1982); Roser Haight가 저술한 *An Alternative Vision: an Interpretation of Liberation Theology* (New York: Paulist, 1985)를 보라.

들이 세속적 운동들과 마찬가지로 부패에 열려있다는 사실을 확실하게 증명하고 있다. 종교적 열광주의의 충격적인 기억들과 모든 문화에 영향을 미치는 종교의 악마적 영향사는 지워질 수 없는 기억들이다. 종교를 변호하고 계몽과 해방의 종교적 가능성들을 변호하는 모든 사람들이 전부 깨끗한 손과 깨끗한 양심을 갖고 있는 것은 아니다. 만약 종교 해석자들이 순수성의 가면을 쓰고 있다면, 우리는 그들의 말에 귀를 기울여서는 안 된다. 만약 종교 사상가들이 자신들의 종교 전통 내부에 있는 반계몽주의, 배타주의, 도덕적 열광주의와 싸우려고 하지 않는다면, 우리 중 나머지 사람들은 어떻게 이 사상가들을 새로운 저항 전략들을 제공해주는 전문가들로 진지하게 받아들일 수 있겠는가?248) 너무도 많은 종교 지도자들이 취한 '메테르니히 정책'(Metternich Policy) — 제국 밖에서는 자유주의! 제국 안에서는 압제!— 은 종교인들과 비종교인들 모두의 경멸을 받을 만한 것이다. 신앙의 가능성을 결코 부인한 적이 없는 파스칼이 확신을 갖고서 강조한 바 있듯이, "사람들이 종교적 신념을 갖고 악을 행할 때, 가장 완전하고 즐겁게 악을 행한다."249)

---

248) 여기서 Hans Küng과 Edward Schillebeeckx의 작품들, 그리고 더욱 최근에 Leonardo Boff와 Juan Luis Segundo의 작품들은 모범적인 실례가 된다. 예를 들어, Hans Küng이 저술한 *Truthfulness: The Future of the Church* (London: Sheed and Ward, 1968); Edward Schillebeeckx가 저술한 *Ministry* (New York: Crossroads, 1984); Jürgen Moltmann이 저술하고 Theodor Runyon이 편집한 *Hope for the Church* (Nashville, TN: Abingdon, 1979); Leonardo Boff가 저술한 *Church, Charisma, Power: Liberation Theology and the Institutional Church* (New York: Crossroads, 1985); Juan Luis Segundo가 저술한 *The Liberation of Theology* (Maryknoll, NY: Orbis, 1976); Juan Luis Segundo가 저술한 *The Community Called Church* (Maryknoll, NY: Orbis, 1973); Rebecca S. Chopp이 저술한 *The Praxis of Suffering: An Interpretation of Liberation and Political Theologies* (Maryknoll, NY: Orbis, 1986)를 보라.
249) 이것은 Richard John Neuhaus가 저술한 *The Naked Public Square: Religion and Democracy in America* (Grand Rapids, MI: Eerdmans, 1984), p.8에 인용되어 있다.

그러므로 종교적 고전들의 해석을 변호하는 일에 착수하기 전에 잠시 멈춰야 할 충분한 이유들이 있다. 사실상, 종교는 예술, 도덕, 철학, 정치보다 훨씬 더 강렬하게 다원적이고 모호한 특성을 갖고 있다. 종교라는 주제의 본성을 고려해보면, 이것은 필연적인 사실임이 드러난다. 왜냐하면 종교는 결국 궁극적 실재가 스스로를 계시했으며 거기에 모든 인간을 위한 해방의 길이 있다는 사실을 반복해서 주장하기 때문이다. 그러나 만약 우리가 위험을 무릅쓰고 이 놀라운 가능성을 해석하고자 한다면, 우리는 심지어 이 가능성조차도 오로지 우리와 같은 인간에 의해서만 이해될 수 있다는 사실을 인식해야 한다. 아마도 어떤 해석자들은 궁극적 실재의 능력과 마주쳤을 수도 있다. 그러므로 그들은 종교적 계몽과 해방을 경험했을 수도 있다. 그러나 이러한 주장은 오로지 예전과 동일한 종류의 인간들, 즉 특정한 사회와 특정한 문화 안에 내던져져 있는 유한하고 우발적인 구성원들에 의해서만 해석될 수 있다. 이러한 주장은 엄격하고 비판적이고 진실한 대화에서 우리의 최상의 노력을 요구한다. 이 주장은 '회복'과 '비판'과 '의혹'을 요구한다.

인간이라면 누구나 종교적 고전들을 해석할 수 있다. 왜냐하면 모든 인간은 참된 인간이 되는데 도움이 되는 근본적인 질문들, 즉 종교적 고전들이 제시해주는 근본적인 질문들을 던질 수 있기 때문이다. 근본적인 질문들 가운데에는 '종교적 질문들' 혹은 '한계 질문들'이라고 불려지는 특정한 질문들이 있다: 예를 들어, 급진적 우발성과 죽음의 운명에 의해 촉발되는 질문들; 모든 인간적인 것의 무상함에 의해 불러일으켜지는 질문들; 포괄적인 모든 가치와 체험적인 모든 신념 안에 나타나는 역사적이고 사회적인 우발성에 대한 인정에 유의하는 질문들; 삶의 연속성을 중단시키고 삶의 허울 좋은 안정성에 도전하기 위해 어떤 시점에서 모든 삶 안으로 들어오는 고통에 대한 질문들, 특히 일상적 경험과 대조되는 고통에 대한 질문들; 어떤 순간에 우리를 엄습해 오는 어떤 명명할 수 없는 타자에 직면하여 널리 퍼져있는 불안이나 공포로 분출될 수 있는 권태의 의미에 대한 질문들; 심지어 우리가 윤리적으로 살아야 하는 이유를 합리적으로 입증할 수 없을 때조차도 우리가 왜 윤리적인 삶을 영위해야 할 책임감을 느껴야 하는지에 대한 질문들; 실재 안에 과학적 탐구를 허용해주는 어떤 근본적인 질서가 있다는 믿음을 우리가 왜 긍정해야 하는지에 대한 질문들; 새로운 물리학이나 새로운 천문학이나 새로운 우주론에서 드러나는 질서의 가능한 본성에 대한 질문들; 모든 민족의 이야기들과 사화(史話)들과 민담들 속에 살아있는 죽은 사람들의 고통에 대한 파괴적인 기억과 또한 많은 살아있는 사람들에 의해 지속되는 억압을 어떻게 이해해야 하는지에 대한 질문들; 우리가 모든 아이러니 속에 숨어있는 소외에 어떻게 직면해야 하는지에 대한 질문들; 우리가 경험하는 심원한 사랑과 기쁨 속에 현존하는 모든 가능한 의미들을 어떻게 이해해야 하는지에 대한 질문들; 내가 나의 삶을 지속적으로 허용해주는 근본적인 신뢰와 나의 모든 다른 신뢰들로 환원시킬 수 없는 근본적인 신뢰를 왜 소유하고 있는지에 대한 질문들; 내가 마침내 "세계가 존재하는 것은 신비이다"란 비트겐슈타인의 진술 안에서 집착을 중단하고 진리를 의식하게 될 때, 내가 실재의 순전한 소여성(所與性)을 때때로 의식 ― 아무리 일시적인 의식이라고 하더라도 ― 할 수 있는 이유에 대한 질문들; 신비주의자들의 "원인 없는 위로"(consolations without a cause)에 비트겐슈타인의 가족 유사성을 적용시킬 수 있는 순간들을 나도 역시 경험할 수 있는지 어떤지에 대한 질문들; 내가 인간의 참된 의미에 대해 기껏해야 "학식 있는 무지"(learned ignorance)만을 갖고 있다는 탈근대적 의식에 의해 불러 일으켜지는 질문들; 심지어 이 '학식 있는 무지'가 '원초적 무지' — 나의 모든 언어와 인식의 기표들의 놀이에서 그리고 언어와 역사가 나에게 귀속될 수 있는 것보다 훨씬 더 내가 언어와 역사에 귀속되어 있을 가능성이 큰 다원적이고 모호한 역사의 놀이에서, 나는 이 원초적 무지의 윤곽을 어렴풋이 발견할 수도 있다 — 를 무심코 드러내는 것처럼 보이는 이유에 대한 질문들; 모든 저항 행위들 안에서 솟아오르는 어떤 낯설고 명명할 수 없는 희망 — 아무리 불완전한 희망이라고 하더라도 — 이 무심코 드러내는 의미에 의해 촉발되는 질문들.

엄격하게 형이상학적인 질문들과 같이, 종교가 우리에게 던지는 근본적인 질문들은 우리의 모든 인식과 의지와 행동의 가장 근본적인 전제와 가장 기본적인 믿음에 대한 질문들이기 때문에 논리적으로 기묘한 질문들임에 틀림없다.[250] 엄격하게 형이상학적인 질문들과 마찬가지로, 종교적 질문들은 궁극적 실재의 본성에 대한 질문들임에 틀림없다. 한편 형이상학적 질문들과 달리, 종교적 질문들은 궁극적 실재가 본질적으로뿐만 아니라 실존적으로도 우리와 관계 맺고 있기 때문에 궁극적 실재의 의미와 진리에 대해 신중한 질문을 던진다. 종교적 고전들은 이러한 질문들에 대해 종교

---

250) Schubert Ogden이 저술한 *The Reality of God and Other Essays* (New York: Harper & Row, 1966)를 보라.

들이 응답했던 내용에 대한 증언들이다.[251] 종교적 고전들은 우리 자신과 같이 이러한 질문들을 던졌던 인간들에 의한 증언들이며, 또한 궁극적 실재 자체로부터 어떤 응답을 받았다고 믿는 인간들에 의한 증언들이다. 그러므로 그들은 어떤 계시가 발생했다고 믿는다. 이 계시는 깨달음의 새로운 가능성을 그들에게 부여해주며, 심지어 이 가능성에 대한 질문을 공식화하기 위한 새로운 방법까지도 그들에게 부여해준다. 그들은 종교적 해방의 길을 따른다고 믿는다. 그리고 이러한 종교적 해방의 길을 통해 그들은 궁극자로서 만물의 처음이자 마지막인 궁극적 실재와 신뢰할만한 관계를 맺음으로써 모든 실재와 관계 맺게 된다. 설령 다른 해석자들이 어떤 종교적 고전을 해석하는 과정에서 믿음의 언어가 설득력이 없다는 사실을 발견한다고 하더라도, 그들은 여전히 이렇게 논리적으로 기묘한 종교적 질문들에 대한 자신들의 응답들을 발전시킬 수 있다. 종교적 고전들에게 응답을 요구하는 이러한 근본적 질문들을 기꺼이 던질 수 있는 모든 해석자들은 종교적 고전들과 대화할 수 있으며, 또한 마땅히 그렇게 해야 한다.

그러므로 오직 종교적인 신앙인들만이 종교적 고전들의 해석을 독점할 수 있는 것은 아니다. 어떤 사람들은 종교적 고전들을 궁극적 실재로부터 온 계시의 증언들로 해석하는 것이 아니라, 물론 신앙인들은 이렇게 해석하고 싶겠지만, 가능성 자체의 증언들로 해석한다. 서구인들이 지금까지 대담하게 꿈꾸어왔던 모든 백일몽과 모든 유토피아적이고 종말론적인

---

251) "증언"의 범주는 더욱 상세한 성찰을 필요로 한다; 중요한 분석을 위해서는, Paul Ricoeur가 저술하고 Lewis S. Mudge가 편집한 *Essays on Biblical Interpretation* (Philadelphia: Fortress, 1980), pp.119–135에서 "The Hermeneutics of Testimony"를 보라.

비전에 대한 에른스트 블로흐(Ernst Bloch)의 해석들이 주장하듯이, 종교적 고전들은 또한 신앙심 없는 해석자들에게도 저항과 희망에 대한 증언들이 될 수 있다.252) 고대 종교들의 힘에 대한 미르체아 엘리아데의 해석들이 보여주듯이, 종교 역사가들은 잊혀진 종교의 고전적 상징들, 고전적 의례들, 고전적 신화들을 회복시키는 새로운 인문주의를 창안하는데 도움을 줄 수 있다.253) 위대한 종교 역사가들은 태곳적 기억이 어떻게 위장된 형식으로 우리의 기억 속에 계속 살아있는지를 우리에게 보여준다. 이 사실을 의심하는 사람들은 '록 콘서트'(rock concert)에 참석해보라. 이것은 우리 시대에도 여전히 살아있는 태곳적 기억의 힘을 폭발적으로 표현하는 수단이다. 심지어 오늘날 태곳적 기억의 마지막 요새로 간주되는 성(性, sex)조차도 근대 서구의 발명품인 "성징"(性徵, sexuality)의 기술(techniques)과 지식(knowledge)으로 퇴보하고 있다는 사실을 관찰할 수 있는 사람은 누구나 인정하듯이, 고대의 상징과 의례와 신화를 연구하는 해석자들에 의해 우리의 기억 속으로 불러일으켜지는 우리의 모든 태곳적 뿌리는 하나의 저항 행위가 될 수 있다.254) 이 억압된 기억은 가능성에 대한 우리의 협소한 의식을 허물어버릴 수 있다. 이 억압된 기억은 우리로 하여금 다르

---

252) Ernst Bloch가 저술한 *The Principle of Hope*, 3 vols. (Cambridge, MA: MIT Press, 1986)를 보라. 에른스트 블로흐에 대한 신학적 응답을 위해서는, Jürgen Moltmann의 작품들 가운데서, 특히 *Theology of Hope* (New York: Harper & Row, 1967)와 *The Crucified God* (New York: Harper & Row, 1973)를 보라. *The Crucified God*는 블로흐보다는 아도르노에 더 가깝다: 그러나 몰트만은 더욱 최근에 그의 중요하고 매력적인 신학 여정에서 창조를 이해하기 위해 블로흐에게로 전향했다.

253) Mircea Eliade가 저술한 *The Quest* (Chicago: University of Chicago Press, 1969)를 보라.

254) Michel Foucault가 저술한 *The History of Sexuality*, vol. 1, *An Introduction* (Harmondsworth: Penguin, 1981)에서 "scientia sexualis"를 보라.

고 차이가 나지만 가능성 있는 사고방식을 희망하도록 유도할 수 있으며, 우리의 저항에 힘을 실어줄 수 있다. 만약 종말론적 종교들의 고전적 텍스트들과 고전적 상징들에 대한 에른스트 블로흐와 발터 벤야민(Walter Benjamin)의 연구, 그리고 원시 종교들에 대한 미르체아 엘리아데와 다른 종교학자들의 연구가 현대의 대화 속으로 들어오는 것이 허용된다면, 우리가 일반적으로 감당할 수 있는 가능성들의 범위는 서구에서 크게 유행하고 있는 에피쿠로스학파의 비전이나 스토아학파의 비전이나 허무주의의 비전을 뛰어넘어 기하급수적으로 확장될 것이다.

종교들의 유토피아적 충동에 대한 에른스트 블로흐의 해석은 탈근대적 사고에 유의미한 공헌을 했다. 신앙인들도 역시 이러한 해석으로부터 많은 것을 배웠다. 요한 밥티스트 메츠(Johann Baptist Metz)와 같은 신학자가 블로흐에게 받은 은혜를 인정한 후에 "그러나 우리는 유토피아에 기도하지 않습니다"라고 덧붙일 때와 같이, 블로흐의 종교 해석과 신앙인의 종교 해석 사이의 차이는 "예, 그러나"의 형식을 취한다. 이 "그러나"란 접속사가 내포하고 있는 함축적 의미는 분명하다. 유대교인, 그리스도교인, 이슬람교인이 "하나님"이란 단어를 말할 때, 그들은 바로 만물이 거기로부터 나와서 거기로 되돌아가는 궁극적 실재를 가리킨다. 신앙인들이 "하나님"이라는 단어로 가리키는 것은 그들의 창조적 상상력에서 나온 어떤 부산물이 아니라, 모든 실재의 처음이자 마지막인 궁극적 실재로서 그들이 향하여 기도하는 바로 그분이다. 신앙인들에게 있어, 종교적으로 깨달음을 얻는 것은 바로 이해하는 능력을 부여받는 것이다. 무엇보다도, 그것은 우리 모두가 다루어야 하는 궁극적 능력, 바로 그 능력을 이해하는 것이

다.[255]

이러한 종교적 이해를 통하여 우리는 자아의 다원적이고 모호한 실재를 의식하게 될 수도 있다. 이 자아는 유한하고 소외된 자아이기 때문에 외부로부터 오는 능력에 의한 해방을 절실히 필요로 한다. 때때로 상호보완적인 경우도 있지만 더욱 자주 서로 상충하는 다양한 종교적 깨달음의 모델들이 있다: 불교의 많은 진리의 길에서 궁극적 실재로서 공(쑨)에 대한 근본적인 깨달음; 힌두교의 많은 진리의 길에서 "당신은 당신이다"(아트만과 브라만은 하나이다)란 표현의 의미에 대한 깨달음; 불교의 보살(菩薩) 전통에서 우리가 타자들의 깨달음을 배려하기 위해 자신의 마지막 깨달음을 기꺼이 연기시킬 만큼 위대한 연민에 대한 깨달음; 그리스인들과 로마인들과 유교주의자들의 시민종교들 안에 나타나는 시민 사회질서를 통하여 불확실하지만 필연적으로 우리가 전체와 관계 맺고 있다는 의식에 대한 깨달음; 도교(道敎)와 고대 원시 종교들에서 우리가 모든 생물과 맺고 있는 관계에 대한 깨달음; 유대교에서 종교적 길을 묘사해주는 하나님의 율법에 대한 깨달음; 그리스도교에서 근본적으로 중요한 믿음, 소망, 사랑의 삶에 대한 깨달음; 유대교, 그리스도교, 이슬람교의 예언자적 전통에서 정치적이고 역사적인 책임감에 대한 깨달음 등등. 존 힉(John Hick)이 제안하는 것처럼,[256] 이 모든 깨달음의 길들은 그 근본적인 차이점들에

---

255) "능력"이란 범주의 사용에 대한 주장은 그리스도교 개혁전통의 많은 장점들 중 하나이다; 우리를 엄습해오는 궁극적 능력을 가리키는 개혁전통의 "경건"에 대한 간결한 분석을 위해서는, James M. Gustafson이 저술한 *Ethics from a Theocentric Perspective*, vol. 1을 보라.

256) John Hick이 저술한 몇 가지의 작품들을 보라: *Problems of Religious Pluralism* (New York: Macmillan, 1985); *God Has Many Names* (Philadelphia: Westminster, 1980); *God and the Universe of Faiths* (New York: Macmillan, 1973)를 보라; 또한 John Hick과 Brian Hebblethwaite

도 불구하고 공통적이고 단일한 자아의 변형, 즉 '자아'(self) 중심적 삶에서 '실재'(Reality) 중심적 삶으로의 변형을 요구한다. 어떠한 종교적 깨달음의 길에서든, 우리는 궁극적 실재와 새로운 관계맺음을 통하여 우리의 중심을 절대자아로부터 옮겨야 한다. 이때에만 자아는 절대자아의 기능을 멈추고, 자연, 역사, 타자들, 그리고 심지어 지금 변형된 자아 등과 새롭게 관계맺음으로써 어떤 본래적 자유를 발견할 수 있다. 물론, 어떤 유의미한 의미에서, 이 모든 종교적 깨달음들이 단순히 동일한 종교적 입장의 다양한 표현들에 불과하다는 주장은 받아들이기 어렵다. 종교들 가운데 발생하는 다원성은 종교들이 모두 동일한 깨달음을 요구한다거나 동일한 해방의 길을 실천한다는 주장으로 환원될 수 없다.

종교들 가운데는 '가족 유사성'이 있다. 그러나 내가 관찰할 수 있는 한, 모든 종교적 다원성 안에는 어떤 단일한 본질도, 어떤 단일한 내용의 깨달음도, 어떤 단일한 내용의 계시도, 어떤 단일한 방식의 해방도 발견되지 않는다. 이 다원성 안에는 오로지 궁극적 실재 자체의 본성에 대한 다양한 해석들만이 있다: 하나님, 공(空), 진여(眞如), 일자(一者), 자연, 다자(多者) 등. 이 다원성 안에는 궁극적 실재에 의해 계시된 궁극적 실재 자체에 대한 다양한 이해들이 존재한다. 그러므로 이 다원성 안에는 또한 우리가 궁극적 실재와 맺고 있는 조화롭고 부조화한 관계들 안에서 우리 자신에 대한 다양한 이해들도 존재한다. 이러한 다양성이 인정되는 곳에는 우리가 '치명적인 자기 중심적 태도'에서 '해방시키는 실재 중심적 태도'로

가 공동으로 편집한 *Christianity and Religions* (Philadelphia: Westminster, 1980)에서 "Whatever Path Men Choose is Mine"을 보라. John Hick의 작품들에 대한 연구를 위해서는, Chester Gillis가 John Hick에 대해 쓴 출판되지 않은 논문 (Chicago, 1986)을 보라.

움직이기 위해 어떤 길을 따라야 하는지에 대한 다양한 해석들이 존재하기 마련이다. 종교들의 담론들과 길들은 때때로 서로를 보충할 수 있으며, 제한적으로 서로 다른 종교들의 미개척 분야를 완성할 수 있다. 종교들은 또한 서로의 주장들을 중단시킬 수 있으며, 제한적으로 그 주장들을 말살시킬 수 있다. 종교들은 서로 대화하기 전에 어떤 선택이 올바른 선택인지를 결코 말할 수 없다. 그 이상을 원하는 것은 해석의 요구로부터 단순히 자유로워지려고 하는 것일 뿐이다.

다원주의, 더 정확하게 말해서, 다원주의적 태도는 종교적 다원성의 사실에 대한 하나의 가능한 응답이다. 다원주의는 내가 근본적으로 신뢰하는 하나의 태도이다. 그러나 다원주의를 향한 나 자신의 태도를 포함하여, 과거와 현재의 다원주의에 대한 모든 긍정이 점점 더 증대되고 있는 가능성들에 대한 순전하게 수동적인 응답이 될 때마다, 이렇게 되면 이 가능성들 가운데 어떤 것도 실행되지 못하겠지만, 다원주의는 의혹을 요구한다. 시몬느 드 보브아르(Simone de Beauvoir)가 주장했듯이, 이러한 종류의 다원주의는 근대 부르주아 정신을 위해 만들어진 완벽한 이데올로기이다. 이러한 다원주의는 우리가 저항과 희망에 대한 어떤 특정한 비전에 헌신하지 않으면서도 차이성의 쾌락을 즐길 수 있는 어떤 '유쾌한 혼란'(genial confusion)을 은폐하고 있다.

여전히 너무 소홀한 취급을 받고 있는 사상가인 윌리엄 제임스를 포함하여 서구 사상사에서 위대한 다원주의자들이 알고 있었듯이, 다원성을 향한 가치 있는 긍정은 무엇이든 책임적인 다원주의적 태도의 끝이 아니라 시작이었다.257) 가능성과 개방성의 판단기준들 외에도 다른 판단기준들이 틀림없이 존재한다. 우리가 바로 그 사례라고 알고 있거나 믿고 있는 것을 통하여 어떤 가능성의 일관성이나 비일관성을 평가할 수 있는 판단기준들이 틀림없이 존재한다. 종교적 선택권이 개인과 사회에 무엇을 의미하는지를 평가할 수 있는 윤리 정치적 판단기준들이 틀림없이 존재한다. 윌리엄 제임스의 천부적인 관대함은 때때로 경험 자체의 "꽃이 피고 벌이 윙윙거리는 혼동" 속에서 기쁨으로 넘쳐흘렀다. 이러한 제임스의 기쁨은 실질적인 것이었지만, 결코 그의 메시지의 전부는 아니었다. 제임스의 실용주의적 진리 이론에는 여러 가지 문제점들이 있었다. 그러나 진정한 문제는 결코 모든 진리 담론들의 실용주의적 평가에 대한 제임스의 주장에 있는 것이 아니었다. 현대의 담론 분석이 보여주듯이, 실용주의적 계기는 우리가 그것을 인정하든 그렇지 않든 존재하기 마련이다.

고전적 실용주의자들이 지식을 관찰자적 관점에서 보는 방식과 단절한 것은 합리적 평가 기준들을 다루는 현대의 논의에서 이들의 고유한 공헌이었다. 고전적 실용주의자들은 우리가 가능성과 미래에 초점을 맞추어야 한다고 우리에게 가르쳤다. 그들은 우리가 소유하고 있는 상대적으로 가장 적절한 (합의에 의해 성립된) 지식과 관련하여 모든 주장을 판단함으로써 이러한 주장의 일관성이나 비일관성을 평가하는 방법을 우리에게 가르쳐주었다.258) 그들은 모든 가능성의 윤리적 성과물(제임스)과 사회 정치적 결과물(듀이)을 평가해야 할 근대의 필요성을 이해하는데 우리에

---

257) William James가 저술한 *The Varieties of Religious Experience* (New York, 1982)를 보라; 또한 Leszek Kolakowski가 저술한 *Religion* (New York: Oxford University Press, 1982)을 보라.
258) 이것은 특히 "탐구 공동체" — 이것은 Charles Saunders Peirce의 연구에서 가장 분명하게 공식화된바 있다 — 에 대한 실용주의자들의 주장에도 해당된다.

게 도움을 주었다.

종교적 해석들의 다원성은 우리가 그 결과로 발생하는 '해석의 갈등'에서 볼 수 있듯이 하나의 사실이다. 위대한 종교 다원주의자들은 다원성을 너무 강하게 긍정하기 때문에 다원성을 근본적으로 신뢰하는 사람들이지만, 동시에 상대적 적절성에 대한 판단을 위한 평가 기준들을 발전시켜야 할 자신들의 책임을 회피하지 않는 사람들이다. 그러나 이것은 단지 종교 다원주의적 해석자들만 주목받아야 한다는 사실을 의미하지 않는다. 사실은 이와 정반대이다. 만약 다원주의적 태도가 진실하다면, 그것은 때때로 특히 위대한 일원론적 종교 해석자들을 포함하여 모든 사람들로부터 기꺼이 배우는 자세를 취해야 한다. 마르틴 루터(Martin Luther)가 "나는 여기에 서 있는 것 외에 다르게 행동할 수 없습니다"라고 단호히 말하는 것 대신에, "그러나 만약 이것이 당신을 성가시게 한다면, 나는 다르게 행동하겠습니다"259)라고 *작은 목소리로*(sotto voce) 덧붙였기를 진심으로 바라는 사람이 누가 있겠는가? 그리스도교에 대한 루터의 고전적인 해석으로부터 아무것도 배울 수 없는 모든 다원주의자들은 어떤 종교 해석으로부터도 거의 배울 수 없다. 심지어 다원주의자조차도 언젠가 보통 더욱 시험적으로 그러나 이에 못지않게 확고한 태도로 "나는 여기에 서 있겠습니다"라고 말해야 한다. 그렇지 않으면, 그는 비판적 평가를 위한 요구사항에 불충실한 것으로 판명될 것이다.

종교적 해석들의 다원성은 종교들의 다원성에 필적될 수 없다. 궁극적

---

259) 정확하게 회상하면, 나는 루터가 교황청 앞에서 말한 이 신앙고백을 Philip Blackwell로부터 처음 들었다.

으로 모든 종교들이 결국 하나라는 믿음은 받아들이기 어렵다. 심지어 신비주의 전통조차도 모든 다른 종교 현상들만큼 자신의 목적, 기술, 실천, 담론에 있어 다원적이다. 모든 종교들을 정초하는 단 하나의 "영원 철학"(perennial philosophy)을 정의하려는 시도는, 앨더스 헉슬리(Aldous Huxley)에 의해 인상주의적으로 표현되든 혹은 헨리 코빈(Henry Corbin), 프리츠 슈온(Fritz Schuon), 휴스턴 스미스(Huston Smith)에 의해 엄격하게 표현되든, 추천할 만한 실험이지만 지금까지 설득력 있는 실험은 아니었다. 모든 다른 경험들처럼, 신비적 경험도 또한 해석이다. 모든 다른 해석들처럼, 신비주의는 특정한 전통과 특정한 사회의 담론에 참여한다. 나가르주나(Narganjuna)와 에크하르트(Eckhart)가 동일한 실재를 경험하고 있거나 해석하고 있다는 주장은 외관상 받아들이기 어렵다. 이 두 신비가들 사이에 심원한 유사성들이 있다는 주장은 분명한 사실이다. 그러나 이 유사성들은 기껏해야 유비들, 즉 '차이성-속의-유사성들'에 불과하다.

종교들의 한계 질문들에서 심지어 유사성조차도 동일성이 아니다. 예를 들어, 종교적 질문들을 표현하기 위해 서구 언어에서 일반적으로 사용되는 '깊이의 은유들'(metaphors of depth) ─ "궁극적 관심"(ultimate concern)과 같은 틸리히(Tillich)의 언어, "강렬화의 변증법"(dialectics of intensification)과 같은 키에르케고르(Kierkegaard)의 언어, "한계 질문들"(limit questions)과 같은 나 자신의 언어 ─ 은 중국과 일본의 선불교 질문자들에 의해 일반적으로 사용되는 '표면의 은유들'(metaphors of surface)과 유사하지만, 또한 현저하게 다르다.[260] 종교들의 응답들, 종교들의 여러 가지 이야기들, 종교들의 교

---

260) 나는 이 관찰을 Eric Holzwarth에게 빚지고 있다; 이 문제에 대한 그의 논평 (forthcoming)과

리들, 종교들의 상징들, 종교들의 본래적 해방에 이르는 길에 대한 서로 상충하는 설명들은 모두 유사한 만큼 최소한 다르다. 그것들은 분명히 동일하지 않다.

종교적 인간이 되는 길은 다양하다. 종교의 본질에 대한 어떤 단일한 정의(定義)도 이 다양성을 지배할 수 없다. 심지어 서구적 어조를 과도하게 담고 있는 '종교'란 단어조차도 "궁극적 실재에 이르는 다양한 길들"이란 표현으로 대체되어야 한다.[261] 대화는 종교들 간에 가능할 뿐만 아니라 이젠 심지어 필수적이기까지 하다. 대화 자체에 참여하기 전에, 모든 종교들이 정말로 똑같다고 가정하는 대화는 거의 도움이 될 수 없다. 위대한 종교들 간에 이루어지는 대화보다 더 중요하거나 더 어려운 대화는 거의 없다.[262] 만약 이러한 대화가 풍성한 열매를 맺으려면, 모든 대화 상대자들은 해석과정 자체의 복잡성을 유념해야 한다. 그렇지 않으면, 그들은 종교

롤랑 바르트, 나보코프, 울프에 대한 그의 논문 (Chicago, 1985)을 보라. 후자는 개정된 형식으로 책으로 출간되어 나올 예정이다.

261) 이것은 특히 Peter C. Hodgson과 Robert H. King이 공동으로 편집한 *Christian Theology* (Philadelphia: Fortress, 1982), pp.299−322의 "The Religions"에서 John Cobb의 제안이다. ("종교" 범주에 대한 유사한 질문하기에 기초한) 대안적 제안은 Wilfrid Cantwell Smith가 저술한 *The meaning and End of Religion* (New York: NAL, 1963)과 *Towards a World Theology: Faith and the Comparative History of Religion* (Philadelphia: Westminster, 1980)에서 발견될 수도 있다. Cobb과 Smith의 비판적 단서들은 충분한 근거가 있다. 내가 희망하듯이, 우리는 *종교*라는 단어를 계속해서 사용하면서 이 단서들을 유념할 수 있다. 또한 우리가 희망하듯이, 우리는 종교라는 단어의 모호성을 알고 있지만 *길* 혹은 *신앙*보다 더 유익한 단어가 만들어질 때까지 *종교*라는 단어를 내버릴 수 없다.

262) 개인적으로 말해서, 나는 이 주제에 대해 그리스도교 신학자들의 많은 책들에서 뿐만 아니라 유대교와 그리스도교의 대화들 및 불교와 그리스도교의 대화들에서도 그리스도교의 독특성을 배웠다. 내가 믿게 되었듯이, 오로지 이 대화들이 모든 종교 전통들에 의해 진지하게 받아들여질 때에만, 우리는 그리스도교의 "본질"이나 다른 종교 전통들의 "본질"에 대한 연구에 다시 착수할 수 있을 것이다. 비슷한 제안들을 위해서는, Hans Küng과 Josef von Ess와 Heinrich von Streteneren과 Heinz Bechert가 공동으로 저술한 *Christentum und Welt-Religion* (Muenchen: Hindler, 1984), pp.15−27, pp.617−625를 보라.

의 정의(定義)를 위한 불필요한 후보자를 하나 더 임명해야 할 처지에 놓일 수도 있다. 이때, 이 종교의 가장 열등한 공통분모의 위상은 어떤 대화 상대자도 만족시키지 못할 것이다.

나는 앞에서 이 어려운 대화를 위한 전략을 "유비적 상상력"이라고 불렀다. 다원주의적이고 자기 발견적인 전략으로서, "유비적 상상력"은 또한 종교들 간의 대화를 위한 유용한 전략으로 판명될 수도 있다. "유비적 상상력"은 다음과 같은 사실을 대화 상대자들에게 상기시킬 수 있다: '다른 것'으로(as other)와 '차이 나는 것'으로(as different) 한번 해석된 '다름'(otherness)과 '차이'(difference)는 어떤 점에서는 '가능한 것'(possible)으로, 그리고 결국에는 '유비적인 것'(analogous)으로 인정된다.263) 대화할 수 있는 사람 은 누구든지 또 다른 가능성을 전유(專有)하는 법을 배울 수 있다. 사람과 텍스트 사이에서, 그리고 사람과 사람 사이에서 발생하는 모든 본래적 대화 안에는 상호 변형으로의 개방성이 존재한다.264) 그러나 내가 어떤

---

263) 나의 작품인 *The Analogical Imagination*, pp.446–457을 보라. 또한 Donald Davidson이 *Proceedings of the American Philosophical Association* 47 (1973–74), pp.5–20에 기고한 "On the Very Idea of a Conceptual Scheme"이란 논문에 의해 촉발된 "conceptual scheme"에 대한 논의들을 보라. 종교적 연구들을 위한 이 논의의 중요성은 Terry Godlove가 *Journal of the American Academy of Religion* 52, 2 (1984), pp.289–305에 기고한 "In What Sense Are Religions Conceptual Frameworks"에서 발견될 수도 있다. Davidson의 입장이 더욱 완전한 해석학적 입장 — 이 입장에서는 주로 가능성과 유비가 개념적인 역할을 할 것이다 — 으로 발전 될 수 있다는 사실은 나에게는 계속해서 Davidson의 필연적인 최소주의적 (그러나 내가 믿기에, 올바른) 주장들과 Clifford Geertz의 "thick description"과 "local knowledge"와 같은 영향력 있는 공식들에서 유망한 대안인 것처럼 보인다. 후자에 대해서는, Clifford Geertz가 저술한 *Local Knowledge: Further Essays in Interpretive Anthropology* (New York: Basic Books, 1983), pp.53–73, pp.167–235를 보라.

264) 이러한 이유 때문에, 만약 대화 자체의 완전한 요구가 실현된다면, 나에게는 상호 변형을 성취하기 위해, John Cobb의 어구에서와 같이, "대화를 넘어서"(beyond dialogue) 계속 진행할 필요가 없는 것처럼 보인다: 이점에 대해서는, John Cobb이 저술한 *Beyond Dialogue*, pp.47–55를 보라. 또한 Langdon Gilkey가 저술한 *Society and the Sacred* (New York: Crossroads, 1981)에서

"다른 것"에 대해 해석할 때마다, 나는 최초의 형식으로 존재했던 가능성과는 더 이상 동일하지 않은 가능성을 전유하게 된다. 예를 들어, 어떤 서양인도 동양으로 전향해 온 서양인이 되지 않고는 "동양으로 전향"할 수 없다.265) 서양에서, 특히 북아메리카에서 발전된 새로운 불교 형식들이 증명하듯이, 불교가 서양인들을 위한 종교적 선택 대상이 될 때, 동양 문화에서 불교의 전통적 길들은 이 새로운 서양으로의 여행에 의해 변화를 겪게 된다.266) 불교인이 되기 위한 서구적 길들은 그것들이 서로와 다른 만큼 모든 초기의 길들과도 다르다: 불교인이 되기 위한 인도의 길, 티벳의 길, 동남아시아의 길, 중국의 길, 일본의 길 등. 이러한 많은 길들 가운데는 충분한 가족 유사성이 있으므로, 우리는 이 모든 길들을 불교적인 것으로 묘사할 수 있다. 이와 같이, 모든 위대한 종교적인 길 안에는 많은 선택권들이 존재한다.

절대명령으로 다원성을 억압하지 않는 모든 대화에서 우리가 쉽게 발견할 수 있는 것은 기껏해야 유비이다. 유비적 언어는 다음과 같이 평범한 언어의 후보자들을 제외하고 대안적 언어를 찾기 위해 때때로 다원주의자267)로 불려지는 아리스토텔레스가 만들어낸 창조물이다: 한 가지 의미

"The Mystery of Being and Nonbeing"이란 논평을 보라.

265) Harvey Cox가 저술한 *Turning East* (New York: Simon and Schuster)를 보라.
266) Francis Cook이 저술한 *The Jewel Net of Indra* (University Park, PA: Pennsylvania State University Press, 1978); Donald Lopez가 편집한 곧 출간될 『불교 해석학 모음집』과 같은 서양 불교인들의 작품들을 보라.
267) 아리스토텔레스는 분명히 다원주의자였다. 그리고 그는 『논제들』, 『수사학』, 『윤리학』, 『정치학』, 『시학』과 같은 작품들의 변증법과 수사법에서 "다를 수 있는" 다양한 문제들을 다룰 때, 최상의 부분과 대략적인 부분에 대해 개별적 판단을 내리기 위해 상대적 적절성의 기준을 요구하는 훌륭한 다원주의자였다. 그가 또한 『분석론 전서』나 『형이상학』에서 다원주의자였는지 어떤지는 여전히 열린 문제로 남아있다.

만을 취할 수 있는 언어(여기서는 모든 것이 동일하다); 한 가지 이상의 의미를 취할 수 있는 언어(여기서는 모든 것이 차이가 난다). 유비적 언어는 본래적 의미에서 거의 불가능한 것을 시도하기 때문에 학문적으로 드물고 진기한 성과물이다. 이 유비적 언어의 본질적 특성은 실재적 차이들을 우리가 이미 알고 있는 것과 참으로 다르지만 또한 유사한 것으로 분절(分節)하는 것이다.[268] 더욱 실존적인 수준에서, "유비적 상상력"은 우리가 대화 속으로 들어갈 때 요구되는 자발성을 우리에게 제시해준다. 여기서 대화는 우리가 타자의 주의 요구에 직면함으로써 우리의 모든 현존하는 자기 이해를 기꺼이 위험에 내맡길 수밖에 없는 낙담과 실망의 장소이다.[269] '회심'(conversion)이라는 종교적 언어가 제안하듯이, 모든 대화에서 우리는 근본적으로 우리 자신의 변화를 요구받을 수도 있다. 또는 우리는 모든 대화에서 과거에 단순히 달랐던 것을 지금 참으로 가능한 것으로 인정할 때와 같이 덜 완전하지만 참되게 우리 자신의 변화를 요구받을 수도 있다.

예를 들어, 그리스도교인들은 불교로 개종할 수 있으며 그 역도 마찬가

---

268) 역사적 판단을 위한 "유비"의 사용과 문화 인류학자들 사이의 논의는 여기서 적절한 것이다; 예를 들어, Harvey가 저술한 *The Historian and the Believer* (New York: Macmillan, 1966), pp.15−19, pp.31−33, pp.90−99에서 Ernst Troeltsch의 유비에 대한 그의 논의를 보라.

269) 확실히 플라톤은 그의 대화편에서 드라마를 사용할 때, 이것을 인식했다; 『국가』에서 소크라테스의 대화 상대자들이 그로 하여금 대화에 머물도록 강요할 때, 그들이 사용하는 드라마적 방식들을 주목해보라. 결국, 플라톤의 대화 상대자들 ─ 특히, 글라우콘(Glaucon)과 아데이만토스(Adeimantus)와 같은 젊은이들 ─ 은 드라마의 주인공인 소크라테스가 젊은이들을 위한 훌륭한 삶의 모델로서 아킬레스(Achilles)의 대역을 맡은 신비스러운 장소로 (대화에 의해) 인도되었다는 사실을 발견했다. 이러한 대화의 복잡성을 더 상세하게 이해하기 위해서는, Allan Bloom이 해석학적 논평을 담아 독특한 어조로 번역한 *The Republic of Plato* (New York: Basic Books, 1968), pp.305−437에서 "Interpretive Essay"를 보라.

지이다. 혹은 모든 그리스도교인들은 토마스 머튼(Thomas Merton)처럼 불교로 개종하는 것은 아니지만 자기 초월적인 그리스도교인이나 심지어 선(禪) 그리스도교인으로 기술될 수 있을 만큼 선(禪)으로부터 어떤 것을 배울 수 있다.[270] 모든 덧없는 안일함에의 집착을 중단해야 할 자아의 필요성에 대한 불교의 깊은 통찰은 몇몇 그리스도교 신학자들로 하여금 심지어 유신론의 가장 정교한 개념들조차도 궁극적 실재에 대한 치명적인 회피로 기능할 수 있다는 사실을 깨닫도록 해주었다. 그리스도교 신학자들이 그리스도의 구속적 역할을 해석하기 위해 바울의 "자기 비움"(kenosis)이라는 언어의 힘을 재발견할 때처럼, 그리고 그들이 "하나님 너머에 있는 하나님"(God-beyond-God)과 같은 마이스터 에크하르트의 수수께끼 같은 언어를 전유(專有)할 때처럼, 참으로 불교-그리스도교의 대화는 그리스도교 신학자들로 하여금 그리스도교의 많은 전통적인 하나님-언어를 재고하도록 이끌어주었다.[271]

불교가 그리스도교의 진리들 가운데 어떤 측면을 전유할 때 발생하는 것처럼, 이러한 불교의 전유 행위는 진실한 대화의 결과로서 동일한 종류의 내적 변형을 보여준다. 바울의 자기 비움의 언어는 선(禪) 불교인들이 "공"(空)으로서의 궁극적 실재가 어떤 방식으로 우리와 관계 맺게 되는지를 재해석하는데 도움을 주었다.[272] '선물로서의 은총'과 같은 그리스도교

---

270) Thomas Merton이 저술한 *The Asian Journal of Thomas Merton* (New York: New Directions, 1968)을 보라; 또한 William Johnston이 저술한 *The Still Point: Reflections on Zen and Christian Mysticism* (New York: Fordham University Press, 1971)을 보라.

271) 예를 들어, John Cobb이 저술한 *Beyond Dialogue*, pp.75−119를 보라.

272) 예를 들어, 선불교 사상가인 Masao Abe의 중요한 대화적 작품으로서 그가 저술하고 Frederick Frank가 편집한 *The Buddha Eye, An Anthology of the Kyoto School* (New York: Crossroads,

의 관념은 정토종(淨土琮) 불교인들이 다른 불교 전통들과의 차이를 명료화하는데 도움을 주었다. 사랑하라는 계명이 사회 정의를 위한 투쟁을 요구한다는 그리스도교의 주장은 또한 불교의 연민에 대한 가르침 안에 사회 정의의 개념이 포함되어 있다는 불교인들의 재해석에 영향을 미쳤다. 이 새로운 해석들은 또한 업보(業報)와 같은 불교의 수정주의적 관념에 영향을 미쳤다.

동일한 유비적 전략은 또한 해석자들이 다양한 종교들 사이에서 혹은 각각의 종교 전통들 내부에서 다원성을 성찰하는데 도움을 줄 수 있다.[273] 우리가 *유대교, 힌두교, 이슬람교, 불교, 그리스도교*와 같은 단어들을 사용할 때, 우리의 '실체론적 언어'는 우리를 다시 기만한다. 유대교인, 불교인, 이슬람교인이 되는 다양한 방식들 가운데는 실재적인 '가족 유사성'이 존재하지만, 이 친숙한 명사들은 기껏해야 각각의 종교적 가족들에 대한 간략한 기술에 불과하다. 우리는 때때로 특정한 가족들 안에서 '가족 유사성'이나 '차이성-속의-유사성'의 흔적을 추적할 수 있다. 마치 역사가들이 '가족 유사성'이나 '차이성-속의-유사성'을 사용하여 튜더 왕가나 스튜어트 왕가, 부르봉 왕가나 합스부르크 왕가와 같이 문서로 잘 기록된 가족들을 연구한 것처럼 말이다. 그러나 모든 가족의 역사가 보여주듯이, 예를 들어, 루이 14세와 루이 16세 사이의 차이성이나 혹은 마리아 테레사(Maria

---

1982), pp.61-74, pp.203-207에서 "God, Emptiness and the true Self"와 "Emptiness and Suchness"를 보라. 마이스터 에크하르트에 대해서는, Edmund Colledge, O.S.A, Bernard McGinn이 공동으로 번역하여 소개한 *Meister Eckhart: The Essential Sermons, Commentaries, Treaties, and Defense* (New York: Paulist, 1981)를 보라.

273) George Rupp가 저술한 *Beyond Existentialism and Zen: Religion in a Pluralistic World* (New York: Oxford University Press, 1979)에서 그의 전략을 주목해보라.

Theresa)와 요제프 2세(Joseph II) 사이의 차이성은 적어도 유사성만큼 의미 심장하다. 물론, 루이 14세와 루이 16세는 계보학적으로뿐만 아니라 그들의 가장 독특한 행동의 측면에서도 곧 알아볼 수 있을 만큼 동일한 가족의 구성원들이었다. 그러나 이들 사이의 차이성은 뚜렷했다. 이들은 기질, 성격, 사고방식, 행동방식에 있어서 서로 달랐다. 만약 루이 14세가 루이 16세의 6대손이었다면, 혁명에 직면하여 그가 어떻게 행동했을 것인지에 대한 제안은 부적절한 것처럼 보인다. 루이 16세가 부르주아들을 루이 14세의 베르사유 궁전 — 즉, 거울과 예의범절의 해체주의 풍으로 장식된 방 — 으로 유혹함으로써 다루기 어려운 부르주아들을 길들일 수 있었을 것이란 제안은 기껏해야 괴상한 사례에 속한다.

차이성은 단 하나의 가족 안에서도 너무 두드러지게 나타나기 때문에, 우리는 단일한 주제의 단순한 변수로 그것을 환원시킴으로써 그것을 간단하게 설명할 수 없다. 에른스트 트뢸취(Ernst Troeltsch)가 주장했듯이, 그리스도교의 본질을 공식화하려는 그리스도교 신학자들의 모든 시도는 비판적 해석들, 역사적 판단들, 윤리 종교적 결정들을 모두 포괄하는 복잡한 문제로 판명될 것이다.[274] 확실히, 모든 종교 해석 안에는 더 좋은 해석과 더 나쁜 해석이 공존한다. 내가 믿기에, 더 좋은 해석은 에른스트

---

274) Ernst Troeltsch가 저술하고 Robert Morgan과 Michael Pye가 공동으로 편집한 *Ernst Troeltsch: Writings on Theology and Religion* (Atlanta: John Knox Press, 1977), pp.124-180에서 "What Does 'Essence of Christianity' Mean?"을 보라. 에른스트 트뢸취가 이 에세이를 발표한 이래, (내적으로든 "외적으로든") 더욱 확대된 그리스도교의 모호성과 다원성에 대한 인식은 그의 획기적인 기획에 근본적으로 충실한 모든 후기 트뢸취적 시도에 더 많은 자양분을 제공해준다. 현대 신학의 해석학적 복잡성에 대한 중요한 연구는 Claude Geffré가 저술한 *Le Christianisme Au risque de L'interprétation* (Paris: Du Cerf, 1983)에서 발견될 수도 있다.

트뢸취의 "그리스도교의 본질은 무엇을 의미하는가?"란 고전 에세이에서 그가 제시하는 '비판적이고 필연적으로 일반적이고 융통성 있는 판단 기준들'에 의해 인도된다. 이사야 벌린(Isaiah Berlin)이 일전에 진술했듯이, 모든 유능한 다원주의자들은 언제나 좋은 해석, 나쁜 해석, 무시무시한 해석 사이의 차이점들을 논의할 수 있어야 한다. 그러나 우리는 결코 *그리스도교, 유대교, 이슬람교, 불교, 힌두교*와 같은 단어들 안에서 비해석학적이고 탈역사적인 본질을 찾아낼 수 없다. 이 각각의 위대한 종교적 길들 내부에는, 그리고 이 길들을 독특한 가족들로 만드는 많은 유사성들 가운데는, 여전히 그리스도교인이나 유대교인이나 이슬람교인이나 불교인이나 힌두교인이 되는 많은 길들이 있다.

신보수주의가 세계적으로 부활하고 있는 지금의 상황에서, 모든 위대한 종교들 내부에 존재하는 진리에 이르는 길들의 다원성에 대한 주장은 윤리적이고 종교적인 책임성과 연관되어 있다. 이슬람교 형제들에게 던지는 아야톨라 호메이니(Ayatollah Khomeini)의 어떤 뇌우도, 로마 "교황청"에서 로마 가톨릭교인들에게 보내는 어떤 전횡적 포고도, 프로테스탄트 그리스도교 형제들에게 가하는 제리 포웰(Jerry Falwell)의 어떤 위협도, 유대교 형제들을 대상으로 하는 랍비 케하네(Rabbi Kehane)의 어떤 테러 전술도 이러한 다원성에 대한 주장을 잠식시킬 수 없다.

내가 알고 있는 바로는, 어떤 종교적 전통도 종교적으로 다양한 길들을 인정하는 힌두교 — 우리는 너무나 쉽게 이것을 힌두교라고 부른다 — 만큼 내적 다원성을 긍정해야 할 윤리적, 종교적 필요성을 깨닫지 못했다. 우리가 진리에 이르는 다양한 길들을 허용하는 것이 종교적으로 얼마나 중요한지를 기술하려고 할 때, 『바가바드기타』(Bhagavad Gita)만큼 설득력 있는 종교적 고전은 없다: 인식의 길들, 헌신의 길들, 행동의 길들. 근대 힌두교인들에 의해 강조된 모든 곤경 및 모든 필연적 비판과 의혹을 자체 안에 담고 있는 힌두교는 하나의 종교적인 길 내부에서 진정한 다원성의 요구를 의식하는데 모범이 되는 것처럼 보인다.275)

다른 위대한 종교들 역시 종종 덜 명백하지만 설득력 있게 진리에 이르는 길들의 다원성에 대한 동일한 종교적 필요성을 증언하고 있다. 모든 종교의 역사를 관찰하는 것은 종종 급진적 다원성의 이야기를 읽는 것이다. 이러한 다원성을 공격하는 것은 종교 자체 안에서 중심이 되는 종교적 힘을 훼손시키는 것이다. 예를 들어, 어떤 위대한 종교적인 길 내부에서 발견되는 많은 가능성들 안에서 대부분의 종교 구성원들에 의해 실천되는 일상적인 길보다 이 종교의 지성인들이 성찰해야 할 더 중요한 선택사항은 없다. 설령 우리 자신의 관심사가 종교의 신비스럽고 비범한 표현들 — 신비주의자들, 예언자들, 성인들, 고전들 — 에 있다고 하더라도, 어떤 종교를 해석하거나 실천하는데 있어 이것만으로 충분하지 않음을 깨닫는 것은 겸손한 태도일 것이다. 물론, 윌리엄 제임스가 주장했듯이, 어떤 의미에서 종교적으로 "강렬한"(intense)276) 실례들은 종교로서 종교의

---

275) Cornelia Dimmit와 J. A. B. van Buitenen이 공동으로 편집한 *Classical Hindu Mythology* (Philadelphia: Temple University Press, 1978); Ainslee L. Embree가 편집한 *The Hindu Tradition* (New York: Random, 1972); Wendy Doniger O'Flaherty가 편집한 *Hindu Myths: A Sourcebook* (New York: Penguin, 1975)을 보라. 이러한 흡수와 다원성의 전통은 간디의 사상 안에 고전적인 근대적 형식으로 살아있었다; M. K. Gandhi가 저술한 *An Autobiography of the Story of My Experiments with Truth*, 2 vols. (New York, 1929)를 보라.

276) (역자주) 여기서 데이비드 트레이시가 사용하는 "강렬한"(intense)은 "평범한"과 대립되는 의미를 갖고 있다. 예를 들어, '강렬한 종교적 체험'은 평범한 일반인들에 의해 경험되는 평범한

가장 분명한 본보기들이기 때문에, 종교적으로 강렬한 형식들에 관심을 갖는 것은 옹호할 만한 선택이다.[277] 널리 인정되고 있듯이, 나 자신의 관심사도 역시 제임스와 똑같은 어조를 갖고 있다.

그러나 심지어 여기에서도 신선한 비판과 의혹이 요구된다. 비판의 관점에서, 종교는 고전적 예언자들, 고전적 신비가들, 고전적 성인들의 비범한 순류에 의해서 만큼이나 평범한 종교적 삶을 영위하는 평범한 사람들의 엄청난 역류에 의해서도 영위된다. 의혹의 관점에서, 외관상 고전적 본보기들과 다른 일상적 본보기들에 응답할 수 없는 우리의 무능력은 분명히 모호한 현상이다. 만약 다원주의자들이 다원성을 진심으로 긍정한다면, 그들은 종교적 삶을 영위하는데 있어 평범한 일상적 본보기들의 중요성을 무시할 수 없으며, 간단히 처리할 수는 더욱 없다.[278]

예를 들어, 라틴 아메리카의 해방신학자들은 분명히 그리스도교의 강렬한 예언자적 읽기에 헌신하고 있다. 그러나 그들은 "대중종교"에 대해 퍼부었던 초기의 비판으로부터 후퇴하는 것을 배웠다: 예를 들어, 숙명론, 현상(現狀)에 대한 단순한 축복, 우울증 등.[279] 그들은 이러한 비판에서

종교적 체험이 아니라 신비가, 예언자, 성인에 의해 경험되는 비범한 종교적 체험을 의미한다.

277) William James가 저술한 *Varieties of Religious Experience*를 보라.

278) 예를 들어, 일상적 삶에 대한 마르틴 부버의 연구를 상기해보라. 마르틴 부버에 대해서는, Martin Buber가 저술한 *Between Man and Man* (London: Collins, 1961)에서 "The Question to the Single One"을 보라.

279) "대중종교"에 대한 라틴 아메리카의 논의에 대해서는, Mircea Eliade와 David Tracy에 의해 공동으로 편집된 *Concilium, What is Religion? An Enquiry for Christian Theology* (New York, 1980), pp.40－45에 Segundo Galilea가 기고한 "The Theology of Liberation and the Place of Folk Religion"을 보라. 나는 Mary McDonald와 Tod Swanson에게 감사하고 싶다. 이 문제와 관련하여, 이들의 연구는 특히 신뢰할 만하다. 또한 *Betrayed by Rita Hayworth* (New York: Random House, 1981)와 *Kiss of the Spider Woman* (New York: Random House, 1979)과 같은 Miguel Puig의 소설들에서 대중문화(예를 들어, B급 영화들의 역할)의 모호성(순전한 부정

너무 쉽게 무시된 종교의 대중적 표현들이 심지어 예언자적 엘리트에게도 중대한 교훈을 줄 수 있다는 사실을 배웠다. 두 번째 실례로서, 종교적 고전들에 대한 나의 신학은 '극단성'과 '강렬화'를 향한 나의 신학적 편애를 의심할 필요가 있다.[280] 나는 나의 신학에 도전하는 다른 '덜 분명하고 덜 강렬한 고전들' — 모든 종교인들의 평범한 실천들, 평범한 믿음들, 일상적 의례들을 다루는 고전들 — 로부터 더 유익한 길을 배울 필요가 있다. 참으로, 이러한 현상은 또한 종교적으로 강렬한 사람들의 일상적 삶에도 적용된다. 극단성과 강렬화의 위대한 주창자인 키에르케고르가 일전에 진술했듯이, "해석자들은 자신들의 생각으로 성을 세울 수 있다. 그러나 다른 일반인들과 마찬가지로, 그들이 실제로 살아야 할 곳은 이웃 집 오두막일 가능성이 크다." 만약 종교적 다원성이 진정으로 존중받으려면, 종교적 극단성과 강렬화를 주창하는 사상가들 가운데 어떤 사람도 모든 위대한 종교적 길들에서 평범한 종교적 삶의 고전들을 무시할 수 없다: 예를 들어, 신에 대한 헌신과 사랑을 강조하는 힌두교의 박티(bhakti) 전통들, 일상적 삶의 세부사항에까지 엄청난 주의를 기울이는 유대교의 율법, 깨달음에 이르지 못한 평범한 불교인들과 성화에 이르지 못한 평범한 그리스도교인들의 의례들과 실천들, 평범한 이슬람교인들이 하루에 세 번 드리는 기도와 종교의식들 등.

신학자들은 종교란 단어가 모든 해석에 부여하는 충분한 요구사항들에 따라서 종교를 해석하지 않고도 마치 자신들이 모든 종교를 이해하는

성이 아닌)에 대한 유사한 종류의 성찰을 주목해보라.
280) 나는 종교적 강렬화(intensifications)에 대한 나 자신의 과도한 강조에 대해 많은 유익한 비평을 해준 나의 동료 David Smigelskis에게 감사하고 싶다.

것처럼 과장해서는 안 된다. 또한 그들은 이러한 '해석으로서의 이해'가 자신들의 유한성, 우발성, 결함들로부터 면제되어 있기를 희망해서도 안 된다. 칼 바르트가 "천사들이 나의 신학을 읽으면 비웃을 것이다"라고 진술했을 때, 그는 그리스도교 전통의 모든 신학자들을 대변하여 말한 것이다. 또한 신학자들은 모든 담론 안에 불가피하게 침투해있는 무의식적으로 전체 체계에 영향을 미치는 왜곡들로부터 면제되어 있기를 기대해서도 안 된다. 라인홀드 니버가 주장했듯이, 우리의 가장 훌륭한 창조적 행위들은 동시에 우리의 모호성의 가장 훌륭한 본보기들이다. 원칙적으로, 신학자들은 자신들의 어려운 과제를 조명해줄 수 있는 모든 해석학에 열려있어야 한다. 최상의 상태에서, 신학자들은 종교적 사건 — 여기서 이 사건은 요가와 선(禪)에서 그리고 모든 위대한 신비주의 전통에서 장려되고 수행되는 숭고한 정신이나 혹은 유대교와 그리스도교와 이슬람교에서 선포되는 하나님의 심판과 치유의 선물과 능력을 모두 포괄한다 — 을 올바르게 해석할 수 있는 모든 "회복의 해석학"에 열려있어야 한다. 또한 신학자들은 죄, 무명(無明), 치욕과 같이 모든 종교적 전통에 고유한 무의식적 실재들을 비판하고 교정할 수 있는 모든 "의혹의 해석학"에 열려있어야 한다. 또한 그들은 전통적인 종교 해석들의 실수를 평가하는데 도움을 줄 수 있는 역사비평 방법, 사회과학 방법, 기호학적 방법, 구조주의 방법, 후기 구조주의 방법, 해석학적 담론분석 등과 같은 다양한 설명 방법들에 열려있어야 한다. 또한 그들은 고전적 종교 텍스트들 및 종교 상징들과 비판적 대화를 진전시키는데 도움을 줄 수 있는 모든 형식의 논증들을 사용해야 한다. 또한 그들은 종교적 고전들 자체 안에서 발견되는 다양한 왜곡들의 정확한 지점을 찾아내는데 도움을 줄 수 있는 모든 형식의 비판 이론들에 열려있어야 한다.

종교에 대한 신학적 해석들은 기껏해야 상대적으로 적절할 뿐이다. 오로지 모든 종교 해석자들이 서로 주고받는 충분한 대화 — 즉, 해석의 요구사항들에 충실하고 종교와 해석에 대한 다양한 '해석의 갈등'들을 인식하는 그런 대화 — 를 통해서만 우리는 '책임적 합의'에 도달할 수 있다.[281] 그러나 심지어 이러한 합의가 이루어지기 전에조차도, 다음과 같은 사실은 매우 분명하다. 즉, 종교적 고전의 주의 요구와 대화하기 위해 현존하는 자기 이해를 기꺼이 위험에 내맡길 것을 요구받을 때, 신앙인들이든 혹은 비신앙인들이든 모든 종교 해석자들은 종교를 해석하기 위해 신학자의 육감과 같은 어떤 것을 사용할 수 있다. 이러한 본능적 감각은 신학적으로뿐만 아니라 해석학적으로도 건전한 것이다. 예술과 도덕의 고전들처럼 종교적 고전들은 다음과 같은 당위성을 요구한다: 만약 우리가 종교적 고전들의 의미를 이해하려면, 우리는 종교적 고전들의 진리 주장에 비판적 주의를 기울여야 한다.[282]

---

281) 물론, 이 해석들은 철학적이고 신학적인 종교 해석들뿐만 아니라 다양한 종교 연구들의 모든 중요한 해석들도 포함해야 한다. 예를 들어, 여기서 우리는 종종 "힌두교 사상"에 대한 철학적이고 신학적인 연구들에서 보다는 웬디 도니거 오플래허티의 연구에 나오는 인도의 신화들, 이야기들, 상징들, 믿음들에 대한 예외적 해석들에서 인도의 종교적 신앙의 독특한 종교적 공명(共鳴)들에 대해 더 많은 것을 배울 수 있다; 이미 인용된 책들 외에도, Wendy Doniger O'Flaherty가 저술한 *Asceticism and Eroticism in the Mythology of Siva* (Oxford: Oxford University Press, 1973); *The Origins of Evil in Hindu Mythology* (Berkeley and Los Angeles: University of California Press, 1976); *Tales of Sex and Violence: Folklore, Sacrifice and Danger in the Jaiminiya Brahmana* (Chicago: University of Chicago Press, 1985)를 보라.

282) 이것은 순수한 사회학적 연구들이나 경험 역사적 연구들이 진리의 문제를 합법적으로 "일괄하지" 못한다고 주장하는 것이 아니다; 그러나 이러한 학자들의 연구들이 함축적으로 제시하고 있듯이, 예술, 도덕, 과학에서와 같이, 종교에서 "타당성 요구"는 문제의 현상에 대한 상대적으로

대화 자체가 발생하기 전에, 분명히 나는 해석학적으로 어떤 종교적 주장을 받아들이거나 거부하는 일에 얽매어 있지 않다. 그러나 만약 내가 그 종교적 주장을 이해하고 싶다면, 나는 그 종교의 진리 주장이 바로 그 종교의 의미에 속한다는 사실과 비판적으로 싸우지 않으면 안 된다. 종교적 고전을 이해하기 위해서라면, 나는 궁극적으로 나의 현재의 진리 관념들에 도전하는 종교적 고전의 도발(挑發)을 회피해서는 안 된다. 종교적 고전은 단순히 내가 이미 알고 있는 진리를 말하기 위해 또 다른 언어를 사용하고 있을 수도 있다. 만약 그렇다면, 나는 이것이 어떻게 그러한지를 보여주어야 한다. 종교적 고전은 내가 일상적으로 믿고 있는 것과 '전적으로 다른' — 심지어 '끔찍할 정도로 차이 나는,' 그리고 '소외를 일으킬 정도로 다른' — 어떤 실재를 현시(顯示)하고 있을 수도 있다. 만약 그렇다면, 나는 이 현시 안에서 발생하는 '타자성'과 '차이성'을 나 자신이 어떻게 이해하고 있는지를 명료하게 해야 한다. 그것은 광기인가? 불가능한 것인가? 가능한 것인가? 유비적인 것인가? 받아들이기 어려운 것인가? 그럴듯한 것인가? 마이스터 에크하르트의 신비 체험은 도대체 어떤 것인가? 그리고 가능성과 진리에 대한 나의 현존하는 관념들과 연관하여 그것은 도대체 무엇을 의미하는가? 선(禪)과 같은 숭고한 의식은 도대체 어떤 것인가? 결코 예전에 선(禪)을 경험한 적은 없지만 선(禪)의 진리 주장 속에서

적절한 해석을 위해 불명확하게 일관적으로 처리될 수 없다. (토마스 쿤과 스티븐 툴민과 같은) 과학역사가들과 과학철학자들의 상호 협력적 연구는 "일관하기"가 불명확하게 작용할 수 있기를 원하는 예술역사가들과 종교역사가들의 연구보다 더 적절한 해석학적 모델을 제공해준다. 이러한 협력적 연구 모델은 현대 종교 연구들이 적절하게 추구할 수 있는 탐구 공동체(體)에 기초하고 있어야 한다. (서로 싸우는 봉건영지들과 구별하여) 이러한 탐구 공동체는 모든 종교 학자들에게 더 유망한 길을 열어주는 것처럼 보인다.

어떤 유의미성을 의식하는 해석자에게 그것은 도대체 무엇을 의미할 수 있는가?

모든 종교적 고전의 주의 요구는 내가 이미 사실인 것 혹은 아마도 사실인 것으로 알고 있거나 믿고 있는 것에 도전할 수도 있고 그것을 더 강하게 확증해줄 수도 있다. 그것은 어느 쪽인가? 왜 그런가? 만약 우리가 이러한 질문들을 던지지 않는다면, 그리고 만약 우리가 여기에 대한 어떤 반성적 응답들을 시도하지 않는다면, 우리는 심지어 종교의 의미조차도 충분하게 해석할 수 없을 것이다. 이렇게 되면, 우리는 모든 비판적 반성 — 즉, 고전 텍스트에 의해 촉발되는 진리 주장들에 대한 반성 — 이 요구하는 진정한 자유를 우리 자신에게 허용하지 못할 것이다. 종교적 주장들에 대한 신학적 해석이 그 의미의 올바른 이해를 위해 이 모든 진리 주장에 대해 비판적 분석을 요구하는 한, 신학은 모든 종교 해석자에게 도움을 줄 수 있다.[283] 실제로 그러하듯이 어떤 의미에서, 신학자는 단순히 모든 종교 해석에서 암시적인 것을 명시적인 것으로 만든다. 예를 들어, 신학자는 사실로 간주되는 것, 다른 것이나 차이 나는 것으로 간주되는 것, 유사한 것이나 동일한 것으로 간주되는 것, 가능한 것이나 불가능한 것으로 간주되는 것 등에 대한 의식적이거나 무의식적인 관념을 명시적으로 표현한다. 만약 어떤 해석자가 궁극적 실재에 대한 종교적 주장들이 터무니없다거나 역겹다거나 무의미하다거나 순전히 부

---

283) 우리가 "신앙"과 "믿음" 없이 신학자가 될 수 없다는 많은 신학자들의 주장은 신학적으로 설득력이 없는 만큼 해석학적으로도 여전히 설득력이 없다. 신앙은 선물로, 신학은 과제로 적절하게 이해될 수 있다. 또한 믿음과 신앙이 비판적 신학과 비판적 학문을 허용하지 않는다는 주장도 똑같이 설득력이 없다.

수적인 현상이라고 믿는다면, 그녀는 이렇게 말하고 난 후에 다른 사람들이 왜 그녀의 믿음에 동의해야 하는지를 논증해야 한다. 이에 반하여, 만약 다른 해석자가 종교적 주장들이 유의미한 동시에 사실이라거나 가능하다거나 심지어 개연성이 있다고 믿는다면, 그는 다시 이렇게 말하고 난 후에 다른 사람들이 왜 그의 믿음에 동의해야 하는지를 논증해야 한다. 불충분하게 요구하는 것은 종교적 고전을 있는 그대로의 텍스트로 해석하는 것을 거부하는 행위이다.

모든 고전 해석들의 경우와 같이, 여기서도 역시 해석자의 현재의 이해와 기대, 텍스트의 과거의 반응, 의미와 진리에 대한 텍스트의 중심 주장, 대화 자체로서 질문하기 등과 같은 모든 해석학적 요소들은 위험에 내맡겨진다. 종교적 고전을 해석하는 사람이라면 누구나 인정해야 하듯이, 우리에게 남겨진 모든 희망은 이렇게 교란시키는 텍스트들에 대한 상대적으로 적절한 해석이다. 그리고 우리의 현존하는 해석은 더 상세한 질문과 더 정교한 통찰이 나타나게 될 때 상대적으로 부적절해지기 마련이다. 왜 종교 해석은 그리고 오로지 이것만은 이러한 해석학적 요구들로부터 면제되어야 하는가? 이러한 면제부가 특정 종교 내부의 교리학자들로부터 승인되든 혹은 특정 종교 외부의 교리학자들로부터 승인되든 그것은 문제가 되지 않는다. 어떤 종교 해석자도 종교적 고전과 대화함으로써 그것을 이해하려는 힘든 투쟁으로부터 면제될 수 없다.

종교 해석에서 "환원주의"라고 불려지는 문제는 실질적인 것이다. 그러나 이 문제는 특정한 설명 방법들(종교 사회학, 종교 심리학, 종교 인류학)의 시도를 거부함으로써, 혹은 특정한 비판의 해석학들(흄, 볼테르,

포이에르바하, 듀이)의 시도를 거부함으로써, 혹은 특정한 의혹의 해석학들(프로이드, 마르크스, 니체, 다윈, 페미니즘)의 시도를 거부함으로써, 혹은 특정한 회복의 해석학들(칼 바르트, 엘리아데, 칼 융, 칼 라너)의 시도를 거부함으로써 해결되지 않는다.[284] 이 모든 설명 방법과 해석학 모델들은 종교적 고전과의 대화에서 드러나는 복잡한 실재의 간과된 측면이나 억압된 측면을 모두 조명해줄 수도 있다.

환원주의의 문제는 아마도 '전체화'(totalization)의 문제로 더 정확하게 기술될 수 있다. 예를 들어, 환원주의는 이 방법만이 혹은 이 회복의 해석학만이 혹은 이 비판의 해석학만이 혹은 이 의혹의 해석학만이 종교의 참된 본질을 해석할 수 있다고 주장한다. 확실히, 신앙인들은 그들만의 환원주의적 유혹을 품고 있다. 예를 들어, 신앙인들은 오로지 고백주의적인 회복의 해석학만이 중요한 것으로 허용될 수 있다고 주장한다. 이 경우에 환원주의는 전성기를 누린다. 이 슬로건 아래서, 우리는 분명하게 모든 것— 아무리 억압되어 있거나 부조리한 것이라고 하더라도— 을 회복시킬 수 있다. 교리는 언제나 옳다. 신비는 언제나 현존한다. 회복가능성은 언제나 합당하다.

이러한 실례들은 순수한 회복의 해석학의 유혹이다. 회복의 해석학의 유혹은 환원주의의 더욱 친숙한 후보자들 가운데 하나만큼이나 유혹적이

---

284) 여기서 Hans Penner의 중요한 방법론적 연구들을 보라; 특히, 그가 *Religious Studies Review* 2, 1, (1976), pp.11−17에 기고한 "The Fall and Rise of Methodology: A Retrospective Review"를 보라; 그리고 그가 (Edward Yonan과 함께) *Journal of Religion* 52, 2 (1972), pp.107−134에 기고한 "Is a Science of Religion possible?"을 보라. 그리스도교 신학에서 최근의 방법론적 연구는 Francis Schüssler Fiorenza가 저술한 *Foundational Theology, Jesus and the Church* (New York: Crossroads, 1984)이다.

지만 필수적이지는 않다: 예를 들어, 종교의 독특성을 무시함으로써 그리고 종교가 그 밖의 다른 어떤 것과 흡사한 것이라고 주장함으로써, 즉 더욱 친숙한 어떤 것이나 다루기 쉬운 어떤 것이라고 주장함으로써 종교를 설명해 버리려고 하는 어떤 비평 방법과 어떤 의혹의 해석학의 노력. 이렇게 되면, 종교는 '참된 실재'의 대역을 일시적으로 떠맡는 하나의 '부수현상'으로 남김없이 설명되어 버린다: 예를 들어, 사회와 사회 자체의 자기 긍정의 필요성, '심령'(psyche)과 심령의 요구사항들, 경제와 경제의 통제장치들 등. 모든 환원주의 방법은 신앙인들에 의해서든 비신앙인들에 의해서든 그 스스로의 '인정되지 않은 신앙고백'에 근거를 두고 있다. 환원주의자들은 진리와 가능성에 대한 자신들의 현재의 지식이 매우 확실한 것이기 때문에 종교적 고전은 기껏해야 '동일한 것'의 독특한 표현에 불과하다는 고백적인 믿음을 갖고 있다. 이와 같은 환원주의자들에게 있어서, 차별적인 것과 다른 것과 이질적인 것은 무엇이든 명백하게 거짓된 것이고 불가능한 것, 즉 "말할 필요가 없는 것"임에 틀림없다.

이렇게 서로 상충하는 환원주의 절차들은 수백 가지의 형식들로 모든 종교 해석자들을 둘러싸고 있는 유혹이다. 어떤 은밀한 전제가 이 모든 절차들 내부에 숨어있다. 어떤 방법과 어떤 의혹의 해석학 안에는 사회적 진화의 선구자로서 우리와 같은 근대인들과 탈근대인들이 마침내 우리를 위해 모든 것을 설명해주는 하나의 논증, 하나의 방법, 하나의 비판이론을 발견했다는 믿음이 살아있다. 그리고 이 하나의 논증, 하나의 방법, 하나의 비판이론은 일반적으로 종교를 우리가 이미 알고 있었던 지식의 추가물로 설명해 버린다. 순수하게 전통주의적인 모든 신학적 관념을 강요하는 것은 마찬가지로 은밀한 믿음의 어두운 측면이다. 진실한 신앙인들로서 우리는 그리고 오로지 우리만은 문화적 변화의 요구사항들에 굴복하지 않았다. 오로지 우리만은 온당한 경멸감으로 근대성을 다루면서 여전히 순수하고 결백한 상태로 남아있었다. 우리는 전통이고 전통은 순수하다. 무솔리니의 국가 사회주의 시대에 이탈리아 사람들이 말하곤 했듯이, "이탈리아의 지도자는 언제나 옳다!"(*Il Du ha sempre ragione*).

근본주의적 읽기와 세속주의적 읽기 사이의 차이는 놀라운 것처럼 보인다. 그러나 이 두 가지 읽기들 사이의 차이는 근본적인 해석학적 접근의 차이가 아니라, 표면적인 응답의 차이이다. 어떤 계몽주의 종교 비평의 데카르트적 확실성은 "그리스도교는 합리적인 것이 되었다"란 슬로건을 담고 있는 당대 문헌들에서 그리스도교의 신스콜라학자들이 사용했던 동일한 종류의 합리주의 방법들과 훌륭한 조화를 이루었다. 예를 들어, 흄과 버틀러(Butler)가 동시대인들이 추구했던 확실성에 붙잡혀있지 않고 그것을 넘어섰기 때문에, 우리 대부분은 지금도 여전히 흄과 버틀러의 갈등을 일으키는 해석들을 읽는 것이다. 그러나 누가 여전히 이신론자들의 교과서를 읽겠는가? 혹은 누가 괴상한 확실성으로 가득 찬 돌바크(d'Holbach)의 교과서를 읽겠는가? 혹은 누가 신스콜라학자들의 소책자를 읽겠는가? 이것들은 모두 하나같이 확실성, 지배, 통제를 말소한 흔적을 갖고 있는 동일한 동전의 반대 측면들이다. 현대의 실증주의적이고 경험론적인 종교 비평들의 확실성은 모든 전통에서 종교 교리주의자들이 사용하는 문자주의나 근본주의의 확실성과 훌륭한 조화를 이루고 있다. 그러나 이와 같이 더욱 엄밀한 지성적 어려움들 외에도 또 다른 문제가 있다. 그것은 종교 해석에서 확실성 및 통제와 같은 단골손님들이 지루한 감이 있다는 사실이다. 그러나 종교가 그 밖의 다른 어떤 것이 된다면, 종교는 지루한 것이 아니다. 그것은 다른 것이고, 차이 나는 것이며, 교란시키는 것이다. 그것은 '동일한 것'이 아니다.

해석으로서 모든 해석은 실천적 적용에서 하나의 수련행위이다.[285] 전통적인 해석학적 관점에서 볼 때, 적용(*applicatio*)이 없는 곳에는 어떤 해석학적 이해(*intelligentia*)나 설명(*explicatio*)도 있을 수 없다. 이러한 의미에서 실천에 대한 현대의 해석학적 관심은 매우 올바른 현상이다. 그러나 만약 이러한 관심이 이론의 요구나 해석의 더욱 완전한 복잡성으로부터 해석자들을 자유롭게 하려는 시도가 된다면, 실천 자체는 단지 또 하나의 부적절한 이론이 될 뿐이다. 역설적이게도, 이때 실천은 역사를 이해하는 과제나 우리의 역사적 계기가 부과하는 실천적 책임들로부터 해석자들을 자유롭게 하려는 어리석은 시도들의 긴 행렬에서 단순히 마지막 첨가물이

---

285) 특히, Hans-Georg Gadamer가 저술한 *Truth and Method*, pp.274-305를 보라. 가다머의 적용(해석학적 전유)의 스펙트럼은 확대될 필요가 있다; 예를 들어, 신학자와 법철학자는, 비록 그들이 모든 해석자들처럼 이해하기 위해 어떤 적용을 필요로 한다고 하더라도, 설교자와 판사가 필요로 하는 것과 동일한 적용을 필요로 하지 않을 것이다. 유사하게도, 각주 282에서 시사되었듯이, 다른 학자들(예를 들어, 종교역사가와 법역사가)은 자신들만의 적용을 필요로 하겠지만, 설교자와 판사의 가장 완전한 적용에는 말할 것도 없이 신학자와 법철학자의 보다 완전한 적용에도 헌신할 필요가 없다. 어떤 적용이 요구된다는 사실은 분명한 듯이 보인다; 어떤 종류의 적용은 해석의 목적에 의존하며 그 목적을 성취하는데 도움을 주기 위해 사용되는 방법과 이론에 의존한다. 아마도 각주 240에서 제시되었듯이, 신학을 위한 "상호 비판적 상관관계" 모델은, 어떤 적용이 해석될 필요성에 기초하고 있지만, 전체 범위의 가능성들 가운데서 다양한 종류의 해석을 위해 요구되는 적용의 종류를 명료화하기 위해 사용될 수도 있다. 아마도 이제 모든 종교학자들은 또한 "일괄하기"란 은유의 중대한 해석들이 문자주의 성서 해석들만큼 시대에 뒤떨어진 것이란 사실을 인정해야 한다. 어떤 특정한 해석 과제가 어떤 종류의 적용을 함축하고 있는지에 대한 주의 깊은 분석은 "일괄하기를 통한 객관성"에 대한 "무차별적"이고 "뭉뚱그린" 입장들과 순수성이나 공적인 자기 동일성에 대한 엄격하게 고백주의적인 자기 축하들 사이의 많은 불필요한 싸움들을 제거할 수 있을 것이다.

될 것이다. 종교적 고전에 대한 모든 해석이 상대적으로 적절한 것이 될 때, 이러한 해석은 불가피하게 또한 실천적인 것이 된다.[286]

현대의 그리스도교-유대교 신학이 신비적인 것과 정치적인 것을 포괄하려는 해석학적 시도는 신학적 해석의 충분조건을 만족시키려는 시도의 흥미로운 실례이다.[287] 역사적으로, 고전적 도교와 고전적 선불교의 신비적인 것에 대한 관심과 고전적 유교의 윤리 정치적인 것에 대한 (시민적) 관심을 통합시키는 신유교(新儒教)의 비범한 능력— 특히 왕양밍(王陽明)에게서 발견되는 능력— 은 모든 종교들 가운데서 여전히 '신비-정치' 모델의 가장 훌륭한 역사적 본보기로 남아있다.[288] 우리 시대의 그리스도

---

286) 무엇보다도, 오늘날 가장 난해하고 가장 복잡한 신학적 과제로서 실천신학에 대한 관심의 부활은 여기서 적절하다; Don S. Browning이 편집한 *Practical Theology: The Emerging Field in Theology, Church, and World* (New York: Harper & Row, 1983)를 보라; 그리고 Dennis P. McCann과 Charles R. Strain이 공동으로 저술한 *Polity and Praxis: A Program for American Practical Theology* (Minneapolis: Winston-Seabury, 1985)에서 이들의 구성적 연구를 보라.

287) 여기서 "신비-정치" 모델의 신학적 의미들에 대한 개관을 위해서는, Claude Geffré와 Gustavo Gutierrez가 공동으로 *Concilium* 96 (1974)에 기고한 *The Mystical and Political Dimensions of the Christian Faith*를 보라. 그리고 Johann Baptist Metz와 Edward Schillebeeckx의 작품들에서 이 구절의 빈번한 사용을 보라. 또한 Bernard Lonergan과 Karl Rahner의 위대한 후기 작품들에서 암시적으로 사용되는 "신비-정치" 범주를 주목해보라. 유대교 신학자들 가운데서도 특히, Arthur Cohen이 저술한 *The Tremendum: A Theological Interpretation of the Holocaust* (New York: Crossroads, 1981)에서 셸링에 대한 언급을 주목해보라. 또한 아브라함 요수아 헤셸의 초기 작품들을 주목해보라. 나는 이 연구와 짝을 이루는 다른 책에서 그리스도교 신학의 관점에서 *tremendum*의 보다 완전한 의미를 명료화하기 위해 이 선택과제에 대한 성찰로 되돌아가기를 희망한다.

288) Judith A. Berling이 저술한 *The Syncretic Religion of Lin Chao-en* (New York: Columbia University Press, 1980); William de Bary가 17세기 중국 사상에 대한 세미나에서 착상을 얻어 저술한 *The Unfolding of Neo-Confucianism* (New York: Columbia University Press, 1975); Julia Ching이 저술한 *To Acquire Wisdom: The Way of Wang Yang-Ming* (New York: Columbia University Press, 1976); Anthony C. Yu가 번역·편집한 *The Journey to the West*, 3 vols. (Chicago: University of Chicago Press, 1977—1983); Wang Yang-Ming이 저술한 *Instructions for Practical Living and Other Neo-Confucian Writings* (New York: Columbia University Press, 1963)를 보라. 이 외에도, 도교 전통들에 대한 James Buchanan의 근간에 나올 연구를 보라.

교-유대교 신학은 실제로 이와 유사한 신비-정치적 신학을 창조하려고 시도하고 있다. 예를 들어, 요즈음 몇몇 다른 그리스도교 신학들이 모든 신학에서 나타나는 신비-정치적 요소들의 실천적 적용의 필요성을 얼마나 강조하는지를 생각해보라. 많은 학술적 신학 담론들의 엘리트주의를 올바르게 의심하는 이러한 신비-정치적 신학 그룹들은 때때로 그리스도교 신학을 위한 능동적 실천 해석학을 발전시키면서 해석이론을 둘러싼 논의들에 저항할 수 있다.

이 선택사항들은 광범위하게 퍼져있다:289) 다양한 그리스도교 집단들의 삶을 이야기하는 "거리 신학들"(street theologies); 많은 복음주의 신학들에서 사회 정의에 대한 관심의 부활; 많은 수도원 공동체들의 급진적인 신비-정치적 관심사로의 전환; 제3세계 가난한 공동체들의 해방신학; 교전중인 동유럽과 중유럽의 그리스도교 공동체들 가운데서 공동 연대에 대한 요구 등등. 이 모든 실천 신학들은 모든 학술적 신학자들과 모든 종교 해석자들에게 상당한 의미를 갖고 있다.

이들이 가르치는 교훈들 가운데는 다음과 같은 내용이 함축되어 있다: 즉, 오로지 학술적 엘리트들만이 종교적 고전을 해석할 수 있다고 주장하는 것은 이치에 어긋난다. 오로지 가장 최근의 역사비평 방법과 문학비평 방법 그리고 해석이론을 둘러싼 가장 최근의 논의를 알고 있는 사람들만이

---

289) 광범위한 모범 문헌들이 존재한다: Roger Haight가 저술한 *The Alternative Vision: An Interpretation of Liberation Theology* (New York: Paulist, 1985); Gustavo Gutierrez가 저술한 *The Power of the Poor in History* (Maryknoll, NY: Orbis, 1981); Leonardo Boff가 저술한 *Liberating Grace* (Maryknoll, NY: Orbis, 1979); Jon Sobrino가 저술한 *Christology at the Crossroads* (Maryknoll, NY: Orbis, 1978); Matthew Lamb이 저술한 *Solidarity with Victims: Towards a Theology of Social Transformation* (New York: Crossroads, 1982).

성서를 적절하게 해석할 수 있다고 주장하는 것은 오로지 고전 학자들만이 호머를 알 수 있다고 말하는 것, 오로지 엘리자베스 시대의 전문가들만이 셰익스피어를 해석할 수 있다고 말하는 것, 오로지 영화 평론가들만이 잉그리드 버그만[290]을 설명할 수 있다고 말하는 것, 오로지 음악 전문가들만이 제니스 조플린[291]의 음악 세계를 경험할 수 있다고 말하는 것, 오로지 철학자들만이 그람시로부터 배울 수 있다고 말하는 것, 마지막으로 오로지 학술적 신학자들만이 이븐루시드,[292] 모세 마이모니데스,[293] 토마스 아퀴나스를 이해할 수 있다고 말하는 것과 같다. 적절한 읽기들을 위한 학문적 관념들 안에 매우 많은 "오직 ~만이들"(onlys)이 존재하듯이 또한 많은 소유권들이 존재한다. 그러므로 읽기 능력이 의미하는 것에도 매우 많은 규칙들이 존재한다. 심지어 루이 14세조차도 매우 당혹스러워했을 수도 있다.

어떤 '천부적인 해석학적 능력'이 존재한다. 이러한 능력은 방법과 해석이론에 대한 토론의 결과물을 기다리지 않는다. 이 천부적 능력은 모든 고전과 고전의 주의 요구를 이해하기 위해 우리가 현재의 이해를 기꺼이 위험에 내맡겨야 한다고 가정하는 모든 해석자들에게 귀속되어 있다.

---

290) (역자주) 잉그리드 버그만(Ingrid Bergman, 1915-1982)은 "카사블랑카"에 나오는 스웨덴 출신의 주연 여배우였다.
291) (역자주) 제니스 조플린(Janis Joplin, 1943-1970)은 미국 텍사스에서 태어났으며 세계적으로 유명한 록 음악가이자 페미니스트였다.
292) (역자주) 이븐루시드(Ibn-Rushid, 1126-1198)는 중세 이슬람의 철학자로서 "아베로에스"라고도 불려진다. 그는 처음에는 신학과 법학을 공부했으며, 후에는 철학과 의학에서 두각을 나타냈다. 그는 특히 아리스토텔레스의 여러 저작들에 주석을 붙이는 일에 종사했다. 그의 주석은 새로운 철학적 기반을 부여했으며, 13세기 이후 라틴 세계에 "아베로에스학파"를 탄생시켰다.
293) (역자주) 모세 마이모니데스(Moses Maimonides, 1135-1204)는 이슬람이 지배했던 중세 유대계의 철학자, 신학자, 의학자, 천문학자였다. 이슬람 무와히드 왕조의 유대교 박해 때문에, 그는 여러 지역으로 방랑하면서 의업에 종사했다. 그는 특히 이슬람교의 아리스토텔레스 철학과 유대교의 유대신학을 조화시키려고 시도했던 신비주의자였다.

이 천부적 능력은 고전이 수동적 명상을 위해 혹은 가장 최근의 방법을 통한 지배를 위해 우리가 이용할 수 있는 '저쪽 너머의 대상'이라고 근거 없이 주장함으로써 우리가 단순히 고전으로부터 우리 자신을 거리 둘 수 없다는 사실을 알고 있다. 이 천부적 능력은 모든 고전과 기꺼이 비판적으로 대면하고 모든 고전에 의해 기꺼이 대면을 요구받는 모든 해석자들의 능력이다.

또한 심지어 가장 유익한 근대의 '과학기술'보다 훨씬 더 훌륭하게 종교적 고전의 해석을 조명해줄 수 있는 '천부적인 종교적 능력'이 존재할 수 있다. 이러한 의미에서, 해방신학자들의 핵심 주장은 해석학적으로 건전한 것이다. 그들의 주장에 의하면, 만약 종교적 고전이 고전이면서 동시에 종교적이라면, 그것은 모든 해석자들에게 이해 가능해야 한다. 게다가 해방신학자들이 또한 주장하듯이, 만약 문제의 고전이 유대교와 그리스도교의 예언자적 고전이라면, 이 고전은 또한 궁극적 실재 그 자체가 어떤 '우선적 선택'을 현시했음을 밝혀주어야 한다. 다시 말해, 예언자들의 하나님은 가난한 사람들, 압제받는 사람들, 사회 중심부에서 소외된 사람들을 우선적으로 선택하셨다.

이러한 선호적인 대우를 받는 사람들이 자신들의 상황에서 성서 텍스트를 읽는 방법은 모든 해석자들이 마땅히 들어야하는 당위적 명령이다. 결국 출애굽기 해방 이야기의 중심 주제를 올바르게 해석한 주체들은 백인 지배자들이 아니라 흑인 노예들이었다. 가난한 사람들을 향한 하나님의 우선적 선택은 성서의 중심주제이다. 이것은 가난한 사람들의 우선적 선택이 가난한 사람들만이 적절한 성서 읽기를 제공해줄 수 있다는 사실을 의미하는 것이 아니다. 마찬가지로, 가난한 사람들의 우선적 선택은 가난한 사람들만이 계시를 경험할 수 있다거나 구원을 얻을 수 있다거나 그리스도교 복음의 핵심주제인 급진적 이웃사랑의 대상이 될 수 있다는 사실을 의미하는 것이 아니다. 이 우선적 선택은 일단 가난한 사람들이 성서 해석을 수행하면 모든 다른 사람들은 가만히 앉아서 그들의 해석을 수동적으로 받아들여야 한다는 자리매김으로 번역될 수 없다.294) 이렇게 되면, 새롭고 갈등을 일으키는 읽기가 어떻게 들려질 수 있겠는가? 이러한 수동적 반응은 책임감에 의해서가 아니라, 갈등과 두려움과 죄책감에 의해서 발생한다. 이 반응은 '오만한 염려'(patronizing anxiety)를 은폐하고 있다.295) 이 오만한 염려는 지배와 통제를 갈망하는 모든 엘리트주의적 주장의 망각된 내면을 그대로 보여주는 단면이다.

그러나 '가난한 사람들을 향한 하나님의 우선적 선택'은, 비록 압제받는 사람들의 읽기가 문명화된 담론의 닳아빠진 기준으로 볼 때 우리의 읽기에

---

294) 이러한 이유 때문에, 나는 "가난한 사람들의 해석학적 특권(우위)"에 대한 주장이 모호한 것이라고 생각한다: 그들이 하나님께로부터 "특권을 받은 사람들"이란 주장!!! 예, 그렇습니다; 그들은 우리 나머지 사람들이 그들의 해석들에 귀 기울일 필요가 있는 바로 그러한 사람들이란 주장!!! 예, 그렇습니다. (여기서 '예'는 과거와 현재에 이러한 읽기들이 경험할 수밖에 없었던 억압을 인정한다는 것을 의미한다); 그러나 오로지 이러한 읽기들만이 귀 기울일 "특권이 있다"는 주장!!! 아니오, 분명하고 확고하게 그렇지 않습니다. (이 주장은 진지하고, 자유로우며, 공동적이고, 탈이데올로기적인 신학적 대화에 적절한 주장이라기보다는 마오쩌둥의 문화혁명에 적절한 주장이다.)

295) (역자주) 여기서 "오만한 염려"(patronizing anxiety)는 가난한 사람들의 성서 해석들을 무조건적이고 수동적으로 받아들일 때 발생할 수밖에 없는 문제와 연관되어 있다. 제1세계 신학자들이 가난한 사람들의 성서 해석들을 무조건이고 수동적으로 받아들인다면, 그들은 가난한 사람들의 입장을 진심으로 염려하는 것이 아니라 죄책감에 의해 단지 수동적으로 염려하는 것이다. 이러한 염려가 오만한 이유는 염려하는 주체가 가난한 사람들의 입장을 염려하는 체하면서 외면적으로 보이는 염려와는 완전히 다른, 이데올로기적으로 왜곡된 지배와 통제를 열망하고 있을 가능성이 크기 때문이다.

비해 너무 다르고 지나치게 야만적이라고 하더라도, 우리가 압제받는 사람들의 읽기를 들어야 하고 그것도 우선적으로 먼저 들어야 한다는 주장으로 번역될 수 있다. 성서의 기준으로 볼 때, 압제받는 사람들은 예언자들의 종교적, 정치적 요구사항들을 가장 분명하게 들을 수 있는 사람들이다. 우리 현대인들 가운데서, 그들의 읽기는 우리 나머지 사람들이 반드시 들어야 하는 읽기이다. 그들의 해석과 행동을 통하여, 우리는 결국 성서 텍스트를 새로운 눈으로 읽을 수 있으며, 그렇게 함으로써 모든 이념적 읽기로부터 자유로워질 수 있다. 예언서, 출애굽기, 묵시문학과 같은 신비-정치적 성서 텍스트들은 영적이고 물질적인 해방을 강조한다. 고아와 과부와 가난한 사람들을 대하는 이스라엘 사람들의 방식에 대해 신랄한 비판을 가하는 예언자들을 회상해보라. 예수를 그 당시의 사회로부터 추방된 사람들의 친구로 묘사하는 복음서들을 회상해보라. 그리스도교의 구원은 확실히 어떤 정치적 해방 프로그램으로 완전히 소진될 수 없다. 그러나 올바르게 이해된 그리스도교의 구원은 총체적 — 다시 말해, 개인적, 사회적, 정치적, 종교적 — 인간 해방을 위한 투쟁과 분리될 수 없다.[296]

압제받는 사람들에 '의한' 그리고 그들을 '위한' 이러한 새로운 읽기가 모든 신학자들과 원칙적으로 모든 종교 해석자들에 의해 들려지게 될 때, 우리 자신의 다원성과 모호성에 대한 더욱 심화된 의식은 종교적 고전들에 대한 더욱 심화된 '해석의 갈등'을 발생시키고 표면화할 것이다. 그리스도교 고전들 안에서 발견되는 성차별주의, 인종차별주의, 계급차별주의,

---

296) 각주 289에서 인용된 작품들 외에도, Robert McAfee Brown이 저술한 *Theology in a New Key: Responding to Liberation Themes* (Philadelphia: Westminster, 1978); Harvey Cox가 저술한 *Religion in the Secular City* (New York: Simon and Schuster, 1984)를 보라.

반유대주의와 같은 문제들 저쪽 너머에, 그리고 모든 해석에 영향을 미치는 그리스도교 고전들의 영향사 저쪽 너머에, 다음과 같은 매우 당혹스러운 질문이 숨어있다. 많은 신학적 담론들 안에는 전체 체계에 영향을 미칠 만큼 광범위하게 작용하는 또 다른 환상— 학식 있는 엘리트들만이 이 텍스트들을 적절하게 읽을 수 있다는 식의 좀처럼 표현되지 않지만 자주 영향을 미치는 믿음— 이 존재하는 것은 아닌가? 왜냐하면 이 텍스트들은 "우리"의 소유물이기 때문이다. 토론에 참여하고 싶은 사람은 누구나 신임장을 받기 위해 가장자리를 떠나서 중심부로 자리를 옮겨야 한다. 만약 그들이 종교적 고전들의 적절한 읽기를 고안하려고 한다면, 그들은 소유권을 획득해야 한다.

나는 이러한 종류의 무의식적 엘리트주의가 단순한 실수가 아니라고 믿게 되었다. 다른 왜곡들과 마찬가지로, 엘리트주의는 무의식적인 특성을 갖고 있으며 전체 체계에 영향을 미친다. 엘리트주의는 매우 강력한 왜곡이기 때문에, 오로지 우리가 압제받는 사람들의 이러한 대안적 읽기에 귀를 기울이는 법을 배우게 될 때에만 그 힘이 분쇄될 수 있다. 우리 자신에게 저항하는 행위를 최고의 교훈으로 선택할 수 있는 곳에서 가끔 가장 강력한 저항 행위들이 발생한다. 많은 종교 해석자들은 인종차별주의, 성차별주의, 계급차별주의, 반유대주의를 담고 있는 목록에서 이러한 교훈을 배우기 시작했다. 엘리트주의에 대해서도 동일한 종류의 교훈을 배워야 할 때가 되었다. 그렇지 않으면, 우리는 '강한 죄책감'에서 '실질적 무저항'으로 그리고 '실질적 무저항'에서 '현상(現狀)의 수동적 수용'으로 퇴락해 가는 긴 여정을 중단하려고 할 때 다시 한 번 우리 자신만의 목소리

를 듣게 될 것이다. 모든 탈근대의 지성인들처럼, 학술적 신학자들의 절대
자아들은 자신들이 해석에 대한 배타적 권리를 소유하고 있다는 잘못된
의식을 자신들로부터 제거하기 위해 더욱 유익한 방법을 배울 필요가
있다. 압제받는 사람들의 읽기와 행동에 주의를 기울임으로써 탈근대 지성
인들은 모든 압제받는 타자들 — 역설적이게도, 우리는 너무 자주 이 타자
들의 권리를 변호한다고 추정했지만 그렇지 못했다 — 과의 능동적 연대
안에서 소외된 절대자아가 아니라 진정한 인간의 주체가 되는 법을 배울
수도 있다.

나는 여기서 모든 사람들이 마르크스-레닌의 공식적 이데올로기를
표현하고 있는 드라마 공연에 참여해야 한다는 것을 의미하는 것이 아니
다. 이 드라마에서는 정의하기 어려운 중심 등장인물인 프롤레타리아(무
산계급)가 공산당에게 넘겨받은 역할을 수행할 수 있도록 하기 위해 지식
계급은 부르주아(유산계급)의 결정적 역할을 포기하지 않을 수 없다. 동구
권 민족들에게 부과된 압제의 역사는 공산주의의 달콤한 해방의 약속을
불신할 수 있는 충분한 증거임에 틀림없다. 도대체 누구를 위한 해방인가?
유대인들을 위한 해방인가? 복음주의자들을 위한 해방인가? 정교 반대자
들을 위한 해방인가? 가톨릭교인들을 위한 해방인가? 아니면 아프가니스
탄의 이슬람교인들을 위한 해방인가? 아니면 동유럽과 중유럽 전체에 퍼져
있는 민족들을 위한 해방인가?

우리 모두가 요구하는 최종적인 것은 우파 혹은 좌파에 의한 '선택적
동정'(selective compassion) 안에서 수행되는 또 다른 수련행위이다. 예를
들어, 우리가 우리의 이념적 적대자들에 의해 야기된 부인할 수 없는 극악

무도함에 대항하는 일에 우리의 모든 힘을 쏟아야하기 때문에, 슬프게도 우리가 남아프리카와 과테말라와 파라과이와 칠레의 정권들이 개인들과 전체의 민족들에게 가한 참을 수 없는 부당한 행위들에 대해 어찌하여 지금 당장 우리의 저항을 표출할 수 없는지를 지칠 줄 모르게 설명할 때.... 혹은 심지어 우리 자신의 체제가 서구 민주주의 제도 안에서 가난한 사람들과 사회 중심부에서 소외된 사람들에게 가한 만행들에 대해 어찌하여 많은 주의를 기울일 수 없는지를 지칠 줄 모르게 설명할 때.... 즉, 그들이 이와 같은 '부적절한 당위성'을 지칠 줄 모르게 설명할 때 이 선택성은 우파의 특성이다.

또한 좌파의 특성 가운데서도 동일하게 부당한 선택성이 발견된다. 예를 들어, 그들이 다른 나머지 사람들을 희생하여 그들의 풍부한 동정과 정의감을 어떤 압제받는 집단들에게 쏟아 부을 때마다, 우리는 체코슬로바키아와 루마니아와 소련에서 개인과 집단에게 일어나고 있는 무시무시한 사건들에 대해 좌파의 지속적 침묵을 목격하게 된다. 좌파도 역시 너무 자주 당혹스러운 선택성을 먹고 살아가는 듯이 보인다. 그러나 '선택적 동정'만으로는 충분치 않다. 카뮈가 일전에 다음과 같이 진술했듯이 말이다.

> 나에게는 모든 작가들에게 귀속되어 있는 또 다른 야심이 반드시 존재하는 것처럼 보인다: 증언하는 일과 큰 목소리로 소리치는 일: 우리의 재능이 허용하는 한, 노예화된 사람들에게 이러한 일은 언제라도 가능하다.... 그것은 당신들이 당신들의 논설에서 문제로 삼았던 바로 그 야심이다. 그리고

한 인간의 살해가 오로지 (살해당한) 바로 그 인간이 당신들(작가들)의 관념들을 공유할 때에만 당신들을 분노하게 한다면, 나는 일관성 있게 당신들에게 그 살해에 대해 의문을 던질 권리를 허용하지 않을 것이다.[297]

압제받는 사람들의 읽기를 듣는다는 것은 우리 나머지 사람들이 우리 자신의 담론 안에 권력과 지식 사이의 모호한 관계가 있음을 인정해야 한다는 것을 의미한다. 예를 들어, 우리는 근대 미학자들이 브레히트(Brecht)의 소외효과[298]를 "브레히트식"(Brechtian)이란 라벨이 붙은 근대주의식 고전으로 환원시켰듯이, 압제받는 사람들에 의해 주창된 이 새로운 해석과 행동을 단순히 암시적 가능성으로 환원시켜서는 안 된다. 모든 사람들에게 최고의 모욕은 자신들의 목소리를 억압당하거나 자신들의 경험을 강탈당하는 것이다. 귀를 기울이는 법을 배우는 것은 모든 종교적 고전의 해석자들이 압제받는 사람들의 새롭고 갈등을 일으키는 해석들을 들을 때마다 반드시 유념해야 할 필수적이고 중요한 교훈이다. 물론, 이러한 귀 기울임의 당위적 명령은 최종적인 것이 될 수 없다. 만약 비판과 의혹이 여기서 멈춘다면, 정말로 성취된 것은 무엇인가? 아마도, 다음과 같은 어떤 것이 아니겠는가? 그것은 우리의 죄책감과 뉘우침의 필요성에

---

297) Albert Camus가 저술한 *Resistance, Rebellion, and Death* (New York: Random House, 1969), p.83에서 가브리엘 마르셀에 대한 응답으로 저술된 "Why Spain"을 보라.
298) (역자주) 브레히트(Brecht)의 "소외효과"는 비극적인 연극의 내용을 희극적으로 표현함으로써 사회적, 정치적, 문화적 이데올로기들에 대한 비판의 강도를 높이는 효과를 의미한다. 브레히트의 극을 보는 관객들은 감정이입을 차단함으로써 일상적인 것을 낯선 것으로, 익숙한 것을 서투른 것으로, 가까운 것을 먼 것으로 경험하게 된다. 이때, 관객들은 극의 내용 및 등장인물들과 무한한 거리감을 느낀다. 이 거리감 속에서, 그들은 일상적 현실의 부조리와 극 속에서 열어 밝혀지는 새로운 가능성을 동시에 보게 된다.

대한 올바른 종교적 의식은 될 수 있겠지만, 비판적 응답이나 능동적 연대는 될 수 없을 것이다. 책임감은 필요할 때엔 비판적 갈등을 요구하며, 적절할 때엔 이러한 새로운 해석들에의 저항을 포함하여 저항을 요구한다.

예를 들어, 내가 판단하기에, 우리는 언론의 자유, 종교의 자유, 출판의 자유, 집회의 자유와 같은 고전적 자유주의의 권리들이 더 이상 역사적 변증법을 위해 중요하지 않으며 어떤 신학적 변호도 받을 가치가 없다는 제3세계 신학자들의 주장에 저항해야 한다. 우리는 이러한 부르주아 혁명의 참된 성과를 부인할 수 있는 모든 변증법에 저항해야 한다. 일반적으로 그리고 대안들을 고려해 볼 때, 서구 부르주아 민주주의의 이러한 가치들은 신학적으로 변호 받을 만한 가치가 있으며, 동시에 우리는 서구 민주주의의 전통적인 이상의 안내를 받아 이 가치들을 변형시키려고 노력해야 한다.299) 우리가 제2세계 신학자들의 목소리뿐만 아니라 제3세계 신학자들의 목소리에도 진심으로 귀를 기울이는 것은 소위 제1세계에 살고 있는 우리 대부분이 상상했던 것보다 훨씬 더 강한 변형의 요구사항들에 귀를 기울이는 것과 동일한 것이다. 그러나 이러한 목소리들에 귀를 기울이는 것은 또한 필요할 때 그것들에 저항하는 것이며, 갈등에 대한 그들 자신의 강조가 새롭게 가르쳐줄 수 있는 다음과 같은 교훈에 유념하는 것이다. 모든 대화는 만약 그것이 대화라고 불려 질 가치가 있다면 갈등의 필수적

---

299) Richard Neuhaus가 저술한 *The Naked Public Square* (Grand Rapids, MI: Eerdmans, 1894)를 보라. 이 작품은, 나의 경우와 같이, Richard Neuhaus의 몇 가지 신보수주의적 제안들에는 동의하지 않지만 민주주의를 신학적으로 변호하는 그의 논점들에는 동의하는 사람들이 반드시 참조해야 하는 귀중한 연구이다. 또한 일반적 논점들에 대한 유사한 동의와 몇 가지 세부사항들에 대한 비동의는 볼프하르트 판넨베르크 신학의 "정치적" 측면에도 적용된다.

인 계기들을 회피하지 않을 것이다. 그들의 읽기에 대한 모든 반응은 수동적으로 받아들이는 태도가 되어서는 안 되며, 반드시 비판적이고 능동적인 태도가 되어야 한다.

저항은 바로 그 저항에 힘을 실어주는 다원적인 해석들만큼이나 다양한 형식들을 취할 수 있다. 우리에게 매우 자연스럽게 보이는 바로 그것이 어떻게 지금 현실적으로 존재하게 되었는지를 보여주는 모든 훌륭한 역사적 연구들에서 저항이 발생하듯이, 어떤 작가들과 학자들의 경우에 있어 저항은 그들이 모르는 사이에 발생할 수도 있다. 다른 작가들과 학자들의 경우에 있어, 저항은 해방의 이익을 위한 비판적 사고에 자기 의식적인 형식을 취할 수 있다. 예를 들어, 프랑크푸르트학파의 비판이론이나 혹은 켄네스 버크, 웨인 부스(Wayne Booth), 에드워드 사이드, 테리 이글턴(Terry Eagleton), 프랭크 렌트리키아(Frank Lentricchia)와 같은 문학가들의 윤리 정치적 탐구300)나 혹은 요한 밥티스트 메츠, 위르겐 몰트만, 로즈마리 래드퍼드 류터, 제임스 콘, 에밀 파켄하임, 엘리자베스 쉬슬러 피오렌자와 같은 다양한 신학자들의 신비-정치적 논평301) 등을 보라. '선택하지 않는 것 역시 그 자체로 하나의 선택이다'란 명제는 여전히 하나의 사실로 남아있다. 그리고 모든 참된 이해가 필연적으로 실천적 적용을 포함한다는 사실을 깨닫지 못하는 것은 그 자체로 불충분한 이해의 한 형식이다.

종교적 고전들의 모든 외관상의 탈정치적 읽기는 필연적으로 모든

300) 이 실례들을 위해서는, 앞의 각주들에서 인용된 작품들을 보라.
301) 이 실례들을 위해서는, 앞의 각주들에서 인용된 Johann Baptist Metz, Jürgen Moltmann, Rosemary Radford Ruether, Elizabeth Schüssler Fiorenza의 작품들을 보라. 또한 James H. Cone 이 저술한 *God of the Oppressed* (New York: Seabury, 1975); Emile Fackenheim이 저술한 *The Jewish Return into History* (New York: Schocken, 1978)를 보라.

자기 의식적인 윤리 정치적 읽기만큼 사회와 역사의 영향을 받을 수밖에 없다. 만약 종교적 고전들이 어떤 순수한 경험에 호소함으로써 스스로를 속이지 않으려면, 그것들은 어떤 비판이론에 호소함으로써 자기 비판적 분석을 수행해야 한다. 종교적 고전들의 담론과 행동은 항상 이미 이러한 순수한 경험을 무심코 드러내고 있다고 주장하지만 이것은 잘못된 환상이다. 왜냐하면 세계와 언어는 양자 모두 결코 순수하지 않기 때문이다. 세계는 어떤 다른 것이 아니라 현재 보이는 그대로의 모습일 뿐이다.

세계가 믿을 만한 것이 될 때, '종교적 믿음'은 모든 실재의 근본적 신비감을 현시해준다: 예를 들어, 우리가 우리 자신에게 부여하는 신비; 역사와 자연과 우주의 신비; 무엇보다도, 궁극적 실재의 신비 등.[302] 세계가 그럴듯한 것이 될 때, '종교적 희망'은 염세주의와 낙관주의를 향한 우리의 천부적 성향으로부터 우리 자신을 자유롭게 해준다. 세계가 활동적이고 능동적인 것이 될 때, '종교적 사랑'은 다음과 같은 잘못된 환상, 즉 진정한 인간이 된다는 것이 모든 타자들을 지배하고 통제하는 절대자아가 된다는 것을 의미한다는 환상으로부터 우리를 자유롭게 해준다. 역사와 담론으로부터 자유로운 인간은 어디에도 없으며, 단지 어떤 특정한 자아 모델을 처음으로 형성시켰던 다양한 전통들을 비판적으로 해석함으로써 인간이 되려는 몇 가지 시도들만이 있을 뿐이다. 역사적으로 형성된 종교들의 역사와 담론으로부터 완전히 자유로운 "자연종교"는 어디에도 없다.

---

302) 신비의 의미에 대한 신학적으로 훌륭한 두 가지 실례들을 위해서는, Eberhard Jüngel이 저술한 *God as the Mystery of the World* (Grand Rapids, MI: Eerdmans, 1983); Karl Rahner가 저술한 *Foundations of Christian Faith: An Introduction the Idea of Christianity* (New York: Crossroads, 1978)를 보라.

불교의 연민은 그리스도교의 사랑과 동일한 것이 아니다. 양자 모두 진정한 인간이 되는데 반드시 필요한 때때로 보충적인 모델과 때때로 갈등을 일으키는 모델을 우리에게 제공해준다.

물론, 종교적 고전들에 대한 신앙인들과 비신앙인들의 반응은 참으로 다양하게 나타난다. 신앙인들은 종교적 고전들 안에서 궁극적 실재의 중단적인 현존을 느낄 것이다. 이 궁극적 실재는 우리가 처음에 불가능한 것이라고 생각했던 삶의 방식에 능력을 부여해준다. 만약 이것이 도저히 있을 법하지 않은 사실로 보인다면, 시몬느 베이유(Simone Weil)나 디트리히 본회퍼의 생애를 읽어보라.303) 신앙인들은 변형되기 위해 전통과 대화할 것이다. 부분적으로나마 이러한 변형에 성공한 사람들은 증인들, 의인들, 깨달은 사람들, 성인들로 불려진다.

신앙인들은 종교적 고전들에 대한 해석학적 반응이 타자들에게도 불가피하게 다양하게 나타난다는 사실을 알고 있다. 만약 어떤 사람이 어떤 특정한 종교 전통에서 궁극적 실재의 계시를 믿는다면, 이것은 모든 실재에 대한 그녀 혹은 그의 이해에 영향을 미칠 수밖에 없다. 유대교인들, 그리스도교인들, 이슬람교인들은 모두 공통적으로 아브라함과 사라에 의해 증언된 하나님을 믿는다. 만약 그들이 이 믿음을 올바르게 이해한다면, 그들은 하나님이라고 불려지는 궁극적 실재에 대한 자신들의 '항상 불확실한 언어'를 주제넘게 통제하려고 하지 않을 것이다. 과정신학자들이 "하나님은 사랑이시다"란 중심 은유가 그리스도인들에게 무엇을 의미하는지를

---

303) Eberhard Bethge가 저술한 *Bonhoeffer: Exile and Martyr* (New York: Seabury, 1975); Simone Petrément이 저술한 *Simone Weil* (New York: Pantheon, 1976)을 보라.

명료화하려고 시도할 때, 그들은 물론 자신들이 하나님이라고 부르는 그분을 이해하기 위해 가능한 한 많은 명료성을 얻으려고 노력할 것이다.304)

심지어 궁극적 신비로서의 궁극적 실재를 표현하고 궁극적 실재에 대한 종교적 느낌을 나타내는데 사용되는 가장 훌륭한 언어 안에서조차도 그리고 이러한 언어를 통해서조차도 더욱 큰 불명료성이 나타나기 마련이다. 신비주의자들이 "알고 있는 사람들은 말하지 않으며 말하는 사람들은 알고 있지 않다"라고 말할 때, 그들이 주장하는 것처럼, 침묵은 이러한 근본적 신비감을 불러일으키는데 가장 적절한 언어가 될 수도 있다. 고전적 신학자들의 가장 정교하고 세련된 신학적 담론들은 넓게 퍼져있지만, 결국은 동일한 궁극적 신비에 대한 심화된 느낌으로 되돌아온다: 모든 전통적 교리 공식들과 공존하면서도 마이스터 에크하르트가 누리는 놀라운 자유; 창세기와 출애굽기에서 하나님에 대한 대담한 묘사들은 예언자들의 정열적 감정분출과 욥기, 전도서, 예레미야 애가의 고통스러운 성찰들과 조화를 이룬다; 신앙인들이 "하나님은 사랑이시다"라고 말할 때, 사랑의 의미를 감상적인 것으로 만들려고 하는 모든 유혹은 "하나님의 분노"와 같은 성서 은유의 산란한 빛 아래로 내던져진다; 숨어계신 하나님과 계시되신 하나님을 선포하는 루터와 칼빈; 하나님을 '숨어있는 신'(deus otiosus)305)

---

304) John B. Cobb과 Franklin I. Gamwell이 공동으로 편집한 *Existence and Actuality: Conversations with Charles Hartshorne* (Chicago: University of Chicago Press, 1984), pp.16–43에서 찰스 하트숀, 슈베르트 옥덴과 같은 저명한 과정 신학자들에 의해 명료화된 하나님 언어에 대한 논의를 보라.

305) (역자주) 여기서 *"deus otiosus"*란 라틴어 어구는 영지주의자들의 표현법으로서 '잠자는 신,' '게으른 신,' '사라진 신,' '물러난 신,' '숨어버린 신,' '보이지 않는 신,' '알 수 없는 신,' '아득한 신' 등을 의미한다.

으로 보는 영지주의 전통들; 마녀들의 억압된 담론들; 위대한 모계 전통과 그리스인들이나 유대인들의 위대한 지혜 전통에서 나타나는 궁극적 실재의 놀라운 여성 이미지; 모든 종교에서 현시되는 세속적인 것으로부터 변증법적으로 스스로를 분리시키는 성스러운 것의 힘; 하나님에 대한 랍비주의식 글쓰기의 비범한 섬세함은 문자와 텍스트의 물질성 안에 현존하는 하나님에 대한 카발라주의식 사고의 신비스러운 역설과 조화를 이룬다; 일신론과 다신론에 대한 힌두교의 철학적 성찰들에서 발견되는 난해한 논쟁들; 시바(Shiva)와 크리슈나(Krishna) 이야기306)에서 나타나는 신성의 많은 얼굴들; 모든 양상이 정반대로 되어감에도 불구하고, 아이스킬로스와 소포클레스가 진술하듯이, "여기에 제우스가 아닌 것은 아무것도 없다"란 표현의 수수께끼 같은 의미; 에우리피데스의 『바쿠스 축제』에서 디오니소스가 일으키는 공포; 많은 불교적 사고에서 공(空)으로서의 궁극적 실재를 자유롭게 경험하기 위해 심지어 "하나님" 개념조차도 붙잡지 않으려는 수련행위; "내가 저술한 모든 것은 지푸라기이므로, 나는 더 이상 글을 쓰지 않을 것이다"라고 감동스럽게 선언하는 토마스 아퀴나스; 우리의 철학적이고 신학적인 언어를 통해서는 하나님과 우리 자신에 대해 근본적으로 이해하는 것이 불가능하다고 주장하는 칼 라너; 하나님에 대한 그리

---

306) (역자주) 힌두교 전통에서 가장 유명한 신들은 브라만(Brahman), 비슈누(Vishnu), 시바(Shiva), 이다. 이 세 신들은 삼신일체라고 불린다. 브라만은 우주를 창조하는 역할을 하고, 비슈누는 우주를 보존하고 유지하는 역할을 하며, 시바는 우주를 파괴하는 역할을 한다. 이들 가운데 브라만은 이름뿐이었고 신도들을 모은 적도 거의 없었으나, 비슈누와 시바는 많은 신도들을 모아 힌두교에서 두개의 종파를 형성하였다. 이에 관한 수많은 신화들이 전해지고 있다. 원래 비슈누는 태양신으로서 제의와 연관되어 있어서 명랑하고 정통적 색채가 강한데 비해, 시바는 가축 떼의 우두머리로서 산중에 있으면서 제의를 싫어하며 흉폭하고 음산한 양상을 띠고 있다. 그리고 크리슈나(Krishna)는 비슈누의 제8화신이다.

스도교적 이해를 강하게 역설하는 에버하르트 융엘(Eberhard Jüngel)의 신학; 전통적 하나님-언어가 얼마나 쉽게 사멸할 수 있는지를 인정하는 모든 신학자들과 폴 틸리히의 고유한 언어, 즉 "하나님 너머의 하나님"(God be-yond God); 고전 유대교에서 하나님의 이름을 말하는 것을 금지하는 종교적 관습; 고전 이슬람교에서 하나님의 이름을 말하는 것을 강조하는 종교적 관습; 마르틴 부버의 현존하면서 부재하시는 하나님에 대한 '망설이는 명상들'은 코헨(Cohen), 파켄하임(Fackenheim), 그린버그(Greenberg)의 후기-트리멘둠 신학(post-*tremendum* theologies)에서 하나님과 새로운 언약을 표현하기 위해 새로운 언어를 만들어내려는 '대담한 시도들'과 조화를 이룬다. 궁극적 실재에 대해 말하는 어떤 고전적 담론도 스스로의 언어를 통제하거나 지배할 수 없다. 만약 한 인간의 담론이 궁극적 실재를 진실하게 증언하고 있다면, 그것은 필연적으로 통제될 수 없고 지배될 수 없는 담론으로 판명되어야 한다.

그러나 이러한 실례들은 오로지 신앙인들만이 이 언어들을 해석하려고 시도해야 한다고 제안하는 것이 아니다. 내가 앞에서 비트겐슈타인과 하이데거 — 이들은 신앙인들이었을 수도 있고 그렇지 않았을 수도 있다 — 의 침묵의 언어에 호소했듯이, 이 호소는 다음과 같은 사실을 시사해준다. 즉, 위험을 무릅쓰고 종교적 고전을 기꺼이 해석하려고 하는 사람은 누구나 분명하게 그것을 해석할 수 있다. 더욱이, 오로지 신앙인들만이 종교를 해석할 수 있다고 주장하는 것은 궁극적으로 종교적 고전으로부터 그것의 진리 주장을 강탈하려고 하는 태도이다. 제한적으로, 이러한 태도는 종교적 고전을 관료주의적 엘리트의 사유물로 충당해버린다. 근대 예술의 주변화와 근대 정치의 과학기술화와 마찬가지로, 근대 종교의 사유화는 단일한 플롯(줄거리)을 담고 있는 닳아빠진 원본에 불과한 것이다.[307] 이렇게 되면, 어떤 고전적 현시도 인식적 위상을 부여받지 못할 것이다. 이렇게 되면, 고전에 대한 어떤 해석도 공적인 위상을 부여받지 못할 것이고 또한 우리가 이미 알고 있는 가능성과 전적으로 다른 가능성을 보여주지도 못할 것이다. 왜냐하면 우리가 현재 알고 있는 모든 지식은 온건한 태도의 경험론적 지식이든 혹은 호전적인 태도의 실증주의적 지식이든 우리에게 알려 질 수 있는 것이기 때문이다. 이 모든 지식에의 저항은 규칙에 따라 수행되어야 한다. 그렇지 않으면, 그 저항은 가치를 잃을 것이다.

예전에 헤르만 괴링(Hermann Göring)은 *culture*란 단어를 들을 때마다 자연스럽게 권총에 손이 간다고 말한 적이 있다. 더욱 온건한 근대의 과학기술주의자들은 *religion*이란 단어를 들을 때 유혹적으로 포켓 계산기에 손이 간다. 만약 근대의 종교적 고전의 해석자들이 신앙인들이든 혹은 비신앙인들이든 자신들이 해석하는 가능성들에 대해 어떤 공적 위상도 주장하고 싶지 않다면 아무도 그들을 방해하지 못할 것이다. 그러나 그들은 수동적 명상으로 후퇴하기 전에 자신들이 기꺼이 지불해야 하는 대가를 인정해야 한다. 그 대가는 낭만주의자들이 궁극적으로 지불하도록 강요받았던 바로 그 대가로서 순수하게 인격적인 낭만주의적 표현 안에 삽입된

---

307) Robert Bellah, Richard Madsen, William M. Sullivan, Ann Swidler, Steven M. Lipton이 공동으로 저술한 *Habits of the Heart: Individualism and Commitment in American Life* (Berkeley and Los Angeles: University of California, 1985); William M. Sullivan이 저술한 *Reconstructing Public Philosophy* (Berkeley and Los Angeles: University of California, 1982)를 보라.

'창조적 재능'이란 개념이다. 그 당시에 유행했던 기계론308)에 저항하려고 했던 낭만주의자들의 숭고한 의도에도 불구하고, 그들은 정신의 사유화된 보존물을 간직하도록 강요받았다. 종교, 예술, 사고를 개인적으로 사유화한 대가는 오로지 권력의 게임을 알고 있는 모든 사람들— 즉, 모든 종교 안에서 경건한 체하는 관료주의자들, 예술계에서 엘리트 집단을 형성하고 있는 사람들, 자본주의와 사회주의 사회들에서 관직에 앉아있는 지식계급의 앞잡이들— 만이 정신의 해롭지 않은 보존물 안에 모든 고전을 모아서 간직하게 될 것이라는 환상과 연관되어 있다.

내가 지금도 분명한 것이 아닐까하며 의혹하듯이, 나는 정말로 믿음을 믿는다. 나는 궁극적 실재에 대한 신앙이 저항과 희망과 행동의 삶에 중요한 차이를 만들어낼 수 있다고 믿는다. 나는 하나님을 믿는다. 내가 고백하건데, 나에게 희망을 주는 것은 바로 이 믿음이다. 동시에, 나는 종교적 고전에 대한 해석을 오로지 신앙인들에게만 국한시켜야 한다는 주장을 믿지 않는다. 만약 종교적 고전이 진정한 고전이라면, 그것은 폭넓은 범위의 다양한 반응들을 불러일으킬 수 있다. 한 스펙트럼 위에서, 이 반응들의

---

308) (역자주) "기계론"(mechanism)은 철학적으로 "목적론"과 대립되는 개념으로서 모든 사태를 기계적 운동으로 환원해서 설명하려고 하는 입장을 선호한다. 목적론은 하나님의 세계 창조의 목적을 중요하게 생각하는데 반해, 기계론은 세계 과정이 필연적이고 자연적인 인과법칙에 따라 생긴다고 생각한다. 많은 기계론적 사상들 가운데서도 특히, 데카르트의 '동물 기계론'이나 라메트리의 '인간 기계론'이 유명하다. 기계론은 일반적으로 유물론과 결부되기 쉬운 특성을 갖고 있으며, 고대 그리스에서는 데모크리토스와 에피쿠로스의 원자론이 이 입장을 취했고 근대에서는 홉스와 스피노자의 결정론 및 프랑스의 유물론이 이 학설을 발전시켰다. 라이프니츠는 기계론적 필연성에 근거하여 창조주로서의 신의 목적성을 결부시키는 예정조화설에 의하여 목적론과 기계론의 조화를 의도하였다. 칸트는 기계론적 필연성의 타당한 범위를 현상계에 한정시키고 목적론을 초자연계와 도덕계에 한정시켰다. 이러한 기계론적 특성에 저항하여, 낭만주의자들은 인간-세계-신의 밀접한 관계를 중요시했다.

범위는 궁극적 실재를 향한 근본적 신뢰와 충성으로서 종교적으로 신앙이라고 불려지는 인식의 충격으로부터 믿음을 함축하고 있지는 않지만 그럼에도 불구하고 종교적 고전 안에서 계몽과 해방을 구상할 수 있는 훨씬 더 시험적인 종교적 의식에 이르기까지 모든 것을 망라할 수 있다.

종교 해석에서 회복의 신학자들과 의혹의 탈신학자들의 근본적인 차이점들이 무엇이든 간에 그들 가운데 어느 쪽도 종교적 고전과의 진정한 대화에 의해 유발되는 한계 질문들과 마주치게 되었을 때, 단순히 주제를 바꿀 수 있는 선택권을 부여받지 못했다. 이 선택권은 근대 경험주의 문화의 자기만족에 방치되었다. 이것은 또한 주제를 바꾸는 것을 저항의 유일한 형식으로 간주했던 사람들에게 방치되었다. 예전에 변화를 경험했던 바로 이 '주제'는 이미 교전 중에 있는 인간의 주체를 더욱 빈곤하게 만들 뿐이다. 종교적 고전에게 응답을 요구하는 근본적 질문들은 그렇게 간단하게 처리될 수 없다. 인간이 자신의 가장 심원한 기쁨과 가장 깊은 염려에 대해 질문을 던질 수 있는 한, 그는 계몽과 해방의 필요성에 여전히 열려있는 셈이다. 그러나 그 대안은 '동일한 것'을 끊임없이 강요하는 지배자들의 끝없는 일반투표(plebiscite)[309]에서 또 다른 여분의 표결에 불과한 것이다.

---

309) (역자주) 영어에서 "referendum"과 "plebiscite"는 양자 모두 '국민투표'와 '일반투표'를 의미한다. 플레비사이트는 직접 민주제의 한 형태로서 레퍼렌덤과 유사한 것처럼 보이지만 이 둘 사이에는 미묘한 차이가 있다. 레퍼렌덤이 법안에 대한 승인 혹은 거부를 국민투표로써 결정하는데 비해, 플레비사이트는 정치적으로 중요한 사건들 — 가령, 국가 영토의 변경 및 병합 문제와 새로운 지배자가 갖는 권력의 정통성 문제 — 을 국민투표로 결정하는 제도로서, 주로 항구적인 정치권력을 창출하는데 쓰이는 용어이다. 고대에는 로마공화정의 민회가 플레비사이트를 실시했고 근대에는 나폴레옹 1세와 나폴레옹 3세가 정권을 장악하기 위해 플레비사이트를 실시했다. 또한 20세기 독일 정부는 1933년 독일의 국제연맹 탈퇴, 1934년 히틀러의 총통 취임, 1955년 독일 자르(Saar) 영토 문제를 위해 플레비사이트를 실시했다.

예전에 화이트헤드(Whitehead)가 제안했듯이, 종교적 감수성은 "어떤 것이 왜곡되었음"을 느끼는 바로 그 순간부터 시작된다. 화이트헤드가 미처 예견할 수 없었던 방식으로, 우리는 이제 모든 고전 안에, 그리고 종교적 전통을 포함한 모든 전통 안에, 무엇인가가 참으로 왜곡되어 있다고 느낀다. 어떤 위대한 종교도 죄나 무지에 대한 스스로의 의혹을 스스로에게 적용시키는데 주저해서는 안 된다. 모든 종교 전통 안에는 "회복의 해석학"이 존재하는 만큼이나 확실하게 종교 자체 안에 왜곡되어 있을 수도 있는 어떤 것을 폭로하기 위해 필요한 "의혹의 해석학"도 존재한다. 키에르케고르의 『그리스도교 세계에 대한 공격』이란 작품이 폭넓게 증명하듯이, 모든 종교에서 예언자적 매듭들은 이러한 종교적 의혹의 가장 분명한 본보기들이다.310) 그러나 예언자들은 홀로 서 있지 않다. 위대한 신비가들 역시 종교적으로 강력한 "의혹의 해석학"을 형성해 왔다.311) 그렇지 않다면, 왜 선불교 저술들 안에 공안(公案)312)과 같은 역설적 언어가 존재하겠는가? 그렇지 않다면, 왜 아빌라의 성(聖) 테레사가 신비 여행의 여러 단계들을 재공식화하려고 끊임없이 시도했겠는가? 그렇지 않다면, 왜 그녀가 종교적 엑스타시와 환상에 대해 경고했겠는가? 그렇지 않다면, 왜 십자가의 성(聖) 요한이 영혼의 어두운 밤은 신비의 길을 따르려고

---

310) S ø ren Kierkeggard가 저술한 *Attack Upon Christendom* (Boston: Princeton University Press, 1954)을 보라.

311) 철학과 신학을 위한 신비주의의 중요성에 대해서는, Louis Dupré가 저술한 *The Other Dimension: A Search for the Meaning of Religious Attitudes* (New York: Doubleday, 1972)를 보라.

312) (역자주) "공안"(公案)은 선불교 수행자들에게 주어지는 연구과제로서 누구든지 이대로만 하면 성불할 수 있는 방책이 마련된다고 한다.

하는 모든 사람들을 기다리고 있다고 주장했겠는가? 종교적 "의혹의 해석학"이 종교 자체 안에 존재하지 않는다면, 이 모든 현상들은 어떻게 설명될 수 있겠는가?

이러한 '회복의 해석학과 의혹의 해석학'의 전략과 종종 '의혹의 해석학을 통한 회복의 해석학'의 전략은 또한 종교적 인간들과 종교적 전통들——이들의 종교적 원천이 무엇이든—— 로 하여금 다른 "비판의 해석학"과 "의혹의 해석학"에 자신들을 개방시키도록 유도한다. 신앙인들이 대부분의 종교들 안에 함축되어 있는 가부장적 특성에 대해 세속 페미니스트들로부터 배우려고 하지 않는 것이나 포이에르바하, 다윈, 마르크스, 프로이드, 니체의 도전을 받으려고 하지 않는 것은 죄, 무지, 환상과 같은 근본적 왜곡들에 대한 종교 자체의 의혹들을 진지하게 고려하지 않는 태도이다. 물론, 신앙인의 종교 해석은 자신의 종교 전통 안에서 탈은폐되고 은폐되는 궁극적 실재에 대한 근본적 신뢰와 충성에 근거를 두고 있기 마련이다.[313] 그러나 우정의 경험이 우리에게 가르쳐 주고 있듯이, 근본적 신뢰는 비판이나 의혹으로부터 면제되어 있지 않다. 신앙인과 종교적 인간은 일반적으로 자신의 전통이 간직하고 있는 종교적 고전에 대한 "신뢰의 해석학"뿐만 아니라 심지어 "우정의 해석학" 혹은 "사랑의 해석학"까지도 형성하기 마련이다. 그러나 우정에 대한 진정한 이해가 보여주듯이, 우정은 종종 비판과 의혹을 요구한다. 순수하고 결백한 사랑에 대한 믿음은 낭만주의자들이 고안해낸 불행한 발명품들 가운데 하나이다. 비판을 포함하지 않은

---

313) 텍스트 해석학에서 "우정"의 모델은 Wayne Booth가 *Kenyon Review* (1980), pp. 4–27에 기고한 "The Way I loved George Eliot: Friendship with Books as a Neglected Critical Metaphor"에서 찾아 볼 수 있다.

우정과 적절할 땐 심지어 의혹까지도 포함하지 않은 우정은 공손한 태도와 경계하는 태도를 보이는 타인들의 의사소통에서 미처 벗어나지 못한 우정이다. 마르틴 부버가 보여주었듯이, 모든 나-당신의 만남에서 우리는 그것이 아무리 일시적 만남이라고 하더라도 실재의 새로운 차원을 만나게 된다.[314] 그러나 만약 이 만남이 일시적 만남 이상으로 판명되려면, 우정의 어렵고 힘든 길은 위험을 무릅쓰고 우정 자체를 비판과 의혹 안으로 내던질 만큼 강한 신뢰를 요구한다. 이러한 우정에 대한 심원한 분석이 우리의 모든 다른 일반적 사랑의 사례들에는 적용될 수도 있지만 우리의 종교 전통에 대한 사랑과 신뢰에는 적용될 수 없다고 주장하는 것은 해석학적으로나 종교적으로 조금도 이치에 맞지 않는다.

그러므로 우리는 우리 자신이 해석의 다원성과 방법의 다원성에 처해 있음을 발견하게 된다. 우리는 우리 자신이 많은 종교 전통들 가운데 다양한 종교적 고전들에 둘러싸여 있음을 발견하게 된다. 우리는 각 전통 내부의 다원성을 어렴풋이 보면서 동시에 모든 종교의 모호성을 인정하게 된다: 예를 들어, 반드시 회복되어야 할 해방시키는 가능성들, 반드시 비판받아야 할 실수들, 반드시 폭로되어야 할 무의식적 왜곡들 등.

잘 이해하려고 시도하는 것은 잘 해석하려고 노력하는 것이다. 그러나 종교만큼 다원적이고 모호하고 중요한 현상을 해석하는 것은 종종 탈출구가 없어 보이는 '해석의 갈등' 안으로 들어가는 것이다. 종교를 해석하는 방법에 대한 갈등, 종교의 모순적 주장에 의해 발생하는 갈등, 모든 위대한

---

314) 마르틴 부버의 이야기체에 대한 Steven Kepnes의 논문(Chicago, 1983)에서 그의 연구를 보라. (이 논문은 현재까지 출판되지 않았다.)

종교들 내부에서 발생하는 내적 갈등은 모두다 그들이 그것을 원하든 그렇지 않든 해석자들에게 영향을 미친다. 이 갈등들 가운데 어떤 것도 손쉽게 해결되지 않는다. 종교주의적 확실성이든 세속주의적 확실성이든, 확실성에 대한 어떤 주장도 다른 방식으로 위장되어서는 안 된다.

우리는 서구 이성을 향한 위대한 희망에 계속해서 헌신할 수 있다. 그러나 우리가 언어와 인식의 다원성과 이성 자체의 역사를 포함하여 모든 역사의 모호성을 발견한 결과, 이 희망은 이제 더욱 온건한 희망이 되어버렸다.315) 그러나 이러한 이성을 향한 희망— 처음에 그리스인들에 의해 창조된 대화 모델과 논증 모델 안에서 서구인들을 위해 표현되었던 희망— 은 "무반성적인 삶은 살 가치가 없다"는 고전적인 소크라테스적 명령법에의 정직한 충실성을 통하여 지금도 여전히 살아있다.

우리는 모든 위대한 종교들 안에 살아있는 다양한 희망들에 계속해서 헌신할 수 있다: 궁극적 실재에 대한 신뢰; 저항 받아 마땅한 것에 저항할 수 있는 능력에 대한 희망; 희망 자체에 대한 희망; 희망이 될 수도 있는 것에 대한 우리의 닳아빠진 관념들에 대항하여 끝까지 싸우는 희망. 대부

---

315) 예를 들어, 그리스인들과 이성에 대한 두 편의 중요한 연구들을 대조해보라: E. R. Dodds가 저술한 *The Greeks and the Irrational* (Berkeley and Los Angeles: University of California, 1956)과 Bruno Snell이 저술한 *The Discovery of Mind: The Greek Origins of European Thought* (Oxford: Oxford University Press, 1953). 최근의 논의들을 위해서는, Bryan Wilson이 편집한 *Rationality* (Oxford: Oxford University Press, 1970); S. Hollis와 S. Lukes가 공동으로 편집한 *Rationality and Relativism* (Oxford: Oxford University Press, 1982); Hilary Putnam이 저술한 *Reason, Truth and History* (Cambridge: Cambridge University Press, 1981); T. Adorno와 M. Horkheimer가 공동으로 저술한 *Dialectic of Enlightenment* (New York: Herder and Herder, 1972); Genevieve Lloyd가 저술한 *The Man of Reason: "Male" and "Female" in Western Philosophy* (Minneapolis: University of Minnesota Press, 1984); Hans-Georg Gadamer가 저술한 *Reason in the Age of Science* (Cambridge, MA: MIT Press, 1981)를 보라.

분의 종교적 신앙인들에게 있어,[316] 이러한 희망은 궁극적 실재가 '은혜로 우신 분'이란 믿음으로부터 솟아오른다. 신앙을 갖지 않은 종교적 고전들의 해석자들에게 있어, 이러한 희망은 종교적 고전들 안에서 어떤 계몽— 아무리 잠정적이라고 하더라도— 을 의식함으로써, 그리고 어떤 유토피아적 해방의 가능성 — 아무리 온건하다고 하더라도— 을 의식함으로써 어렴풋이 보여질 수도 있다. 모든 종교적 길에 의해 선포된 희망은 "체험되지 않은 삶은 반성할 가치가 없다"는 고전적 불교의 격언에 의해 잘 표현되고 있다.

대화가 이해의 삶이나 연대의 삶과 갖는 관계는 행동의 삶과 갖는 관계와 같음에 틀림없다. 이성 자체와 마찬가지로, 대화와 연대는 양자 모두 실질적인 희망에 근거를 두고 있다. 그것은 동일성의 규율로부터 자유로워지려는 희망과 계몽과 해방을 향한 희망이다. 내가 지금도 분명한 것이 아닐까하며 의혹하듯이, 나 자신의 희망은 하나님으로부터 온 계시들이 실제로 발생했으며 거기에 본래적 해방으로의 길이 있다는 그리스도교적 신앙에 근거를 두고 있다. 나는 이러한 신뢰가 합리적이라고 믿는다. 그러나 이러한 나의 개인적 선택에 의해 요구되는 필연적으로 장황한 변호에 착수하는 것이 여기서 나의 목적이 아니다.[317]

---

316) "시인들"을 향한 플라톤의 공격이 시사해주듯이, 그리고 폴리스를 향한 신들의 선함을 믿을 필요가 있다는 플라톤의 주장이 시사해주듯이, 물론, 이것은 필연적으로 모든 종교적 신앙인들에게 속하는 사례는 아니다. 또한 예레미야 애가와 전도서의 많은 부분에서 살아계신 하나님에 대한 무시무시한 묘사들을 상기해보라. 또한 마르틴 루터의 "벌거벗은 신"(*deus nudus*)은 여전히 그리스도인들— 그리고 에우리피데스의 『바쿠스 축제』에 나오는 주인공들— 에게 (종종 하나님에 의해 발생하는) 공포를 불러일으키는 그리스도교의 강력한 신학적 개념으로 남아있다. "희망에 대항하는 희망"에 대해서는, Nadezhda Mandelstam이 저술한 탁월한 책, *Hope against Hope: A Memoir* (New York: Atheneum, 1983)를 보라.

왜냐하면 내가 그리스도교적 희망에 충분한 논거를 갖고 있는지 어떤지의 문제는 내가 여기서 말하려고 했던 이야기와 완전히 다른 또 하나의 이야기에 속하는 것이기 때문이다. 오히려, 이 이야기에서 나의 주요 관심사는 더욱 온건하지만 결정적인 희망을 기술하는 것이었고 해석 자체에 대한 '해석의 갈등'에 의해 제시된 희망을 기술하는 것이었다. 그 희망은 바로 이것이다: 우리의 상황을 해석하는 과제에 참여하는 모든 사람들과 우리의 연대의 필요성을 의식하는 모든 사람들은 위험을 무릅쓰고 모든 전통의 모든 고전을 계속해서 해석할 수 있다. 그리고 이러한 해석의 노력 속에 저항과 희망이 숨어있다.

예전에 아인슈타인이 논평했듯이, 원자력 시대의 도래와 더불어 우리의 사고 이외에 모든 것은 변화를 경험했다. 불운하게도 이러한 논평은 사실이다. 다원성과 모호성에 대한 현대의 강조를 포함하여, 여러 학문분과들을 관통하여 나타나고 있는 해석에 대한 현대의 반성은 아마도 우리의 일상적 사고방식들을 변화시키려고 시도하는 또 하나의 서투른 출발일 것이다. 사실상, 중요한 것은 세계를 해석하는 것이 아니라 세계를 변화시키는 것이다. 그러나 만약 우리가 세계를 해석한다고 너무 쉽게 주장할 때 우리가 의도하는 내용에 대한 우리 자신의 이해를 동시에 변화시키지 않는다면, 우리는 거의 변화되지 않을 것이고 아마 변화된다고 하더라도 때는 너무 늦을 것이다. 지배, 통제, 확실성을 향한 우리 서구인들의 꿈은 무산되었다. 해석이 우리에게 저항하는 방식을 보여줄 것이라는 희망은

---

317) 나는 *Blessed Rage for Order, The Analogical Imagination*과 같은 작품들에서 이러한 신뢰에 대한 이유를 제시하려고 시도했다. 이 전통에서 많은 연구들에 대한 참고문헌은 이와 같은 나의 작품들에서 발견될 수도 있다.

핵 시대에는 깨어지기 쉬운 희망이다. 이것은 우리가 마땅히 받을 만한 것보다 못한 희망일 수도 있다. 그러나 이것은 또한 우리가 영향을 미칠 수 있는 희망은 아니지만, 보통 구상하는 희망보다 더 유익한 희망일 수도 있다.

나머지 사람들에게도 적용되듯이, 만약 우리가 조금이라도 이해하기를 원한다면, 우리 가운데 어떤 사람도 '해석의 갈등'으로부터 해방될 수 없다. 대안은 일시적 아이러니의 쾌락으로 숨어버리거나 절망과 냉소주의로 도피하는 것이 아니다. 대안은 냉담을 은폐하고 있는 새로운 종류의 순진성이나 수동성이 아니다. 희망을 위해 싸우는 사람은 누구나 우리 모두를 위해 싸운다. 이 희망에 따라 행동하는 사람은 누구나 인간의 가치에 합당한 방식으로 행동한다. 그리고 이렇게 행동하는 사람은 누구나, 내가 믿기에, 하나님의 실재와 능력을 어렴풋이 암시해주는 방식으로 행동한다. 그리고 바로 이 하나님의 형상으로 인간은 저항하고 생각하고 행동하도록 창조되었다. 나머지는 기도, 준수, 훈련, 대화, 그리고 희망 안에서 연대하는 행동이다. 그렇지 않으면, 나머지는 침묵이다.

INDEX

주제색인
인명색인

❀ 주제 색인 ❀

☀ 인명 색인 ☀

ㄱ

가다머(Hans-Georg Gadamer) 7, 9-11, 44, 48, 55, 57-59, 62, 67, 79, 83-84, 96, 108, 163, 172, 217, 253, 277

가드러브(Terry Godlove) 235

가이(Peter Gay) 90

갈릴레아(Segundo Galilea) 243

감웰(Franklin Gamwell) 21, 268

거스탑슨(James M. Gustafson) 132, 217, 228

게르하르트(Mary Gerhart) 22, 95, 118

게우스(Raymond Geuss) 78, 206-207

겔럽(Jane Gallop) 165

고프만(Ervin Goffman) 58

골드너(Alvin Gouldner) 177, 199

구티에레즈(Gustavo Gutierrez) 254-255

굿윈(George L. Goodwin) 78

그랜트(Robert Grant) 50

그렌(David Grene) 22, 54, 177

그린버그(Irving Greenberg) 176, 270

기든스(Anthony Giddens) 98, 188

기어츠(Clifford Geertz) 96, 235

기타가와(Joseph Kitagawa) 217

길리간(Carol Gilligan) 190

길키(Langdon Gilkey) 21, 192, 235

ㄴ

나보코프(Vladmir Nabokov) 59, 125, 215, 234

노리스(Christopher Norris) 154

노이하우스(Richard Neuhaus) 221, 264

ㄴ

니버(H. Richard Niebuhr) 191, 216, 236

니버(Reinhold Niebuhr) 216, 220, 245

니체(Friedrich Nietzsche) 54, 66, 72, 77, 83, 85, 111-112, 136, 144-145, 157, 189, 194, 197-198, 215, 250, 275

ㄷ

다윈(Charles Darwin) 197, 206, 250, 275

단톤(Robert Darnton) 29

데리다(Jacques Derrida) 13, 53, 85-86, 89, 111-112, 136-137, 143-157, 166, 201, 215

데이빗슨(Donald Davidson) 235

데카르트(René Decartes) 39, 56, 74-75, 79, 88, 125, 140, 147, 150, 252, 272

도즈(Eric. R. Dodds) 130, 277

듀이(John Dewey) 69, 199, 219-220, 231, 250

들뢰즈(Gilles Deleuze) 72, 144

ㄹ

라너(Karl Rahner) 250, 254, 266, 269

라뒤리(Emmanuel Le Roy Ladurie) 183

라캉(Jacques-Marie Lacan) 13, 53, 131, 157-158, 162-163

래쉬(Nicholas Lash) 199, 220

램(Matthew Lamb) 255

러셀(Allan M. Russell) 95

럽(George Rupp) 239

레비나스(Emmanuel Levinas) 53, 69

레비스트로스(Claude Levi-Strauss) 13, 137, 141-142, 144-147, 150, 167
레이(William Ray) 108
렌트리키아(Frank Lentricchia) 166, 265
로너간(Bernard Lonergan) 23, 41, 45, 62, 86, 201, 254
로더릭(Rick Roderick) 78, 206
로슨(Hilary Lawson) 214
로이드(Genevieve Lloyd) 200, 277
로제(Gillian Rose) 207
로젠펠트(Alvin Rosenfeld) 176
로티(Richard Rorty) 86, 90, 125, 163, 219
루드(George Rudé) 184
루소(Jean-Jacques Rousseau) 30, 33-34, 66, 104-105, 111, 144, 155-157
루카치(György Lukács) 187
루터(Martin Luther) 8-9, 38-39, 50, 191, 232, 268, 278
류터(Rosemary Radford Ruether) 178-179, 265
리오타르(Jean-Francis Lyotard) 151
리쾨르(Paul Ricoeur) 6-7, 10, 13, 21, 62, 78, 83-84, 86-87, 89, 94, 96-97, 105, 115, 119, 128, 131, 138-139, 143, 153, 158, 162-165, 182, 189, 192, 214, 225
리프(Philip Rieff) 93
린드백(George Lindbeck) 128

ㅁ

마르크스(Karl Marx) 50, 188, 197, 199, 216, 220, 250, 261, 275
마사오(Abe Masao) 238
만(Paul de Man) 13, 66, 109, 144, 157, 166, 215

매글리올라(Robert Magliola) 152
매킨타이어(Alasdair MacIntyre) 130
맥긴(Bernard McGinn) 239
맥길(Arthur McGill) 73
맥도넬(Diane Macdonell) 138, 163
맥카시(Thomas McCarthy) 56, 78, 94
맥칸(Dennis McCann) 254
머도크(Iris Murdoch) 68
머튼(Thomas Merton) 238
멈퍼드(Lewis Mumford) 188
메츠(Johann Baptist Metz) 102, 176, 227, 254, 265
멜처(Francoise Meltzer) 149, 205
모미글리아노(Arnaldo Momigliano) 106, 185
몬태그네스(Bernard Montagnes) 88
몰트만(Jürgen Moltmann) 207, 221, 226, 265
무린(Michael Murrin) 66
밋포드(Nancy Mitford) 173

ㅂ

바라트(Barnaby Barratt) 205
바르트(Karl Barth) 7, 245, 250
바르트(Roland Barthes) 13, 142, 166, 202, 215, 234
바울(Paul) 38, 50, 238
바이스하이머(Joel Weisheimer) 44
바흐친(Mikhail Bakhtin) 158, 162
발처(Michael Walzer) 51
버거(Peter Berger) 216
버크(Kenneth Burke) 42, 166-167, 185, 265
버틀러(Joseph Butler) 252
벅-모스(Susan Buck-Morss) 207
번스타인(Richard Bernstein) 69, 90, 188, 205, 208
벌린(Isaiah Berlin) 241